Johann Gottfried Herder

Vom Geist der ebräischen Poesie

Eine EinleitungFür die Liebhaber derselben und der ältesten Geschichte des menschlichen Geistes

Johann Gottfried Herder

Vom Geist der ebräischen Poesie
Eine EinleitungFür die Liebhaber derselben und der ältesten Geschichte des menschlichen Geistes

ISBN/EAN: 9783743413030

Hergestellt in Europa, USA, Kanada, Australien, Japan

Cover: Foto ©Thomas Meinert / pixelio.de

Manufactured and distributed by brebook publishing software (www.brebook.com)

Johann Gottfried Herder

Vom Geist der ebräischen Poesie

Vom Geist
der
Ebräischen Poesie.

Eine Anleitung
für die Liebhaber derselben, und der ältesten
Geschichte des menschlichen Geistes.

von

J. G. Herder.

Zweiter Theil.

Leipzig,
bei Joh. Philipp Haugs Wittwe, 1787.

Vorerinnerung.

Ich wiederhole bei diesem zweiten Theil die Bitten, die ich in der Vorrede des ersten Theils that, und füge nur einiges hinzu, das diesen besonders angeht.

Die Einkleidung in Gespräche ist weggefallen, weil sie in so einzelnen Materien nur lästig gewesen wäre und den Eindruck der Untersuchung geschwächt haben würde. Der Le-

Vorerinnerung.

ſer ſetze ſich leſend mit dem Verfaſſer oder mit sich ſelbſt in ein Geſpräch, und der Fortgang in Entwicklung eigner Ideen wird ihm um ſo angenehmer werden. Wo ihm die Abſchnitte zu lang ſind, findet er kleinere Ruhepunkte angegeben, da er ſich niederlaſſen und das Geleſene ſammlen kann.

Nicht bei allen Materien kann ich auf eine allgemeine Zuſtimmung rechnen; die Reſultate einiger Unterſuchungen ſind vielleicht zu fremde, als daß ſie ſogleich Platz gewinnen könnten. Was indeß nicht heut geſchieht, geſchieht morgen; und wem über Manches in dieſem Theil noch nicht Gnüge gethan iſt, den bitte ich etwa noch den dritten und letzten Theil zu erwarten. —

Wiſſent=

Voreinnerung.

Wissentlich habe ich niemand beleidigt; auch mit keinem Worte über jemanden abgeurtheilt. Also erweise man mir auch diese Billigkeit; man urtheile, aber spreche nicht ab. Ich lasse jedem seinen Kranz von Verdiensten; ich sammle nur Aehren zum Nutzen und etwa Blumen zum Vergnügen. Welche Freude wäre es für mich, die Ansicht der heiligen Schriften von der Seite, von welcher ich sie bearbeite, leichter, natürlicher, angenehmer gemacht zu haben! Die Wirkung dieses Eindrucks erstreckte sich damit so weit! viel weiter, als ich sie auch nur mit Winken angeben mag.

Die Anmerkungen, die manchen Lesern zu gelehrt vorkommen dörften, wünschte ich diesen ungelesen; sie sind für andre da, denen die Gründe meiner Uebersetzung dargelegt werden mußten.

Vorerinnerung.

mußten. Kein Wort ist in ihnen umsonst oder der Gelehrsamkeit wegen: denn mein Beruf ists nicht, ein Wortkritiker der Ebräischen Sprache zu seyn, sondern die Bücher derselben verständlich zu machen und zum Nutzen anzuwenden. Weimar, den 24. April 1783.

Herder.

I.
Vom Ursprung und Wesen der Ebräischen Poesie.

Inhalt.

Ihr Ursprung ist

1. Bild und Empfindung. Wiefern er also göttlich und menschlich sei? Erste Proben der Dichtkunst bei den Ebräern. Die älteste Bildertafel. Sprache und Poesie wird Nachahmung der nennenden, schaffenden Gottheit. Ob man die poetischen Bilder und Empfindungen eines, zumal alten Volks nach andern Völkern beurtheilen müsse? Character der ältesten Dichtkunst. Ob man einzelne Bilder herausreissen und vergleichen könne? Beispiel an Hiobs Beschreibung des Rosses.

2. Personification. Ursprung derselben in der menschlichen Seele. Ihre Wirkung für Moral und Dichtkunst. Beispiele derselben aus der Natur, der Geschichte und dem Begrif der Gottheit.

3. Fabel. Ihr Ursprung, ihr Nutze zur Bildung der frühesten Vernunft, Sitten- und Klugheitslehre. Achtung derselben in Orient, Einfluß auf ihre Dichtkunst.

4. Sage. Ihr Unterschied von der Geschichte. Proben der poetischen Geschlechtssage.

5. Dichtung. Ihre Bestimmung. Beispiele am Cherub und andern Dichtungen, am Reich der Todten u. f. —

Sammlung dieser Gattungen zum Hauptbegrif des משל in seinen verschiednen Arten.

Zweite Gattung der Dichtkunst, Gesang. Unterschied desselben von der Bilderrede. Er bezeichnet höhere Empfindung, bringt Fortgang und Entwurf in das Ganze eines Liedes, will Wohlklang und war Chorgesang in den ältesten Zeiten.

Zusammenstellung der Bilderrede und des Gesanges. Genius der Ebräischen Dichtkunst aus ihrem Ursprunge. Stelle aus Opitz. Ursprung und Amt der Dichtkunst, ein Psalm.

Anhang. Einige Gründe des subjectiven Ursprungs der Ebräischen Dichtkunst.

Wir hielten uns bisher bei den ältesten Höhen der Ebräischen Poesie nur am Fuß des Berges, und nahmen die Gegenstände wahr, wie sie ins Auge fielen. Wir wollen jezt niedersitzen, und das Wahrgenommene ordnen. Den besten Begrif einer Sache giebt ihr Ursprung; wir betrachten also jezt den Ursprung der Ebräischen Dichtkunst.

I. Dieser ist, wie ich bei den prägnanten Wurzeln ihrer Sprache zeigte, Bild und Empfindung. Von außen strömen Bilder in die Seele: die Empfindung prägt ihr Siegel drauf, und sucht sie auszudrukken durch Geberden, Töne und Zeichen. Das ganze Weltall mit seinen Bewegungen und Formen, ist für den anschauenden Menschen eine grosse Bildertafel,

auf

auf der alle Gestalten leben. Er stehet in einem Meer
lebendiger Wellen, und die Lebensquelle in ihm strömt
und wirkt jenen entgegen. Was also auf ihn strömet,
wie ers empfindet und mit Empfindung bezeichnet, das
macht den Genius der Poesie in ihrem Ursprung.

Man kann diesen also menschlich und göttlich nennen, denn er ist beides. Gott wars, der die Quelle
der Empfindung im Menschen schuf, der das Weltall
mit seinen Strömen rings um ihn her sezte, der diese
Ströme auf ihn leitete, und mit den innern Empfindungen seiner Brust mischte. Er gab ihm also dichterische Kräfte und Sprache: und so fern ist der Ursprung
der Poesie göttlich. Er ist aber menschlich nach dem
Maas, nach der Eigenheit dieser Empfindung und ihres Ausdrucks: denn nur menschliche Organe genossen
und sprachen. Die Poesie ist eine Rede der Götter,
aber nicht, daß wir durch sie wüßten, wie wirklich die
Elohim unter sich sprachen und empfanden; was sie
dem göttlichsten Menschen, auch durch höhere Einflüsse
zu empfinden gaben, war menschlich. Wüßten wir
von diesen Einflüssen, von ihrem Umgange mit den ersten Kindern der Schöpfung, mehr psychologische und
historische Umstände: so könnten wir vielleicht auch ge-
nauern Aufschluß vom göttlichen Ursprunge ihrer Sprache und Vorstellungsart geben. Da aber die älteste
Geschichte des menschlichen Geistes uns dies versagt hat,

so

so müssen wir nur vom Erfolg auf die Ursache, von der äußern Wirkung auf die innere Art der Empfindung schliessen, und so betrachten wir den Ursprung der Poesie nur menschlich.

Die erste Dichtkunst war also ein Wörterbuch prägnanter Namen und Ausdrücke voll Bilder und voll Empfindung; ich wüßte nicht, bei welcher Poesie der Erde dieser Ursprung reiner ins Auge fiele, als bei dieser. Das erste Stück, das wir in ihr haben, a) ist eine grosse Bildertafel, der Anblick des Universum, nach menschlicher Empfindung geordnet. Licht ist das erste Wort des Schöpfers, es ist auch das Organ der Gottheit in der empfindenden menschlichen Seele: hiedurch eröfnet und weitet sich die Schöpfung. Himmel und Erde, Nacht und Tag, Tages- und Nachtgestirne, Geschöpfe auf Meer und Land sind Ausmessungen des menschlichen Auges, der Bedürfnisse, der Empfindung- und Ordnungsgabe des Menschen. Das Rad der Schöpfung läuft umher, so weit es sein Blick verfolgen kann, und steht bei ihm, dem Mittelpunkt dieses Umkreises, dem sichtbaren Gott auf Erden, still. Indem er alles nennt, und mit seiner Empfindung auf sich ordnet, wird er Nachahmer der Gottheit, der zweite Schöpfer, also auch ποιητης, Dichter. Hat man das Wesen der Dichtkunst in eine Nachahmung der

Natur

a) 1 Mof. 1.

Natur gesetzt, so dörfte man diesem Ursprunge zufolge, es noch kühner in eine Nachahmung der schaffenden, nennenden Gottheit setzen. Nur sind die Gedanken Gottes auch in ihrem Ausdruck thätig: sie stehen in Geschöpfen da und leben. Der Mensch kann diese Geschöpfe nur nennen, nur ordnen und etwa lenken; sonst aber bleiben seine Gedanken todtes Bild, seine Worte und Empfindungen sind an sich nicht lebendige Werke. Mit je reinerm Blick wir indeß die Gegenstände der Schöpfung sehen und ordnen, je unverdorbner und voller unser Gefühl ist, Alles mit dem reinsten Maas der Menschheit, unsrer Analogie mit Gott zu bezeichnen: desto schöner, vollkommener und (lasset uns nicht zweifeln!) auch desto kräftiger wird unsre Dichtkunst. In dieser Empfindung natürlicher Schönheit und Größe thut es oft ein Kind einem entstellten Greise zuvor, und die einfachsten Nationen haben an Naturbildern und Naturempfindung die erhabenste, rührenste Dichtkunst. Ich zweifle, ob dieser Ursprung der Poesie schöner, als durch das Ebräische משל ausgedruckt werden könnte? Das Wort heißt drücken, prägen: ein Bild, ein Gleichniß prägen: sodenn in Sprüchen reden, und משלים dieser Poesie sind die höchsten Sprüche: sodenn entscheiden, ordnen, sprechen wie König oder Richter: endlich regieren, herrschen, mächtig seyn durch das Wort des Mundes. Siehe da die Geschichte

ſchichte des Urſprungs und des kräftigſten Theils der Dichtkunſt.

Es verdiente faſt nicht bemerkt zu werden, wenn es nicht des häufigen Misbrauchs wegen geſchehen müßte, daß man die poetiſchen Bilder und Empfindungen keines Volks und keiner Zeit nach dem Regelmaas eines andern Volks, einer andern Zeit zu beurtheilen, zu tadeln, zu verwerfen habe. Hätte der Schöpfer es geordnet, daß wir alle auf Einem Fleck der Erde, auf einmal, mit völlig Einerlei Empfindungen und Organen, unter Einerley Gegenſtänden gebohren würden: ſo wäre nichts gegen die ſo gerühmte Einheit des Geſchmacks zu ſagen. Da aber nichts zarter und vielfacher iſt, als das menſchliche Herz, da es nichts feineres und verflochtneres giebt, als den Faden ſeiner Empfindungen und Leidenſchaften, ja da es eben zur Vollkommenheit der menſchlichen Natur gehört, daß ſie unter jedem Himmel, nach jeder Zeit und Lebensweiſe ſich neu organiſire und geſtalte, da endlich das leichte Lüftchen des Mundes, das wir Sprache nennen, und das doch den ganzen Schatz poetiſcher Bilder und Empfindungen auf ſeinem Schmetterlingsflügel trägt — da dieſer Hauch des Mundes nach Völkern und Zeiten ein wahrer Proteus iſt: ſo dünkt mich, zeigte es eher eine Art ſtarrer oder ſtolzer Anmaaſſung an, wenn jede Nation auch der früheſten Zeiten ſo denken, reden,

empfin-

empfinden und dichten soll, wie wirs begehren. Es ist längst bemerkt, daß das menschliche Geschlecht in seinen Zeitaltern und Revolutionen den Abwechslungen unsres Menschenlebens nachzugehen scheint; (wenigstens dichtet sichs der Mensch also) und wie die Empfindungs- Sprach- und Sehart eines Kindes nicht die Art des erwachsnen Mannes ist; wer wollte von Nationen im Kindheitszustande der Welt unsre erfahrne Geläufigkeit und Flüchtigkeit in Bildern, den Eckel und die Feinheit unsres abgebrauchten Herzens fodern? Lasset sie sich an einfachen Bildern lange verweilen, diese wiederholen, anstaunen und ins Gigantische mahlen: so sehen, so sprechen und empfinden Kinder. Sie staunen an, ehe sie anschauen lernen: alles erscheint ihnen im blendenden Glanz der Neuheit: unbekannte und also größere Wesen wirken auf ihre noch ungeübten, also lebhaft empfindenden Organe: sie wissen noch nicht zu vergleichen, und also durch die Vergleichung zu verkleinern: ihre Zunge strebt sich auszudrücken und drückt sich stark aus, weil ihre Sprache noch nicht durch hundert leere Worte und gemein gewordne Aehnlichkeiten schwach und geläufig gemacht ist: sie sprechen also oft, wie Morgenländer, wie Wilde sprechen, bis sie endlich mit dem Gange der Natur und Kunst wie geschliffene und abgeschliffene Menschen sprechen lernen. Lasset sie ihre Jahre geniessen und auch jene Morgenländer in

der

der Kindheit der Welt, wie Kinder dichten, sprechen und froh seyn. — —

Noch fremder wäre es, wenn man ein Bild aus seinem Zusammenhange reissen, und sein Kolorit, den Schatten einer zerpflückten Blume, mit dem Kolorit eines Bildes, in einem Dichter ganz anderer Zeit, Nation, Sprache und Dichtung vergleichen wollte. Keine zwey Dinge auf der Welt sind sich gleich: keins ist gemacht, daß es mit dem andern verglichen werde; und das zarteste Gewächs, seiner Stelle entrissen, verdorret am ersten. Ein Bild exsistirt nur im Zusammenhange der Empfindung: mit ihm verlierts Alles, und wird eine Gedankenlose Farbenmischung, die nur ein Kind nach der Helle des Anstrichs schätzet. Vielleicht verlieren keine Dichter so viel durch Vergleichung herausgerissener Stellen und Bilder, als die Dichter Orients: denn sie sind die entferntesten von uns: sie fangen in einer andern Welt, zum Theil drey, vier Jahrtausende früher, als wir von ihnen reden. Wollte man z. E. das Bild des Rosses bei Hiob mit Virgils Beschreibung davon vergleichen, und bemerkte nicht: wer bei Hiob und wozu er spreche? was zu Virgils Zeiten in Rom, und zu Hiobs Zeiten in Jdumäa ein Pferd war? wozu es dort und hier erscheine? (Sprache, Metrum, Nation, Gedichtart, Alles noch ungerechnet) würde man wohl richtig gegen einander

ander stellen? richtig schätzen und vergleichen? b) Doch wir gehen weiter.

II. Das Bild mit Empfindung begleitet, wird dem Empfindenden gar leicht zum lebendigen Wesen; Personendichtung ist also der zweite höhere Grad des Ursprunges der Dichtkunst.

Es ist die Natur der menschlichen Seele, alles auf sich zu beziehen, also auch sich ähnlich zu denken. Was uns angenehm ist, muß uns lieben; was uns zuwider ist, hasset uns, wie wirs hassen: mit dem wir gern sprechen möchten, das spricht auch mit uns, und der geringste Schall, die kleinste Aeußerung desselben wird also zur Sprache, zum Angesicht gedichtet. Hierinn sind alle alte Nationen einander gleich; ihr Wörterbuch konnte nicht anders gesammlet, ihre Grammatik nicht

b) Aikin hat in seinem Essay on the application of natural History to Poetry eine solche Vergleichung angestellt, und auch über Hiobs Behemoth und Leviathan ziemlich fremde geurtheilt. Kein Dichter will und mag mit seinen Beschreibungen zu Pennant's Zoologie oder zu Linneus Animalischem Reich Beiträge liefern; worauf die Dichtkunst arbeitet, sind nicht einzelne deutlich angegebene Züge, sondern Kraft, Wirkung in Composition derselben zum Ganzen. Dieser Zweck muß auch bei Hiob erforscht werden; alsdenn gehört das Gigantische, das Räthselvolle, Wunderbare dieser Bilder zum Zweck der Composition seines Buchs auf dieser Stelle. Die Entfernung Idumäa's von Aegypten, in deren
Erstem

nicht anders geordnet werden, als daß Namen in beiderlei Geschlechtern, daß Begebenheiten als Wirkungen, und Handlungen lebendiger Wesen nach der Analogie des Menschen gedichtet wurden. Die Ebräische Sprache ist solcher Personendichtungen voll, und es ist unleugbar, daß diese Theilnehmung, diese Versezzung in fremde Gefühle nicht nur das Rührende aller Rede, sondern gewissermaasse auch das erste Wesen der Moral gebildet habe. Beziehungen und Pflichten hören auf, wo ich im lebendigen Geschöpf nichts ähnliches mit mir denke; je inniger ich dies fühle und ohne Skrupel glaube, desto angenehmer wird mir die Theilnehmung, also auch die Behandlung desselben nach meiner Empfindung. Die älteste Dichtkunst, die die Bildnerin des rohen Menschen war, nutzte diesen Quell überfließender Gefühle, um ihm Erbarmen und Güte anzubilden. In Abels Blute ruffet die Seele desselben: alle Thiere um Adam scheinen ihm mit seiner Empfindung belebt: er sucht unter Allen seine Gehülfin.

Sonne

Erstem wahrscheinlich das Roß noch ein fremdes seltnes Wundergeschöpf war, ließ diese Ausmalung dem Zweck des Buchs gemäß zu; ja es foderte dieselbe. Freilich so bald man den Verfasser des Gedichts zu einem Aegypter machte: so wären alle Verhältnisse seiner Bilder verfehlt und übertrieben, weil jeder in seinem Lande das Roß und den Crokodil, den Straus und das Nilpferd kennen konnte.

Sonne und Mond waren Könige des Himmels, Knechte Gottes, Regierer der Welt. Die webende Luft ward eine erwärmende Muttertaube und Gott selbst, der Schöpfer von Allem, ward Werkmeister nach Menschenweise, der sein Werk ansieht, sich in ihm freut und es segnet. Ja was noch kühner als dies ist, er ward des Menschen Vater, dessen Stelle dieser vertreten sollte auf Erden. — So übertrieben diese Dichtung einem kalten Deisten scheinen mag, so natürlich und nothwendig war sie der Menschenempfindung. Ohne Gott ist uns die Schöpfung Chaos, und ohne einen menschlichen Gott, der wie wir denkt und empfindet, ist keine freundschaftliche oder kindliche Liebe, keine Vertraulichkeit mit diesem uns so unbekannten und doch so innigst nahen Wesen möglich. Der Unendliche ließ sich also herab, die ersten Ideen von ihm dem Menschen so nahe zu machen, als es seyn konnte; und sowohl im ersten Schöpfungsbilde, als in der Geschichte der Altväter ist diese freundschaftliche Vertraulichkeit der Grund aller Beziehungen des Menschen zu Gott und Gottes zum Menschen. Im Zelte des Hirten ist Gott Hirt, im Kreise der Familie Vater. Er besucht sie als Freund, und läßt sich zu häuslichen Opfermahlen laden. Der Sohn Abel gefiel ihm mehr als der Sohn Kain: und mit Noah roch er den lieblichen Geruch der verjüngten Erde; gegentheils zürnt er gegen

die

die Tyrannen und ziehet gegen Nimrod, den Unterdrücker der Erde, als ob er auch Himmelsstürmer seyn wollte, zu Felde. Von Abraham läßt er sich, als einen Nebenbuhler väterlicher Liebe, das Liebste seines Herzens, seinen Sohn schenken, und ringt mit dem Hirten Jacob, um ihm einen Heldennamen zu gewähren. Im Buch Hiob haben wir einige Personendichtungen entwickelt, auf denen das Anbringende der rührendsten Reden ruhete: und so ists mit Erregung der Sympathie in allen Arten der Gefühle. Wenn die älteste Poesie etwas aufs menschliche Herz gewirkt hat (und sie hat so viel darauf gewirket!) so konnte sie es nur durch dieses Mittel thun: daher wenn auch zu unsrer Zeit diese Biegsamkeit des Herzens fehlet, wer Personificationen mit kalter Vernunft oder nach geometrischen Regeln ausmißt, der wird in Hebräern und Griechen Ungeheuer der Dichtung finden. Im Hebräischen ist die ganze Sprache auf sie gestellt: in Namen, Werben, ja in Verbindungswörtern sogar auf sie geordnet. Alles hat bei ihnen Stimme, Mund, Hand, Angesicht und was macht die Construction mit Sohn und Tochter, die ihnen, wie andern Morgenländern, zum Bedürfniß geworden ist, für kraftvolle oder schöne Idiotismen! c) Idiotismen, die meistens

zu

c) Proben davon sind in Jones commentar. poes. Asiaticae

den ärgsten Misdeutungen Anlaß gegeben haben:
nn man kann beinah allgemein die Regel setzen: "je
hner und originaler eine Dichtung, eine Figur ist,
sto mehr ist sie mißverstanden und mißgebraucht wor-
n."

III. Ein personificirter Gegenstand, sobald er in
andlung tritt, die einen allgemeinen Satz anschau-
h macht, wird Fabel. Von jener Figur zu dieser
)ichtung ist also nur Ein Schritt, und Morgenland
so wie an Personificationen so auch an Fabeln
uchtbar.

Als Gott die Thiere zu Adam führte, daß er sähe
ie er sie nennete, setzte er den Menschen in eine Schu-
der Fabel. Ein Thier mit einem Namen bezeich-
en zu können, muste er dessen Charakter und Instinkt
kennen: beides lernte er aus Handlungen des Thiers
nd seiner Lebensweise. Die mindeste Reflexion, die
mit dieser Thierhandlung verband, da er dieselbe
leichsam in Zusammenhang brachte und auf sich bezog,
rfand einen allgemeinen Satz aus der Handlung, und
war, auch unausgesprochen, in der Seele des Men-
hen die Fabel gedichtet. Das erste Gespräch mit der
Schlange,

cae zahlreich gesammlet; im Ebräischen schlage man:
Mann, Sohn, Tochter, Angesicht u. s. in den Wör-
terbüchern auf.

Schlange, der Umstand, daß Adam unter allen Geschöpfen nicht Seines Gleichen fand, setzte diese Uebung seiner Seele voraus; sie ist das punctum saliens der Fabel. Man darf sagen, daß aus ihr dem noch kindlichen Menschengeschlecht die erste Moral und Klugheit hervorgegangen sei, und daß die Dichtung, als ob Thiere nach Menschenweise handeln, die wahre Bildnerin seiner Vernunft gewesen. Nicht nur daß um zu ihr zu gelangen der Mensch die lebendige, characteristische Schöpfung bemerken muste; er ward auch genöthigt, ihre Handlungen auf sich zu beziehen, mithin was Nachahmens= oder nicht Nachahmenswerth sei? zu lernen. Was wir „Geschichte des Falls„ nennen, war die erste Verirrung seiner Vernunft, die übel abstrahirte Nachahmung eines Thiers, das ihm der lehrende Vater nachher in seiner wahren Gestalt zeigte und damit seine verirrte Vernunft zurechtlenkte. Wie wir jetzt durch Erfahrung gewitzigt werden, bildete sich der Verstand des natürlichen Menschen an den Geschicklichkeiten der Thiere. Ihre Kunsttriebe sind ausgebildet: ihr Charakter rein bestimmt, stark ausgedrückt, standhaft. Hier war also der Mensch in einer reichen Schule, und so wie die Tradition sagt, daß er die meisten Künste den Thieren abgelernet, so ists auch gewiß, daß seine ersten Bemerkungen über Sinnesart und verschiedne Handlungsweise von Thieren genommen seyn.

Die

ie ersten Namen menschlicher Charaktere sind alle von
jieren, so wie die ersten allgemeinen Sitten= und
lugheitssprüche größtentheils ihren Ursprung, die
abel, noch bei sich führen: wir wollen das letzte nä=
r bemerken.

Eine allgemeine Sentenz ist eine Abstraktion aus
izelnen Begebenheiten; viele Sentenzen der Mor=
nländer tragen diese noch in sich und sind mit ihren
ildern, mit ihrer zusammengedrängten Allegorie
eichsam nur eine verkürzte Fabel. So ists mit vie=
u Sprüchen Salomons, z. E. der Moral, die die
meise dem Faulen giebt, dem gewafneten Mann, der
n Trägen übereilet u. s.; so ists auch mit den schön=
en Sprüchwörtern aller Völker. Bei einem leben=
gen Vorfall ward die Fabel gemacht; aus ihr die
:hre gezogen und des Gedächtnisses, des kurzen Scharf=
nns wegen in eine Metapher, ein Sprüchwort oder
ar in ein Räthsel zusammengedränget. Alle diese Dich=
ingsarten sind im Grunde Eins; ihr Vaterland ist
)rient, der sie auch sehr liebet. Dort ist die Fabel er=
.nden, dort sind die Sprüchwörter, Sinnsprüche,
Räthsel, selbst die Wurzeln der Sprache voll Fabel;
ie ganze Poesie hat bei ihnen eine Art gnomologischen
Fabelgewandes, das von unsrer periodischen Gedanken=
racht weit abweicht. Dort sind auch diese Gedichtar=
en die reichsten, die schönsten. Für Eine simple mor=

genlän=

genländische Fabel aus dem Reich der Thiere und Bäume gebe ich zehn künstliche Erzählungen mancher neueren Sprachen, die oft weder Fabel noch Geschichte enthalten; jene enthält oft die reichste Dichtung. Die Perlenschnüre morgenländischer Sentenzen sind aller Welt bekannt, und der schöne Teppich ihrer lehrenden höheren Dichtkunst, der seine reichgestickten Blumen mit so vieler Pracht ausbreitet, dünkt ihnen königlich und göttlich. Wir werden von diesen Dichtungsarten zu seiner Zeit mehr reden; jetzt bemerke ich

IV. Daß auch die Geschichte in Orient, zumal wenn sie alte Vatertradition ist, gern den Umriß der Fabel annimmt, und wird gleichsam poetische Geschlechtssage. Wer die historischen Schriften des A. Test. aus den frühesten Zeiten lieset, wird dies kaum läugnen; wer den historischen Styl der Morgenländer auch in andern Geschichten kennet, wird es noch weniger zu läugnen begehren. Nicht nur, daß hie und da auch in die simpelste Erzählung poetische Redensarten einfließen, weil diese vielleicht aus Liedern, oder des stärkern Eindrucks wegen, der Mund der Tradition so gab: nicht nur, daß die Erzählung selbst alle Simplicität des poetischen Styls in Bindewörtern und Wiederholungen liebet; am meisten auch, daß die Rundung, der Umriß der ganzen Erzählung poetisch ist, und so

wie

ie die Fabel auf die Sentenz, diese etwa auf einen
amen, ein Denkmal, einen Geschlechts- und Fami-
nzweck zusammengehet. Der Wahrheit thut dies kei-
n Eintrag; es bestimmt und bekräftigt dieselbe viel-
ehr dadurch, daß die Erzählung auch in ihrem Ton
nd Umriß gleichsam ihre Urkunde mit sich führet: nur
uß der Ausleger diesen Gesichtspunkt treffen und fest-
alten, oder er verkennet den Ton des Stücks, den
weck und Umriß solcher Erzählung. Die Geschichte
es Paradieses, der ersten Eltern, der darauf folgen-
en Stammväter, der Sündfluth, des Thurms zu
Babel u. f. erscheinen offenbar im Licht einer Stammes-
ner Nationalsage; und so gehts hinunter zu den Ge-
hichten der Stammväter. Die Tradition hat sie zu
iner heiligen Erzählung, zu einer Art fabula morata
emacht, wo in jedem Zuge die Gunst Jehovahs ih-
en Vätern erwiesen, die Ursprünge, aus denen sie die
Herrlichkeit ihres Stammes herleiten, das Recht, das
ie auf dieses Land, der Vorzug, den sie vor jenen Völ-
ern hatten, hervorleuchtet. Was bei andern Stäm-
nen wunderbare Helden- und Abentheuersagen waren,
ind bei diesem Stamm durch Geschlechtregister und
Denkmale dokumentirte Gottes- und Vätersagen, die
ie und da in so einfachem Schmuck erscheinen, daß
ie künstlichste Erdichtung ihnen nicht beikommt. Bei
llen Völkern ist die Geschichte aus Sagen erwachsen;

II. Th.   B   bei

bei den Hebräern ist sie bis zu den Zeiten der Könige hinauf, dem Styl nach; fast immer Sage geblieben, wozu die Sprache, die Denkart des Volks und der heiligen Schreiber, am meisten das hohe Alterthum der Zeit beitrug.

V. Ich komme zu der eigentlichen Fiction oder Dichtung, die in Zusammensetzung bekannter, charakteristischer Bilder zu einem unbekannten charakteristischen Geschöpf bestehet; von welcher Dichtung der Cherub die beste Probe seyn kann. Löwe, Stier, Mensch und Adler sind bekannte Wesen; die Zusammensetzung derselben zu Einem Symbol war Dichtung. Man siehet, ich brauche Dichtung hier nicht für Lüge: denn im Reich des Verstandes ist die Bedeutung des Symbols, das dichterisch zusammengesetzt ward, Wahrheit. Selbst die Stücke der Zusammensetzung sind aus der Natur, und ich kenne kein Figment der Welt, das nicht seine Theile daher nähme: daher auch die Erfindung neuer, ganz neuer Figmente so schwer ist, daß die größten Dichter einander wiederholen, und die entferntesten Nationen in erdichteten Wesen auf wenige Hauptformen zusammentreffen müssen. Eine dieser Hauptformen aller Nationen, die Poesie haben, ist der Cherub; vielleicht die älteste Fiction der Welt. Er steht auf den Ruinen von Persepolis, die mit ihrer Schrift und Bauart über die uns bekannte Geschichte

hinaus-

hinausreichen, und liegt als Sphynx vor so vielen Aegyptischen Tempeltrümmern. Von ihm reden Indiaſche, Tibetaniſche, Sineſiſche, Perſiſche, Arabiſche Mährchen, und er kommt in den alten Griechiſchen, wie ſelbſt Nordiſchen Sagen, nur bei jeder Nation auf ihre Weiſe, wieder. Auch die Dichtkunſt der mittlern Zeiten hat ihn gebraucht: faſt keine Poeſie iſt ohne ein ſolches geflügeltes Weſen. Die Ebräer, dünkt mich, haben die älteſte reineſte Sage von ihm, und in ſo natürlichen Urſprung der wunderbaren Zuſammenſetzung erhalten. Er iſt ihnen ein Hüter des Paradieſes, ſonach ward er ein Symbol der Geheimniſſe, d. i. heiliger, unzugangbarer Oerter, durch einen leichten Uebergang ward er in ſeinen Theilen ſelbſt Geheimniß, Zuſammenſetzung des edelſten Lebendigen der Welt. Er kam auf die Bundeslade, als Hüter der Geheimniſſe des Geſetzes: mithin ward er Träger der Herrlichkeit des Herrn, der darüber wachte. Er kam in die Wolken und ward erſt dichteriſche, denn prophetiſche Viſion; doch ſind dieſe letzten Anwendungen der Ebräiſchen Poeſie allein eigen. Den Cherub vor Moſes Zeiten, das Wundergeſchöpf, das Geheimniſſe oder alte Schätze der Vorwelt bewahrt, kennt die ganze Welt; den Cherub nach Moſes Zeiten, den Träger der Herrlichkeit Gottes, kennt Judäa allein durch Uebergänge, die ich entwickelt habe. d)

B 2 Von

d) Poeſ. der Ebr. Th. I. Geſpr. 6.

Von diesem Cherub auf den Weg gebracht, nahm die Bilderreiche Phantasie der Morgenländer Anlaß, ähnliche Dichtungen zu erfinden: sie schwang sich auf seinen Flügeln in das Land grosser Fictionen. Man lese bei Bochart e) sein sechstes Buch von erdichteten Thieren, und erinnere sich der vielen Fabelgeschöpfe in den Erzählungen Orients. Der Grund jeder Dichtung ist meistens eine Naturwahrheit: man hat nicht so wohl erdichtet, als wahren Dingen angedichtet, und das Seltne, Einzige, Wunderbare zum Unbegreiflichen, zum völlig Fabelhaften erhöhet. Eine Probe sei der Baum des Lebens und der Weisheit im Paradiese; diese einfache, bei Moses so verständliche und natürliche Sage ward durch die spätere Tradition zum wunderbarsten Geheimniß ausgebildet. Dort war er ein vorzüglich gesunder Baum, der dem Baum des Verbots und Todes nahe stand; bald ward er ein Gewächs physischer Unsterblichkeit, und der Baum, an dem Gott den Gehorsam des Menschen erkennen wollte, war schon in der Dichtung der Schlange ein Baum der Elohimweisheit. Denselben Gang der Phantasie wird man bei andern Dichtungen der Morgenländer finden. Hiobs Behemoth und Leviathan, die wirkliche Thiere sind, werden, weil sie entfernt, groß, schrecklich, wunderbar

---

e) Bocharti Hierozoic.

r waren, in Zügen geschildert, denen nur der kleinste
ısatz zu völligen Fabel- und Wundergeschöpfen fehlet.

In den Propheten kommen einige erdichtete Thiere
r, die damals die allgemeine Sage glaubte; sonst
er hat sich die Ebräische Poesie von Ungeheuern der
nbildungskraft rein erhalten. Da sie mit Jehovah
es erfüllte: so gingen die kühnsten Zusammensetzun-
ı ihrer Bilder dahin. Der Donner ward Gottes
timme, eine Stimme, die von den heiligen Dich-
n verstanden wird: Licht ist sein Kleid, das er wie ei-
ı Mantel um sich schlägt, und in der Morgenröthe
f die finstre Nacht ausbreitet: der Himmel sein Zelt,
ı Pallast, sein Tempel: die ganze Natur ein Heer
ı lebendigen, die er als seine Diener gebrauchet:
it Engeln ward also alles erfüllet; aber auf eine schö-
, Gottes nicht unwürdige Weise: denn Dinge der
atur waren diese Boten, und der Engel seines An-
ichts, das oft personificirte Wort Gottes, ist sein
sgehender Befehl und Anblick. Wenn in den frü-
n Büchern f) die Götter der Heiden als Dämonen
heinen: so war dies dem Wahn der Völker, die sie
ıeteten, selbst zu Folge: denn die meisten Heiden
ubten das angebetete Bild von einem Geist belebet.

B 3   Die

) 5 Mos. 32, 16. 17.

Die Propheten Israels ergriffen diesen Glauben, und beugten die Dämonen als Schadenfrohe, schwache, unreine Wesen unter Gott; bis der grosse Jesaias diesen Glauben auch verwarf, und ein nichtiges Idol als Idol zeigte. Satan selbst war in den frühern Zeiten nur ein Engel Gottes, den Gott sandte; ihm steht bei Hiob ein anderer Engel entgegen, g) der für den unschuldig Beklagten vor Gott das Wort nimmt: das Bild ist also in diesem Buch ganz dichterisch und gerichtlich.

Das Reich der Todten war eine so natürliche Zusammensetzung, daß ich mich nicht wundere, wenn es, wie bei vielen alten Nationen, auch bei den Ebräern vorkommt. Man kannte noch keine metaphysische Trennung des Leibes und der Seele, und dachte sich also den Todten, den so sichtbar Ermatteten, auch im Grabe noch lebend; aber in einem schwächern, dunkeln, kraftlosen Zustande. Die Stimme des Ermordeten rief in seinem Blut, und die leise Stimme der Todten unter der Erde, das Flüstern derer, die in Gräbern wohnen, ist ein allgemeiner Glaube der Ebräer, Araber h) und andrer alten Völker. Da nun die Gräber Orients weite Hölen waren, in denen viele mit einander schliefen, so war die Idee von einem unterirrdischen, unter die

Schatten

g) Hiob 33, 23.
h) S. Schultens Noten zur Hamasa S. 558. u. f.

Schatten herabgesunkenen Reich gleichsam dem Auge selbst gegeben. Da gingen also ganze Familien zu ihren Vätern: Helden, Königreiche und alle Siegszeichen, mit denen jene begraben wurden, stiegen nieder. Die Helden, die schon unten waren, empfingen sie: als kraftlose Schatten trieben sie, was sie im Leben getrieben hatten, den Dunst ihrer Herrlichkeit weiter. Da ward also alle diesem Heer ein König, dem Könige eine Burg, der Burg Riegel und Thor gegeben, die niemand erbrechen konnte: denn keine Gewalt führt einen Verstorbnen zurück ins Leben. Da rauschten dunkle Todesströme, weil man bei Grüften in der Erde so oft auf Ströme kommt, und in Hölen ihr dunkles unterirdisches Weinen höret; der Sterbende hörte diese Ströme, weil, nach einer oft bemerkten Erfahrung, die Sinnen des Ohnmächtigen ihm wie rauschende Wellen schwinden. Nun ward der Tod, der immer auf Beute lauert, ein Jäger mit Netz und Strick; zugleich aber auch, da der Körper in der Erde grauerlich verweset, ein Ungeheuer, das an den Todten naget u. s. f. —— So natürlich waren alle diese Uebergänge, die mit den gewöhnlichen Veränderungen, die Land und Clima geben, fast allen alten Nationen der Erde gemein sind.

Doch gnug der Proben. Wir haben jetzt Stuffenweise eine Reihe Gattungen der Dichtkunst betrachtet, die

die alle vom משל, der Rede voll Bild und Empfindung ausgingen: denn das siehet ein jeder, daß auch die Personendichtungen, die Fabelzüge, Räthsel, Sinnsprüche, endlich die eigentlichen Dichtungen nicht nur selbst zum משל gehören, sondern auch so verschieden vorkommen können, als dies sich mobificiren läßt. In den ältesten Zeiten war die Spruchrede kurz, erhaben, kräftig, wie wirs aus den Segensprüchen der Altväter, den Reden Hiobs, und den Orakelsprüchen Bileams wahrnehmen. Von diesen sind die Sprüche der Propheten eigentlich nicht anders, als wie das Schwächere vom Stärkern, das Spätere, oft Nachgeahmte von der alten Urkraft verschieden: denn auch unter den Propheten und bei Einem Propheten, giebt es sehr verschiedene Grade der Stärke und Kürze ihrer Bilderrede. Die Sprache war zu ihrer Zeit schon gebrauchter: Bilder und Lehren waren gemeiner: der Geist der Poesie reichte nicht an die ersten Zeiten. Es findet also gar keine Ursache statt, mit den Propheten eine eigne Art der Poesie zu machen: es war freilich oft poetische Prose, die indeß völlig den Gang der frühern parabolischen Poesie hielt. Wenn diese in abgetrennten Sentenzen erscheint, muß sie Kürze und Würde mehr zusammennehmen: eine Sammlung solcher Sentenzen haben wir an den Sprüchen Salomons. Ihnen zum Anhange stehen auch Räthsel, ähnlich dem, das wir von Simson

son haben, in dem der Ton und Parallelismus des völligen משל merkbar ist; also gehört dies alles zu Einer
Klasse, und das Ebräische הירה die verschlungene Rede, enthält mehr als das bloße Räthsel. Jeder scharf-
sinnige, schwer aufzulösende Spruch gehörte dazu, und
ein großer Theil der morgenländischen Bilderrede arbei-
tete hierauf als auf seine Hauptschönheit.

Auf welchen Inhalt diese übrigens angewandt werde? ob die erhabne oder gar verschlungne Bilderrede
Lob oder Tadel, Liebe oder Haß, Glück oder Unglück
töne? ob sie lang oder kurz sei? u. f. reicht nicht zu,
um eigne Nebengattungen der Poesie daraus zu machen. Sie stehen alle unter einer Hauptgattung, dem
Bilderspruche mit seinem einförmigen erhabnen Parallelismus.

Aber jetzt beginnet eine zweite Gattung der Dichtkunst, Gesang. Sobald Musik erfunden war, bekam
die Poesie neuen Schwung, Gang und Wohllaut.
Die Bilderrede hatte nur die natürlichste Dimension,
die Systole und Diastole des Herzens und des Athems,
den Parallelismus; mit der Musik bekam sie höhere
Töne, abgemeßnere Kadenzen, ja selbst, wie wir aus
dem Liede Lamechs sehen, Reime. Was voraus Athem
war, ward jetzt klingender Laut, Tanz, Chorgesang,

B 5   ein

ein Saitenspiel der Empfindung. Da Musik erfunden war, war auch das Lied, ohne Zweifel auch der Tanz da; lasset uns sehen, was die Dichtkunst hieburch gewonnen oder verlohren?

1. Alle musikalische Poesie will eine Art höherer Empfindung: wenn sie Bilder singet, wollen diese mit Affekt belebt seyn; hieburch ward also der stolze Gang der Bilderrede gebändigt, und in eine Gattung höherer Harmonie gezogen. Welcher Art nun der Affekt ist, der im Liede herrschet; darnach wird sich auch sein Gang, seine Harmonie fügen: ein staunender Hymnus und eine feurige Ode, ein sanftes Lied der Freude, oder eine Elegie der Betrübniß, werden nicht gleich moduliren. Das giebt nun Untereintheilungen des Gesanges, die aber den Hauptbegrif nicht ändern. Die Elegie (קינה) das sanfte Lied der Freude oder der Liebe (שיר) der Lobgesang (תהלה) und wie die Gesangweisen weiter sogar nach den Instrumenten abgetheilt wurden; alle stehen unter dem Gesange (מזמור) der seinen Namen eben von den Kadenzen und Einschnitten hat, die ihm die Musik anschuf. Das Lied nach äußern Gegenständen einzutheilen, und z. E. eine besondre Gattung Jdyll zu nennen, ist unebräisch, selbst unpoetisch. Auch bey den Griechen war nicht jedes Jdyll und alles in ihm Gesang; in dem vortreflichen Liede der Lieder ist nicht alles Jdyll, obgleich alles שיר sanfter
Gesang

Gesang ist. Auch die Bilderrede, (משל) selbst die künstlichste Gattung derselben, die verschlungene Aufgabe (חידה) ist nicht schlechthin dem Gesange entgegen, wie wir aus mehrern Psalmen sehen i); kurz, Inhalt und Gegenstand machen zur Gattung nichts, sondern die Art der Behandlung.

2. Sogleich ergiebt sichs, daß dieser Gesang eine Art Melodie, mithin Fortgang, Plan, Entwurf in das Ganze des Liedes bringe, von dem die Bilderrede, außer so fern es der Inhalt selbst gab, weniger wußte. Nicht daß ich aus Horaz oder Pindar ein Regelnmaas vorschlagen wollte, nach welchem man Davidische Psalmen messen müßte; jede Empfindung hat dies Maas, mithin auch diesen Entwurf in ihr selbst, daher es den eigentlichen Affektpsalmen nie daran fehlet. Die lehrenden Gesänge haben ihn weniger, daher sie ihre Sprüche oft sogar an Buchstaben des Alphabets reihen; allein auch dies zeigt, daß das Lied als solches eine Art von Maas und Umriß haben müsse, sollte dieser auch selbst aus dem A. B. C. genommen seyn.

3. Die Musik will Wohlklang, und da die Ebräische Musik wahrscheinlich noch ohne ermattende Kunst war, so konnte sie sich desto mehr dem Schwunge des Herzens

i) Ps. 49. 78. f.

Herzens nähern. Nichts ist schwerer zu übersetzen, als ein Ebräischer Psalm, zumal ein Tanz- und Chorgesang der frühern Zeiten: die Töne in ihm fliegen im freiesten Rhytmus; die schweren Füsse unsrer Sprache, ihre langen harten Sylben schleppen sich im Staube. Dort macht Ein luftiges klingendes Wort eine ganze Region; hier hat man zehn nöthig, die zwar alles deutlicher, aber auch viel schwerer sagen.

4. Die meiste Instrumentalpoesie der Morgenländer war Chorgesang, oft Gesang in mehrern Chören, zuweilen selbst mit Tanz begleitet. Welche begeisternde Fülle dies in so frühen Zeiten, da der Affekt noch wenig geregelt war, dem Gesange gegeben habe, wenn ihn, um Gottes oder einer allgemeinen Wohlthat willen, voll Nationalstolz und Nationalfreude ein versammletes Volk sang, überlasse ich der Empfindung eines jeden; zu unsrer Zeit, in unserm Gemenge von Nationen, in denen wir kaum einen Gott, wenig allgemeines Intereße und kein Vaterland haben, sehn wir nichts dergleichen. Dort kam es nicht auf künstliche, sondern auf begeisternde Musik und Sprache an; kein kalter Wohlstand feßelte, kein nordischer Himmel schlug Seelen und Töne zu Boden. Der Gesang Moses und der Mirjam, Chorgesang eines erretteten Heers vieler Tausend, die mit Paukenschall unter Arabischem Himmel ihren Jehovah preisen; wo ist ein emporfliegender

gender Gesang wie dieser? und er ward Vorbild der
Gesänge Israels in spätern Zeiten.

Bilderrede und Gesang also sind die beiden Haupt-
pforten der Poesie der Ebräer; und dörfte, könnte es
mehrere geben? Sie sind Poesie fürs Auge und Ohr,
durch welche beide sie das Herz besänftigen oder bestür-
men. In der Bilderrede spricht Einer; er lehret, straft,
tröstet, unterrichtet, lobpreiset, siehet die Vergangenheit und enthüllet die Zukunft. Im Gesange singen
Einer oder Viele: sie singen aus dem Herzen und zer-
schmelzen das Herz, oder sie flößen Lehre ein, durch den
süßen Trank der Töne. Beide Gattungen der Poesie
waren bei den Ebräern heilig: die größesten Bilderred-
ner waren Propheten, die erhabensten Lieder Gesänge
des Tempels. Ob beide Gattungen, Bilderrede und
Gesang, in gröffere Formen z. E. Dramata, Epopeen
u. s. gebracht seyn? wird die Zukunft zeigen.

Zum Schluß erinnere ich noch Eins, daß eben der
genannte Genius, der erhabne Spruch, die Bilderrede, sie bald zu einem geheimen mystischen Sinne führte. Diese Art zu erklären ist nicht nur den Ebräern;
auch Arabern, Persern eigen, und die verliebteste Ode
des Hafiz wird, wenn es darauf ankommt, manchmal
den feinsten spirituellsten Sinn geben, in dem sich oft
alle Schätze der Erkenntniß finden lassen, von dem,

der

der sie darinn finden wollte. Der Grund davon liegt im Genius, im Ursprunge, in den Wurzeln der morgenländischen Poesie selbst. Ein erhabnes aber dunkles Bild, eine mit Scharfsinn verzogne Gleichnißrede, ein Götterspruch, den ein räthselhafter Parallelismus gleichsam nur von fern hertönet; diese Arten des Ausdrucks wollen Erläuterung, Auflösung. Und wenn ein Gottvoller begeisterter Mensch spricht, wenn er im Namen der Götter von Schicksalen der Zukunft redet; wer wird nicht gern mehr erwarten, als Er vielleicht sagen wollte? Und wer wird es nachher nicht auch in seinen Göttersprüchen gern finden, gesetzt, daß man auch kein staunender, auf den höchsten Sinn gespannter Morgenländer wäre? So ists der Ebräischen Poesie Jahrhunderte durch ergangen; und wenn unsre Zeit und Nation Ein Lob verdient, so ists über ihr kaltes Bestreben, sich unberauscht von Glossen und geheimer Bedeutung dem simpeln Ursinn jener Dichter nahen zu wollen, und die Göttersprüche derselben im Gesichtskreise der ältesten Zeit zu hören.

Opitz

Opitz von der ältesten, insonderheit Griechischen Poesie.

Die Poeterei ist Anfangs nichts anders gewesen, als eine verborgene Theologie und Unterricht von göttlichen Sachen. Denn weil die erste und rauhe Welt gröber und ungeschlachter war, als daß sie hätte die Lehren von Weisheit und himmlischen Dingen recht fassen und verstehen können: so haben weise Männer, was sie zu Erbauung der Gottesfurcht, guter Sitten und Wandels erfunden, in Reime und Fabeln, welche sonderlich der gemeine Pöbel zu hören geneigt ist, verstecken und verbergen müssen. Indem sie also so viel herrliche Sprüche erzählten, und die Worte in gewisse Reimen und Maas verbunden, so daß sie weder zu weit ausschritten, noch zu wenig in sich hatten, sondern wie eine gleiche Waage im Reden hielten, und viel Sachen vorbrachten, welche einen Schein sonderlicher Prophezeiungen und Geheimnisse von sich gaben, vermeinten die Einfältigen, es müsse etwas Göttliches in ihnen stecken, und ließen sich durch die Annehmlichkeit der schönen Gedichte zu aller Tugend und gutem Wandel anführen. Die Alten haben gesagt: die Poeterei sei die erste Philosophie, eine Erzieherin des Lebens von Jugend auf, welche die Art der Sitten, der Bewegungen des Gemüths, und alles Thuns und Lassens lehre u. s.

Ur-

Ursprung und Amt der Poesie.

Ein Psalm. *)

Der Vorsänger.

Hochgelobet sei Gott! Er gab dem sterblichen Menschen
Seiner unsterblichen Kunst ein kleines leuchtendes Abbild,
Dichtkunst. Singt, ihr Männer der Saiten, besinget des
Ewgen
Tochter, die himmlische Muse, die Völker und Welten ge-
lehrt hat.

Erster Sänger.

„Mich besaß Jehovah! Eh seine Wege begannen,
war ich und ordnete da der Schöpfung leuchtende Wege.
Eh die Tiefen noch waren und eh die Quellen noch quollen,
war ich der Weisheit Quell, die Tiefe der Dichtung Jehovahs.„
Also sprach die Muse! Wir singen die Muse, wie sie sprach.

Zweiter Sänger.

„Mich besaß Jehovah! Eh noch die Erde gebaut war,
Eh er die Berge gesenkt, eh er den Himmel bevestet,
da er dem Meere sein Ziel, den Wassern ihre Gefilde
gab;

---

*) Wem diese und andre Poesien zu Ende der Abhand-
lung überspannt oder fremde vorkommen, den bitte ich,
sie zu überschlagen. Sie sind sodenn nicht für ihn, sondern für andre geschrieben, die wohl wissen werden,
wozu sie hier beigerückt sind? Die wenigsten sind von
mir.

gab; da war ich und spielte vor ihm und zeichnet' den Riß
ihm."

Also sprach die Muse! Wir singen die Muse, wie sie sprach.

Erster Sänger.

"Und ich spielte vor ihm. Die Ewigkeiten hinunter
hatt' er Gefallen an mir, an mir der holdesten Tochter
seines Thrones: ich führt' im Reigen die Söhne des Lichtes,
führte die Chöre der Morgenstern' um des Ewigen Thron
her.
Ewig singen die Engel und ewig jubeln die Sterne,
Tanz und Gesang, den ich, die Tochter Gottes, sie lehrte."

Zweiter Sänger.

"Und ich spielte vor ihm. Die neugeschaffene Erde
war mein Eden; da ging ich als Braut zu seinen Geliebten,
lallte mit ihnen und huldigte sie: ich pflückte der Schöpfung
schönste Blumen und krönte die Lieben am Tage der Hochzeit,
krönt' am Tage der Freuden sie mit gesellender Dichtkunst.
Ewig blühen die Blumen, und ewig gesellen die Lieder."

Erster Sänger.

Oefne mir, Muse, den Blick: du gabst dem Auge des
Menschen
Götterblick, die flogen hinauf, wo Ströme des Lichtes
sich ergiessen vom ewigen Quell, wo Sonnen und Monde
Gottes Saitengesang, in frölichen Tönen einhergehn.

Und er stimmte die Leyer zum Gang der Sonnen und
Monden,
nahm vom ewigen Quell hellleuchtende Stralen und goß sie
auf

auf die Saiten. Wie Pfeile des Lichts erklangen die Töne,
eilten in goldenem Flug' hinauf zum Ohre des Schöpfers.

Zweiter Sänger:

Oefne mir, Muse, das Herz. Du gabst dem menschlichen
Herzen
Mitempfindung. Es blüht' in der Blum' und mit der Cy-
preße
wuchs es Himmel-hinan! stieg mit der Lüfte Gefieder
auf und sang; vom fröhlichen Schall frohlockten die Wälder.

Und er stimmte die Laute zu seiner fühlenden Brüder
Mitgefühlen; da ächzte der Schmerz auf wimmernder Saite,
und wie rannen die Bäche der süßen Thränen hinunter!
leis' hinunter: es schmolz das Herz, zerflossen in Tönen.

Erster Sänger.

Hochgelobet sei Gott! Er gab der Zunge des Weisen
seinen schnellesten Blitz, das Wort vom Munde Jehovahs.
Sieh es zertrümmert das Herz und schüttet hoch von dem Altar
Gottes, feurige Glut dem Sünder durch alle Gebeine.
Fleuch ins Dunkel, Verruchter! umhülle die Seele mit Dunkel,
dennoch findet es dich das Schwert vom Munde Jehovahs.

Zweiter Sänger.

Dank dem gütigen Gott! Er gab der Lippe des Weisen
seines rosigen Thaus den ersten holdesten Tropfen:
Balsam flößet er ein ins Herz verwundeter Unschuld,
haucht mit Athem der Liebe sie an, die sinkende Ohnmacht.
Trankst du vom bittern Becher der Welt, o trinke des Himels
süßen Trank in Tönen, die ewig, ewig erlaben.

Der

Der Vorsänger.

Auf! versammlet euch Brüder und gießt die Ströme der Lieder milde zusammen, vereint den Gesang, der über des Lebens letztem Ufer von allen Entronnenen freudig emporsteigt.

Beyde.

Dank dem Ewigen! Heil! Des Lebens düstere Fabel ist gelöset: wir lösen sie auf am Klange der Saiten, singen in fröliche Saiten den Spruch des Räthsels: der hohe Spruch ist: „Ehre Jehovah! und Heil uns glücklichen Wesen!"

Ehre Jehovah und Heil uns glücklichen Wesen! Er gab uns drunten des Himmels Sprache: wir übten lallend in Tönen uns in Gottesgesängen der Seel'erhebenden Weisheit und zerflossen in Tönen der Balsam-träufelnden Wehmuth.

Ehre Jehovah und Heil uns glücklichen Wesen! Die Wehmuth ist vorüber, ihr letzter Gesang zerflossen in Freude, hohe mächtige Freude: denn unsre Gesänge sind That nun, ewige Chöre voll Jubel harmonisch-wirkender Eintracht.

Der Vorsänger.

Schweigt ihr Brüder, und singet dem Herrn durch menschliche Tugend.

Anhang.

Anhang.
Einige Gründe des subjectiven Ursprungs der Ebräischen Dichtkunst.

Die vorstehende Abhandlung betrachtete den Ursprung und das Wesen der Ebräischen Poesie objectiv: sie war bestimmt, die Aeste und Zweige des Baums aus Stamm und Wurzel zu zeigen. Vielleicht wünscht mancher auch den Boden zu sehen, der den Baum trug, d. i. einige Umstände bemerkt zu finden, unter denen die Sprache solcher Bilder und Empfindungen fähig ward, und sich in Personificationen, Dichtungen, Sagen, Lieder und Weisheitsprüche solcher Art verbreiten konnte. Auch hiebei will ich, wie ichs bei der Abhandlung selbst gethan habe, mehr erinnern, als ausführen.

1. Solche Bilder und Ideen, als uns auch nur die ersten Kapitel Moses gewähren, sind keinem wilden Volk möglich. So lange es als ein Erdklos auf dem Boden liegt und den drückendsten Bedürfnissen dient, wird es nicht zu Abstractionen und Benennungen gelangen, wie sie uns das erste Gemählde der Schöpfung in einer dem sinnlichen Menschen angemessenen Ordnung und Symmetrie vorführt. Von wem auch dies Stück sei; so ists in Bildern und dem Zweck ihrer

Darstellung das Werk eines weisen Meisters. Kein Orpheus macht hier Tiger und Löwen zahm: kein Silen singt das gröste Poem der Welt, die Kosmogonie, in Fabeln verwandelt; alle dies waren Geburten oder Mißgeburten eines spätern Witzes, einer verhüllenden Einkleidung. Hier ist als ob Einer der Elohim selbst, der Genius der Menschheit, unsichtbar lehrte. Die leichtesten Ausmessungen und Claßificationen der Gegenstände hat er zusammengeknüpft und singet den Menschen, seinem unsichtbaren Vater und Schöpfer gleich; er hebet ihn durch eine Nachahmung desselben in Ruhe und Arbeit, zu einem Herrn der Schöpfung.

2. Und diese feine Ideen sind, selbst dem Verhältniß nach, in dem sie hier erscheinen, schon in den Wurzeln der Sprache da: es ist als ob diese auf sie gepflanzt, in ihnen erwachsen wäre. Also ist diese Sprache, so viel Zeichen sie von der Kindheit des Menschengeschlechts in Ideen und Articulationen an sich trägt, durchaus schon gebildet gewesen, da dies erste Stück, ich will nicht sagen componirt, sondern nur gedacht wurde. So spricht weder in Schällen noch im Bau der Wörter kein Karibe. Hier sind keine langen Laute, die kleinste Sache zu bedeuten, hier ist kein wilder Wald von Benennungen neben einander; vielmehr hängt alles an Einem Faden, und so ist die ganze Sprache an

C 3 die

die leichtesten Wurzeln gereihet. Was Etymologie und Grammatik betrift (ich sage nicht Syntax und Schreibart) ist die alte Ebräische Sprache ein Meisterwerk sinnlicher Kürze und Ordnung. Man möchte sagen: ein Gott habe sie für kindliche Menschen erfunden, um mit ihnen wie ein Spiel der frühesten Logik zu spielen.

3. Eine so früh gebildete Sprache also, war ein wahrer Schatz in den Händen des Geschlechts, das sie besaß. Sie hatte schon viel vorgedachte Bilder und Empfindungen in sich, die man als Erbtheil bekam, die man nur anwenden dorfte. Wir wissen nichts von der alten Aegyptischen Sprachherrlichkeit und Weisheit; aber das wissen wir, daß ein Phönicier die Buchstaben nach Griechenland brachte, daß Pelasger und Jonier ursprünglich Asiatische Völker waren, wahrscheinlich Verwandte dieser Sprache. Sie hat sich, wie die Mosaische Urkunde sagt, aus dem höhern Asien am Euphrat hinabgezogen, und athmet ganz das Asiatische Klima. Ihre Ideen sind voll starker Contraste, voll Licht und Dunkel, voll Ruhe und Arbeit: dies ist der Character des morgenländischen Himmels, und des Genius seiner Nationen. In Grönland würde sich nichts so frühe gebildet haben. Wo die Natur angestrengt ist und der Mensch unter ihrer Last leidet, ist er vielleicht

leicht zu schweren Künsten, zu harten Geschicklichkeiten und Leibesübungen geschickt, nicht aber freier Ideen, weiter Aussichten, umfassender Empfindungen fähig.

4. Und diese alte unter einem weiten Himmel gebildete Sprache pflanzte sich in einem Hirtenstamm fort; eine Lebensart, die sowohl zur Erhaltung als Gestalt ihrer ältesten Ideen und Nachrichten viel beitrug. Der Hirtenstand ist einer der frühesten Stände der Menschheit, von einer noch eingeschränkten Kultur; er setzt aber Kultur schon voraus, und kann ohne mancherlei Künste und Einrichtungen nicht bestehen. Diese sind alle von der sanftesten Art. Er entwickelt Familienbande, und hat das häusliche Vaterregiment beveftigt: er gewöhnte Thiere an Menschen, und gebot sanfte Empfindungen gegen die Thiere: er gab Gefühl der freien Natur, das noch jetzt bei allen Beduinen unauslöschlich ist, indem sie die Städte als Kerker meiden. Wenn also in einem solchen Hirtenstamm alte Eindrücke vom Gott der Natur, von Vätern, die ihm lieb gewesen, von Sittlichkeit und Unschuld herrschten, so wurzelten sie tief in diese häusliche freie Lebensart, und fanden da ihre Stäte. Daher sind die Sagen, die wir vom Paradiese, den Vätern, den ältesten Schicksalen unsres Geschlechts haben, Hirtensagen: sie erhielten so viel, als der Hirt fassen und in seinem Kreise bewahren

ren konnte, soviel sich an seine Denkart und Lebensweise anschlang. Eben diese Lebensweise gab also auch den sanften Empfindungen Raum, mit denen wir diese Sagen bezeichnet finden: dahin gehört die Freundschaft Gottes, die Vertraulichkeit der Engel mit den Patriarchen. Man verwandle die Aufopferung Isaaks in eine Allegorie von seiner Todeskrankheit und Wiedergenesung, (welches sie nicht war, wodurch sie aber unsern Sitten näher käme) welche schöne Standhaftigkeit des stillen Helden, dem sein Sohn drei Tage im Herzen todt ist, und der ihn ohne Widerrede aufopfert! Man verwandle den Thurm zu Babel in die Allegorie eines unterjochenden, drückenden Reiches, das tyrannisch auf der Erde herrscht, und Gott jezt selbst in den Himmel will: welche schöne Fabel! — Jacob, der bei seiner ersten Nachtruhe außer dem väterlichen Hause den eröfneten Himmel sieht, und in einer drohenden Lebensgefahr zuvor mit dem Schutzengel seiner Sicherheit kämpft und ihn überwindet; diese und andre Geschichten, auch nur als Dichtungen betrachtet, wie schöne Hirtensagen sind sie! — Sie bringen ihrem nacherzählenden Geschlecht ihren Gott so nahe, und bringen mit ihm Zutrauen, Unschuld und Menschlichkeit in die Familie. Kein kriegender Irokese, kein jagender Hurone dichtete so.

5. Noch

5. Noch mehr wirkte diese Lebensart in einem abgeschlossenen Stamm, der sich mit fremden zu vermischen, viel zu vornehm achtete. Und was machte ihn so vornehm? Eben was wir bisher betrachteten, seine Sprache und Abkunft, seine Sagen und Vorzüge aus der alten Zeit, die Sprüche und Segnungen seiner Väter. Warum verachteten die Semiten den Cham und Kanaan? Weil ihr Stammvater ihn herabsetzte, weil die Schande eines Bubenstücks in der Familie auf ihnen lag. Warum wurde Ammon und Moab von Mose so weit zurückgesetzt, ob er sie gleich als Anverwandte zu beleidigen verbot? Weil sie Hölenkinder, das Geschlecht einer Blutschande waren, die nach der damaligen Lebensweise in Familien sich nie verlöschen ließ. Woher kams, daß Israel in Aegypten noch ein Volk blieb, daß ein Aegyptischer Fürst, der angesehene Joseph seine Söhne mit einer vornehmen Aegypterin erzeugt, zu den armen Hirten und nicht zu den Aegyptern zählte? Wenn hier nicht Geschlechtsstolz sichtbar ist, ist ers nirgend. Diese armen Hirten hatten große Väter, Verheißungen Gottes über ein weites Land, Genealogien bis zu Adam hinauf, über die sie auch im größten Druck ihre סופרים (Schreiber) nie verlohren. Warum erwählte Moses lieber mit seinem Volk Schmach zu leiden, als Aegyptenlands Ehre zu genießen, sobald er seine Abkunft erfuhr? Er sah die alten

Vorzüge und Ansprüche seines Geschlechts, und wollte lieber Retter desselben, obwohl mit der grössesten Gefahr, als in Ruhe und Ansehen sein Unterdrücker werden. Diese Genealogien also, dieser Ahnenstolz eines unvermischten Hirtengeschlechts, hat uns nebst jener uralten Sprache auch jene alten Sagen, frei von fremder Mythologie (welche ihnen Abgötterei und Aberglaube war) frei von zugemischter Gelehrsamkeit, die sie verachteten, erhalten und ihrer Poesie den Gang eingedrückt, der aus den Segenssprüchen weißagender Väter ausging. Im Europäischen Gemisch der Völker waren keine so alte Denkmale, keine so reine Familienpoesie möglich. In Idumäa, wo Familienfürsten in einer härtern Lebensart herrschten, hat auch bei ursprünglich derselben Sprache die Poesie, wie das Buch Hiob zeigt, einen stärkern, vestern Character.

6. Zu Fortleitung der Genealogien gehörte Schrift, und ich habe wahrscheinlich gemacht, daß die Buchstabenschrift eben an diesen sehr frühe entstanden. Man sollte sich Namen merken, auf die man alles baute; man suchte also, da das Bild einer Hauptmerkwürdigkeit aus dem Leben des Mannes nicht hinreichte, Bild und Schall zu paaren. So entstanden die Charactere des ältesten Alphabets der Erde, und zugleich die Namen derselben. Beth heißt ein Haus: es wird wie ein

Haus

Haus gemahlt, und zugleich ungefähr die Artikulation des Mundes mitgemahlet: so weiter. Das Alphabet muß sehr alt seyn: denn es scheint uns mit der Sprache gebildet. Ich gebe dem Ebräischen damit kein Lob, das ihm nicht gebühret: es ist eine Kindheitsprache, die sich nicht fortgebildet hat, wie die Griechische und Lateinische; aber ihre Anlage war groß, bestimmt und weise. Ihre Buchstaben, (obwohl unvollkommene Zeichen mehr zum Wiedererinnern als zum Lernen) haben ihre Wurzeln, ihre Beugungen und Regionen geregelt; und da alle alte Völker mit starken Accenten sprachen: so war damit, sobald diese über die Buchstaben, der Nothdurft wegen, nur in einigen Zeichen bemerkt wurden, die älteste Prosodie fertig. Daß die Accente der ältesten Sprachen nicht Accente unsrer Art, sondern höhere, Notenähnliche Unterscheidungen waren, ist ausgemacht; mithin war durch dieselbe bei den kurzen Regionen des Parallelismus die simpelste Art eines künstlichen Rhythmus geboren.

7. Alle diese Eigenheiten und frühen Vortheile bringen uns darauf, zu glauben, daß der Anfang der menschlichen Bildung nicht durch ein Ungefähr oder durch den Wurf der Zufälle bei einer blöckenden Heerde, sondern väterlich, göttlich entstanden sei; und so wenig ich die Art dieser Beihülfe zu bezeichnen wage, so wage ichs

noch

noch weniger, sie zu bezweifeln oder zu läugnen. Hätten wir von andern Völkern mehrere so alte Schriftdenkmale, oder fänden sie sich noch: so würde dieser Ursprung von mehrern Seiten evident werden. Wie hier Nachrichten im kindlichen Hirtenton sind: so würden sie bei andern Nationen, obgleich durch das Vehikulum ihrer Denkart verändert, immer noch dieselbe Sache bezeugen. Also gehet hier vom ersten frühen Anstoß alles aus, und das Geschlecht hat kein Verdienst, als daß es, seiner Sprache, seinem Clima, seiner Lebensweise nach, diese Eindrücke unvermischt und unverfeinert forttrug. Dies dünken mich die subjektiven Gründe, die die Origines dieses Volks bilden: das Auge der Vorsehung ist dabei unverkennbar.

II. Be=

II.
Beruf und Amt der Propheten.

Inhalt.

Vom Beruf Moses.

1. Die Erscheinung Gottes. Feuer blieb das Symbol der göttlichen Erscheinung. Was Engel Gottes, Engel des Angesichts heiße? Erscheinung Gottes an Moses, an die Aeltesten Israels, an Elias, an Jesaias', an Ezechiel und Daniel. Vergleichung dieser Erscheinungen mit den ältesten Zeiten. Stuffengang der Poesie in Entwicklung der Bilder. Was es auf die Ebräische Poesie für Einfluß hatte, daß keine Göttergestalten zu beschreiben waren?

2. Wort Gottes an Moses, an spätere Propheten. Propheten des Worts und der That nach Beschaffenheit der Zeiten. Kraft des Prophetenworts. Ob sie nach eigner Phantasie sprechen konnten? Gestalt der Ebräischen Poesie durch diese ernste, gewisse Begeisterung. Ihre Verschiedenheit nach den Zeiten.

3. Zeichen Moses. Wozu sie waren? wofür sie galten? Zeichen der spätern Propheten in Sachen außer ihnen und an ihnen selbst. Beispiele aus Jesaias.

Was der Name Prophet ursprünglich bedeutet? Wie er auf Göttersprüche in Poesie und Musik übergegangen. Ob die Propheten Wahnsinnige gewesen? Stelle aus Jesaias. Die Propheten, ein Gedicht.

Anhang. Warum waren aber Propheten so vorzüglich diesem Volk eigen?

Die

Die meisten Ebräischen Dichter waren heilige Personen, Weise des Volks, Propheten; lasset uns einige Züge dieses Berufs und Characters von fernher entwickeln.

Als der vertriebene Moses in der Arabischen Wüste seine Heerde weidete, kam er an den Berg Gottes Horeb. a) Und der Engel des Herrn erschien ihm in einer feurigen Flamme aus dem Busch; da rief ihm Gott aus der Feuerflamme, und offenbarte sich ihm als den Gott seiner Väter. Er gab ihm ein Wort des Auftrags zur Errettung des Volks; und da Moses Zweifel machte, gab er ihm Zeichen. Gesichte, Wort und Zeichen sind also, wie bei diesem ersten und grössesten Propheten, nachher einzeln oder beisammen auch die Creditive des Berufs seiner Nachfolger, mithin auch die Seele ihrer Poesie; vor Allem also müssen wir hievon reden.

1. Die Erscheinung, die den Moses aufmerksam machte, war eine Feuerflamme im Busch. Möge nun dies Symbol in seiner nähern Beziehung bedeutet haben, was es wolle: so wars hier Symbol der erscheinenden Gottheit, die sich zu dieser Zeit, an diesem Ort nicht einfacher offenbaren konnte. Was war in der

Arabi-

---

a) 2 Mos. 3.

Arabischen Wüste als etwa ein Baum, ein dürrer Busch? zudem war das Feuer von den ältesten Zeiten her in Orient und fast bei allen Nationen Symbol der Gottheit, das es auch, seines Glanzes und seiner Eigenschaften wegen, so vorzüglich seyn kann. Es ward also in der Poesie und den Anstalten Moses, doch ohne Bilderdienst und Abgötterei, Symbol Jehovahs. So oft heißt Gott bei ihm ein verzehrend Feuer, dessen Zorn bis in die unterste Tiefe brennet. Auf Sinai erschien er also: in einer Feuerwolke zog er vor Israel her: heiliges Feuer fiel vom Himmel und verzehrte das Opfer: eine Wolke wie Feuer bedeckte die Wohnung. In Propheten und Psalmen sind diese Bilder gewöhnlich.

Der Gott, der sich hier offenbarte, nennt sich Jehovah, und heißt auch der Engel Jehovahs. b) So ziehet in der Wolke Jehovah vor Israel her, und doch ists auch der Engel Gottes, der vor Israel hergeht, und abermals wieder Gottes Angesicht selbst; — nur Unkunde des Geistes Moses in diesem Idiotismus hat hier Zweifel machen, oder gar eigne Gattungen der „Engel des Angesichts,, schaffen können. Moses Jehovah ist unanschaubar; so bald er im Symbol irgend einer Natursache erscheint: so ist diese sein Engel, d. i.

sein

b) 2 Mos. 3, 2. 4. 6. 2 Mos. 14, 19. 24. 2 Mos. 33, 34. u. f.

sein sichtbarer Bote, oder nach Moses schönem Ausdruck: Gottes Name ist in ihm. Da es in den Mosaischen Büchern so oft und stark ausgedrückt wird: das Antlitz Gottes könne niemand schauen oder nachbilden: so werden mit grossem Bedacht die Namen unterschieden. Also auch selbst dem Ausdruck nach heißt das Angesicht Gottes „die speciellste Vorsehung und Aufsicht,„ die vor Israel herzieht und so fern von dieser Gegenwart ein Zeichen erscheint, ist dies Zeichen der Bote seines Anblicks, sein Gesandter.

Dem Moses war die göttliche Erscheinung also nur ein Symbol; wir wissen aus seiner spätern Geschichte, wie Gott es ihm weigert, ihm sich selbst sehen zu lassen, ob er wohl vertraulich mit ihm sprach, wie ein Freund zum Freunde. Er gehet nur, vermuthlich in Wetter und Glanz, ihm vorüber, und eine Stimme muß seine Thaten, seine eines Geistes Eigenschaften preisen. c) Ich glaube, es giebt in allem, was die Menschheit dichten kann, wenig so erhabne Situationen, als diese einfach erzählte Gottesgeschichte.

Kam Moses zu dem heiligen Gezelt:
so stieg die hohe Wolke nieder,
und stand am Zeltesthor und sprach mit ihm.
Es sah das ganze Volk die Wolke stehn

an

c) 2 Mos. 33, 9-23. Kap. 34, 1-8.

an Zeltes Thor und alles Volk stand auf,
und jeder bückte sich vorm Thor des Zelts.
Jehovah sprach mit Mose, Mund zu Mund,
so wie ein Mann mit seinem Freunde spricht.

Und Mose sprach zu Gott: „sieh, du gebotest mir:
„Laß ausziehn dieses Volk!", und zeigtest mir nicht an,
wen du zur Hülfe mit mir senden würdest?
Du sprachest nur: ich kenne dich beim Namen;
Du hast vor meinem Antlitz Gnade funden.

Jehovah sprach: „mein Angesicht
„soll mit dir gehn und Ruhe dir gewähren.„

Er sprach: „geht nicht dein Angesicht
mit uns; so führe nicht uns weiter fort.
Woran soll man erkennen,
daß ich und dies dein Volk vor dir in Gnaden sei?
Nicht darinn, daß du mit uns zeuchst?
und ich und dies dein Volk geschieden sind
vor allem Volk der Erde?„

Jehovah sprach: auch dies will ich dir thun,
weil du mir werth bist und ich dich
beim Namen kenne (meinen treuen Knecht:)

„So laß mich sehen deine Herrlichkeit!„

Ich will vor deinem Angesicht
all meine Schöne zeigen, ruffen aus
Jehovahs Majestät vor dir:
Denn ich begnad'ge hoch, den ich begnadige,
bin sehr voll Liebe, dem ich liebreich bin.

II. Th.   D   Nur

Nur sehen kannst du nicht mein Angesicht:
denn kein Mensch siehet es und lebt.

Und sprach: hier ist ein Ort bei mir:
da auf dem Felsen sollt du stehn!
Da wird vorübergehen meine Zier
und du sollt stehen in des Felsen Thor
und meine Hand dich decken, wenn ich geh vorüber.
Denn will ich abziehn meine Hand
und meinen Rücken sollt du sehn:
denn mein Antlitz kann nicht gesehen werden. — —

Am Morgen früh stand Moses auf,
stieg auf den Berg, wie ihm der Herr geboten,
und nahm die Tafeln Stein in seine Hand.

Da stieg Jehovah in der Wolke nieder
und stand vor ihm daselbst:
rief aus Jehovahs Majestät,
und ging, Jehovah ging vor seinem Antlitz über
und rief: „Jehovah, Jehovah, Gott!
barmherzig, gütig, ein langmüthiger,
ein sehr barmherziger und treuer Gott!
der Treu' und Güte hält auf tausend der Geschlechter,
und Unrecht trägt, und Sünd und Missethat,
vor dem der Reine selbst auch nicht ist rein.
Die Missethat der Väter sucht er auf
an Kindern und an Kindeskindern
ins dritt' und vierte Glied." — —
Und Moses eilete und bückte sich,
und sank zur Erde nieder.

Eben

Eben so unanschaubar zeigte er sich den Aeltesten
Israels:

> Sie sahen den Gott Israels,
> zu seinen Füßen wars wie glänzender Sapphier,
> wie reiner Himmel anzuschaun.

Ob also gleich die Erscheinung des unsichtbaren
Gottes in der ältesten Jüdischen Theologie nicht lag:
ob es gleich, sobald er im Symbol erschien, nur Engel
Jehovahs heißt, das dies Symbol darstellte: so bequemte sich doch die Gottheit der Fassung mancher spätern Propheten; sie sahen und beschreiben Gottes Erscheinung. In dieser sehen wir sodenn Züge aus Moses, der die Grundlage der ganzen Oekonomie blieb;
nur jedesmal nach den Zeiten und der Fassung des Propheten verändert. In der schönen Erscheinung, die
dem zweiten Moses, Elia eben auch auf dem Berge
Gottes Horeb, und vielleicht in derselben Höle ward,
in ihr ist die Aehnlichkeit mit jener Geschichte unverkennbar. d) Vierzig Tage und Nächte wandert er zum
Berge Gottes und kommt in die Höle und übernachtet.
Siehe, da rufft die Stimme Gottes: „was thust du
hier, Elia?„ Er antwortet und die Stimme spricht:
„gehe hinaus und stelle dich auf den Berg vor das Angesicht Jehovah:„

Und

―――――――――――
d) 1 Kön. 19, 8: 13.

> Und sieh, Jehovah ging vorüber!
> Ein großer, harter Sturm,
> der Berge zerriß und Felsen spaltete,
> ging vor Jehovah her;
> doch Er, Jehovah war im Sturme nicht.
>
> Und hinterm Sturme kam ein Erderbeben;
> Jehovah war im Erderbeben nicht.
>
> Und hinterm Erderbeben Feuer;
> im Feuer war Jehovah nicht.
>
> Und hinterm Feuer kam gelindes, sanftes Sausen —
> Da das Elias Ohr vernahm;
> verhüllte er sein Angesicht im Kleide
> und ging hinaus, trat an das Thor der Höle,
> und eine Stimme sprach:
> „was thust du hier, Elia? u. f."

Das Gesicht sollte dem Feuereifer des Propheten, der alles im Sturm verbessern wollte, Gottes linden Gang zeigen, und seine langmüthige sanfte Natur predigen, wie dort die Stimme es Mosi that; darum ward die Erscheinung so schön verändert. — Dem königlichen Propheten Jesaias erschien Gott als thronender König in seinem Tempelpallast: die Ersten seines Hofes stehen um ihn: Cherubim, über denen er nach dem alten simpeln Bilde wohnte, sind in Seraphim verwandelt, die theils von Dienern des Throns, theils von Priestern

des

des Tempels ihre Züge nehmen. Das ganze Bild ist
in Jesaias Königspracht und Würde. e)

> Im Jahr, als König Usia starb,
> sah ich Jehovah thronen auf hohem erhabnen Thron,
> die Säume seines Glanzes
> füllten den Tempelpallast:
> des Thrones Diener standen um ihn her.
>
> Sechs Flügel hatte jeglicher: f)
> mit zween verbargen sie ihr Angesicht,
> mit zween verbargen ihre Füße sie,
> mit zween flogen sie.
> Und Einer rief und sprach dem andern zu:
> „Heilig, heilig, heilig,
> „Jehovah, der Götter Gott,
> „voll ist die Erde seiner Majestät.
> Die Vesten der Tempelsäulen zitterten
> vor der Stimme der Ruffenden,
> der ganze Pallast war voll Rauch.

e) Jes. 6, 1 : 4.

f) Die Flügel der Seraphim sind von den Cherubim genommen; nur hier vermehrt, und sonst ist ihre Gestalt, so gar ihr Name verändert. Seraphim, nach dem Arabischen שרף heißen erhabne Gestalten, Vornehme, Fürsten: nur also die Menschengestalt ist an ihnen sichtbar: Die vier verhüllenden Flügel sind Zeichen der Ehrerbietung gegen ihren König; die zwei Flügel zum Schwunge zeigen sie als schnelle Boten. Die Composition des Gemäldes ist nach Jesaias Geist: die Züge derselben sind alle aus Moses und den Psalmen.

Voll Opferrauches nehmlich, zu dem auch die glühende Kohle des Altars und der Lobgesang der Priester gehöret: Königs- und Tempelpracht sind hier zusammen verbunden. — Dem Ezechiel erscheint Gott auf einem Wagenthron in den Wolken; der sapphierne Boden unter seinen Füssen ist aus dem Gesicht der Aeltesten bei Moses; die Feuergestalt, in der er sich zeigte, aus Mose selbst; nur daß dieser alte Seher Gott nicht in Menschengestalt sah. Der späte Daniel ist der Erste der Propheten, der eine Menschengestalt Gottes ausführlich zu schildern waget; aber auch bei ihm ist die Erscheinung nur Nachtgesicht, nicht Anschauung; sie ist Figur unter andern symbolischen Traumfiguren:

> Das alles sah' ich, bis sich Thron' erhoben
> der Alte der Tage thronete:
> sein Kleid war weiß wie Schnee,
> wie reine Wolle seines Hauptes Haar,
> sein Thron war Feuerflamme,
> die Räder seines Thrones brennend Feuer.
> Ein wälzender Feuerstrom ging aus
> von seinem Angesicht:
> Tausendmal tausend dienten ihm,
> zehntausendmal zehntausend standen vor ihm,
> Er saß Gericht,
> die Bücher wurden aufgethan — u. f.

Auch dieses Bildes Züge sind vom Berge Sinai, wie sie Moses Segen, mehrere Psalmen, auch das Gesicht Jesaias

Jesaias entwickelt hatten, und wie schon Ezechiel die Menschengestalt des Thronenden von fern anzudeuten wagte. So enthüllete sich die Erscheinung Gottes mit den Zeiten immer mehr in Bildern; das höchste Alterthum nannte diese Züge nicht. Bei Hiob ist Gott der hohe Unbegreifliche, der im Sturmwetter spricht und auf den rollenden Himmelskreisen wandelt. Bei Moses ist er nur im Rücken anzuschaun: er zeigt sich in seinen Eigenschaften und in glänzenden Symbolen. Zur Zeit der Altväter ist er mit ihnen Hirt: dem schlafenden Jacob steht er wie der Hausvater im höhern Gemach des Hauses, von dem sogar auf einer Leiter seine Diener niedersteigen. Dem Abraham ist er ein besuchender Freund, der auch, da er in einer Gestalt erschien, nur Engel heißt. Je höher hinauf, desto mehr verschwinden die Symbole, und mich dünkt, die schweigende Ehrfurcht gegen den Unendlichen, Unnennbaren wächset. — Auch bei den Propheten war Erscheinung Gottes in einem Gesicht kein nothwendiges Stück ihres Prophetenrufs: den nächsten nach Moses, Samuel, rief Gott nur durch eine Stimme von seinem Gestaltlosen Sitz über den Cherubim und die meisten andern hatten Wort Gottes ohne Erscheinung. Was dies der Ebräischen Poesie für Auszeichnung von den Dichtarten aller mythologischen Völker gebe, zeigt sich von selbst. Sie ward Poesie der Weisen, nicht

mytho=

mythologischer Götterseher. Hymnen und Epopeen voll kämpfender Göttergestalten waren nicht ihr Werk: die Lieder und Lobgesänge, die Gott besingen, preisen ihn in seinen Thaten, in den Vollkommenheiten seiner Werke; mit den Symbolen seiner Erscheinung schmükken sie sich nur sparsam, und die Ausführlichkeit dieser Züge nimmt zu, je mehr die uralte Erhabenheit der Poesie abnimmt.

II. Mehr als die Erscheinung war das Wort Gottes an Mosen, die Offenbarung seines Namens und der Auftrag zu Befreiung seines Volks. Von jenem wollen wir bei der Gesetzgebung reden; dies, das Wort Gottes, war gleichsam die Seele des Amts und der Poesie der heiligen Dichter. Hier wars ein deutlicher Auftrag, den wir auch noch bei den frühern Propheten finden: That wird ihnen anbefohlen, nicht blos Rede. So spricht Samuel: so sprechen die Seher zu Davids Zeiten: so Elias und Elisa; sie wollen Ausrichtung eines bestimmten Befehls, daher ich sie Propheten der That nennen möchte, zum Unterschiede der spätern, die schon mehr allgemeine Lehre, Trost, Strafe und Hoffnungen sagten. Auch dieser Unterschied lag in den Zeiten. Der älteste und größeste Prophet, Moses, konnte sprechen und thun: sein ganzes Leben war Wort Gottes, Handlung. Samuel, als Richter des Volks, dergleichen. In den folgenden Zeiten war
die

die Gewalt in der Könige Händen und den Propheten
blieb nur Wort: ein Wort indeß, das sie auch als That,
als die lebendigste Erfüllung mahlen. Daher so viel
Bilder von der Kraft des Prophetenworts, die nur
durch eine ferne Analogie auf die geistliche Kraft des
Worts Gottes überhaupt angewandt werden: es heißt
ihnen ein Feuer, ein Hammer, der Felsen zerschlägt;
wiederum ein erquickender Thau und Regen, wovon
das liebliche Bild bei Jesaias redet:

 Ich denke nicht, wie ihr gedenkt,
 ich handle nicht, wie ihr wohl handelt.
 Wie hoch der Himmel über der Erde ist,
 so handle ich, so denk' ich höher als ihr.
 Denn wie der Regen und Schnee vom Himmel nie­
      dersteigt,
 und kehrt nicht wieder zurück, bis er getränkt die Erde,
 und hat sie sprossen gemacht Laub und Kraut,
 daß sie dem Säenden Samen giebt und Brot.
 So ist mein Wort, das je aus meinem Munde ging,
 es kehrt zu mir nie leer zurück,
 es thut was ich gewollt,
 es richtet aus, wozu ichs ausgesandt.
 So sollt auch ihr in Freude von mir gehn u. f.

Der Name „Wort Gottes„ selbst heißt bei den Ebräern oft Führung, Leitung, Rath und That.

 So wie nun Moses unglücklicher Weise ein doppeltes Wort bekam, sein Volk zu befreien und ein hartes
Aegypten zuvor mit mancherlei Plagen zu demüthigen:

so ists auch mit den Sprüchen der Propheten. In
Plage und Trost, in Rettung und Züchtigung theilt
sich der Inhalt ihrer Orakel, und bei beiden liegen die
Thaten Moses oft wörtlich zum Grunde. Sie schlagen die Wiederspenstigen mit aller Plage Aegyptens
und retten, trösten, rächen ihr Volk mit allen Bildern der Führung Gottes in der Wüste, eines schönern
Kanaans, einer gewissen goldenen Zeit. Dies hat den
Dichtern Israels bei so vielen den Namen der Menschenfeinde, der Flucher auf alle Welt gegeben; und
ich will nicht läugnen, daß die harten Aussprüche mancher von manchem Stolzen der Nation mißverstanden
und mißgebraucht seyn mögen. Das ist indeß nicht
wahr, daß jeder Prophet und Dichter etwa nach seinem
Sinn und Temperament, aus Privatrache und Schabenfroher Laune Fluch und Segen ausspenden dorfte.
Wie Mose sein Amt ungern übernahm: so ungern übernahmens die meisten Weisen, die fast dazu gezwungen
werden mußten, wie Jeremia, Ezechiel u. a. Da
niemand gern Leid verkündigt, wo er Freude verkündigen wollte: so sehen wir, daß das, was manche Propheten zu sagen haben, was sie schon als Erfüllung,
als That betrachten, sie selbst am meisten quält. Niemand ist hier beklagenswürdiger als Jeremias: die
weichste Seele muß die schlechtesten Zeiten erleben, und
noch traurigere voraussehn.

Mein

Mein Eingeweide, mein Eingeweide, wie quält michs!
wie bebt mein Herz! wie ängstigt sichs!
und doch kann ich nicht schweigen:

Denn meine Seele hört Trompetenklang,
Kriegsgeschrei!
Jammer, Jammer ruffen sie aus!
verwüstet wird das ganze Land,
schnell verwüstet meine Gezelte,
meine Bedeckungen schnell hinweg! — —

Wie lange soll ich noch die Fahne sehn!
wie lang' Trommeten hören!
Mein närrisch Volk verstehet doch mich nicht;
Unweise Kinder, unverständige sind sie,
zum Bösen weise und zum Guten nie. — —

Ich schau das Land: verwüstet ists und leer!
ich schau zum Himmel; da ist kein Licht!
Ich seh die Berge: sie erzittern,
und alle Hügel taumeln schon.

Ich seh, da ist kein Mensch nicht mehr!
Der Vogel unterm Himmel flog hinweg.
Ich seh und Karmel ist Wüstenei:
all seine Städte sind zerstört,
vorm Anblick des Jehovah,
vor seines schnaubenden Zornes Blick;
denn also spricht der Ewige —

Ein Prophet, der solchen Eingang macht zu seiner
Trauerbothschaft, verkündigt sie wahrlich nicht mit
Schaden.

Schadenfreude; und der herzlichen mitfühlenden Empfindung sind alle Propheten voll. Ihre Seele blüht auf wie eine Rose, wenn die Stürme vorüber sind; ihre geängstigte, vom Nebel erwachte Empfindung verkündigt sodann siebenfaches Gute!

Daß dies „thatvolle Wort„, diese Aussprache Gottes durch den Mund eines Propheten der Ebräischen Poesie eine eigene Gestalt gebe, entwickelt sich von selbst. Ihnen waren ihre Aussprüche von der größesten Gewißheit, von der lebhaftesten Wahrheit; sie sahen die Sachen, die sie verkündigten, schon werdend; und so werden sie als Seher, ja als Schöpfer des Guten und des Unglücks betrachtet. Sie schlagen das Land mit dem Stabe ihres Mundes, und ihr mächtiges Wort befreiets wieder. Gott legt auf ihre Lippen die Bothschaft und haucht sie mit göttlichem Feuer an. Voll unwiderstehlichen Triebes reden sie also, oft wider ihren Willen und mit schlechtem Lohn, durch eine höhere Kraft gezwungen und getrieben. Diese Gattung Aussprüche hat in der Poesie andrer Völker wenig oder nichts Gleiches. Hier ward nichts zur Zeitkürzung gedichtet: der Poet entwarf keine Zerstörung Jerusalems oder Babels als Schauspiel. Hätte sich in Griechenland die Poesie der Weisen und Dichter reiner erhalten: hätten wir von ihren alten Theologen und Propheten mehr un-

verdäch-

verdächtige Reste; so würden wir mehrere Aehnlichkeit sehen, die jetzt im Munde Calchas, der Cassandra bei Aeschylus und derer, die etwa in Erscheinungen oder sterbend weißagten, unverkennbar bleibet. Die spätern Propheten, die ihre Aussprüche nur in Figuren, in Räthselbildern und diese gar etwa nur in Träumen empfingen, sprechen daher weit schwächer: Gott selbst setzt jene klare Stimme, in der er mit Moses sprach, den Offenbarungen durch Gesichte, Figuren, Räthselbilder und Träume vor, und die Reihe der Propheten, die wir haben, bestätigt gnugsam diese Unterscheidung. Was also verglichen mit andern Völkern die Aussprüche der Dichter Israels an Abwechslung, Einkleidung, an Spielen der Willkühr verlieren, gewinnen sie an inniggeglaubter Wahrheit, an göttlicher Würde, an heiligem Eifer, und werden hierinn immer einzige Merkwürdigkeiten der Welt bleiben.

III. Der furchtsame Moses bekommt Zeichen: Zeichen, die für die abergläubigen, Weisheitstolzen Aegypter eingerichtet sind, und ihre Wunderthätigen Naturweisen beschämen sollten; einen absolutern Zweck haben diese Wunder nicht, sie gehören also auch nicht unabtrennlich zum Amt eines Propheten. Der größeste Wunderthäter ward nach dem Gesetz Moses geprüfet, und konnte zum Tode verdammet werden, wenn er

etwas

etwas wider den Jehovah lehrte. Die frühern Nachfolger Moses, Elias und Elisa thaten Wunder, weil
die Zeiten des schwachen, abgöttischen Israels diese
Kräfte der alten Welt, gleichsam einen lauten Sieg
Gottes über die Baalsdiener, wie zu Moses Zeit über
die Aegyptischen Weisen zu erfodern schienen; bei den
folgenden und also den eigentlichen Dichter-Propheten,
waren die Zeichen, die sie gaben, von andrer Art.
Statt Wunder, die die Gesetze der Natur aufheben,
gibt der Prophet manchmal sonderbare, merkwürdige
Dinge, die eben damals sich zutrugen, zu Zeichen,
d. i. zu Zeugen seines Worts, mit denen er aufmerksam
macht, oder durch die er die Wahrheit seiner Aussprüche bewähret. So ist die Geburt des Kindes, von
dem Jesaias redet, ein Unterpfand der Befreiung des
Königreichs Judah, die er nach Jahren dieses Kindes
bestimmet; nur der Zusammenhang beider Begebenheiten war das Wunderbare, weil er über die Kräfte
menschlicher Aussicht reichte. Mags mit dem Schatten am Sonnenzeiger Ahas gewesen seyn, wie ihm wolle; so war sein Rückgang im Munde des Propheten,
jetzt ein gegenwärtiges Zeichen des Rückganges der Le-
bensjahre Hiskias, und also in dieser Verbindung, als
Unterpfand einer zukünftigen Sache, ein „Zeichen.„
Andern Sinn und andre Würde hat dies Wort bei den
Ebräern nicht. Portente und Zeichendeutung wurden

frem-

fremden Götzen und falschen Propheten zugeschrieben; ihr Umlauf war verboten, Gott sparte sich seine Zeichen, als Unterpfande und Bewährungen, oder als Erweckungen zur Aufmerksamkeit auf ein Wort Jehovahs auf; und auch da nur des Unglaubens wegen.

Oft ward der Prophet selbst Zeichen; durch sonderbare Sachen, die er als Symbole darstellen mußte oder durch Schicksale, die er litt. Vom ersten sind bei Jesaia, Jeremia, Hosea Proben; vom zweiten sind Ezechiel, der die Lust seiner Augen, sein Weib verlor, und am meisten Jesaias Zeugen. Da bei diesem durch die lezte Hälfte seines Buchs das Volk Israel, als Knecht und Kind Gottes in Leid und Freude personificirt wird: so scheint der Prophet wiederum die ganze Last und das Schicksal seines Volks als Knecht Gottes, als eine hiezu auserwählte symbolische Person selbst zu tragen. An ihm zeigt Gott, was er mit der ganzen Nation durch alle Uebel, die sie in der Gefangenschaft dulden mußte, auf alle Völker vorhabe; und da der Prophet sich in diesem oft als „Zeichen„ gesetzt fühlet, so werden hiedurch so rührende, ihm selbst so nahe Entwicklungen der Zukunft veranlasset, daß ich diese Kapitel für das Evangelium des alten Testaments halte. Man hat die Verbindung einiger derselben so schwer gefunden, daß man zulezt nicht wußte, von wem die Rede sey?

seyn? mit dem jetzt gegebenen Mittelbegrif, der Personification Israels in der Theilnehmenden Person des
Propheten werden wir, wenn von Jesaia die Rede seyn
wird, einen schönen Zusammenhang und eine leuchtende
Aussicht in die Zukunft finden. — Kurz, Vision,
unmittelbare Begeisterung, und symbolische Handlung
characterisiren diese heiligen Dichter, und werden uns
künftig dem Geist ihrer Poesie näher führen.

Aber was bedeutet das Wort Prophet? Ists so
viel als Vates, Dichter? oder war Prophet ursprünglich ein Leiermann, ein herumziehender Improvisatore?
oder endlich waren die Propheten Unsinnige, nackte
Dervische, um die die Weiber tanzten? Lasset uns den
Begrif des Worts (נביא) aufsuchen; nicht aus Etymo-
logien, die allemal unsicher sind, sondern nach dem klaren Gebrauch des Namens in seinen verschiedenen
Zeiten.

Am frühesten kommt das Wort Prophet vor, da
Gott zu Abimelech sagt: g) ,,gib dem Mann sein Weib
wieder, er ist ein Prophet.,, Das Wort muß also
auch dem Abimelech bekannt gewesen seyn, und da das
Volk, darüber er herrschte, Aegyptischen Ursprungs
war,

g) 1 Mos. 20, 7.

war, ist darüber kein Zweifel. Propheten hießen bei den Aegyptern die Obersten ihrer Priester, die Vertraute der Gottheit, Theilnehmer ihrer Geheimnisse, Ausleger der Natur, kurz die der Mund der Götter waren. Offenbar ist dies der Begrif, in dem das Wort Prophet in den ältesten Schriften der Ebräer vorkommt. Abraham ward dem Könige als ein weiser heiliger Mann, als ein Vertrauter der Gottheit vorgestellt, der auch in der Fremde unverletzlich seyn müßte. „Du sollt „sein Gott seyn; Aaron soll dein Prophet seyn,„ sagt Gott zu Moses, h) und zeigt damit unwidersprechlich, daß Prophet den Mund Gottes, den Redner seiner Worte, den Verkündiger seiner Geheimnisse bedeute. In dieser, der ersten und eigentlichsten Bedeutung kommt es in Mose und den Propheten oft vor, ja das ganze Prophetenrecht Moses war darauf gebauet. i) Einen Propheten würde Gott erwecken, der wie Moses im Namen Gottes spräche: Gott thue nichts, er offenbare denn sein Geheimniß den Propheten. k)

Offenbar schloß diese Bedeutung den Begriff des Musikers und Dichters nicht in sich. Weder Abraham noch Aaron waren Dichter: von Samuels, Gads, Nathans,

h) Vergl. 2 Mos. 7, 1. mit Kap. 3, 16.
i) Vergl. 4 Mos. 12, 6. 5 Mos. 18, 15–20. Kap. 34, 10.
k) Amos 3, 7. 1 Kön. 22, 22. 23. Jer. 5, 13. u. f.

II. Th.   E

Nathans, Ahia, Elias, Elisa Poesie weiß man nichts, obgleich einige von diesen große Propheten waren: die Orakelsprüche, die sie gaben, waren sehr deutliche Prose. Hingegen David, Salomo waren Dichter, aber keine Propheten. Das Beispiel dessen, der einen Saitenspieler kommen ließ, 1) um wie man sagt die Gabe der Weißagung bei sich zu erwecken, wird sehr gemißbraucht. Er ließ ihn kommen, seinen Zorn zu besänftigen, in dem er keines Ausspruches der Vernunft, vielweniger eines göttlichen Ausspruchs mächtig war. Wenn zu Samuels und Davids Zeiten die Propheten Seher hiessen, so werden sie deutlich damit von Spielleuten unterschieden: sie sahen verborgne Sachen, sie sahen die Zukunft: sie waren das, was wir nennen „Weise."

Aber zweitens: weil diese weise Männer, sie mochten über Vergangenheit, Gegenwart oder Zukunft reden, der Mund der Gottheit waren: so redeten sie auch oft die Sprache der Gottheit, d. i. Göttersprüche, geflügelte Bilderreden, und so ward diese auch dem Namen nach Sprache der Weissagung, welches die höchste Dichtkunst war. Wer wird im Namen Gottes, seiner Majestät unwürdig reden? welcher Begeisterte spricht kalt und gemein? Glaubte nicht Pythia selbst in Versen

antworten

1) 2 Kön. 3, 15.

antworten zu müssen, wenn es auch schlechte Verse waren? — Der Ursprung dieses Begrifs ergiebt sich also aus dem vorigen; aber nur als Ableitung. In allen Sprachen heißen die Dichter Vates; sie heißen aber nur so, weil man sie ursprünglich wirklich für Gottbegeisterte Seher und Sprecher der Zukunft hielt, und weil einige eble Männer unter ihnen auch wirklich Werkzeuge der Gottheit waren. —

Nichts ist daher natürlicher, als daß "Göttersprüche reden," mit der Zeit "weißagen," hieß, wie wir z. B. noch täglich das Wort "predigen," brauchen, wenn von ähnlichen Tönen und Handlungen die Rede ist. Auf Saul kam der böse Geist und er weißagte, d. i. er sprach in seinem zornigen Wahnsinn zwar erhabne, aber tolle Reden. Aus mehrern Proben sehen wir, daß Poesie und Musik auf ihn viel Gewalt hatten: diese Gewalt äußerte sich jetzt in seiner Krankheit. Die Schüler der Propheten, jene Aeltesten Israels kamen in Begeisterung und weißagten, d. i. sie sprachen erhabne Sprüche, wie die Propheten zu sprechen pflegten. Mirjam, Deborah u. a. heißen Prophetinnen, weil sie begeisterte Dichterinnen waren, und begeisterte, insonderheit heilige Dichtkunst immer als Sprache der Götter galt.

Und weil drittens in dem damaligen Weltalter Musik und Poesie verbunden, ja Dichter und Tonkünstler

biswei-

bisweilen Eins waren: so ist nichts natürlicher, als daß das Reden in Göttersprüchen auch auf diese Kunst überging. Assaph und Heman weißagten auf Saiten, d. i. sie trugen in Liedern heilige, erhabne Sprüche vor: sie löseten, wie sie selbst sagen, Räthsel der Weisheit auf beim Klange der Saiten. Die Poesie wirkt nie so mächtig, als wenn sie von der Musik unterstützt wird; der heilige Affekt also, den beide Künste vereint verbreiteten, war Enthusiasmus. Daraus folgt aber nichts minder, als daß jeder Prophet sein Instrument bei sich hatte, oder daß sein Name und Amt ihn als einen Leiermann bezeichnen sollte. Der Weißager Bileam mit seiner erhabnen Götterrede sprach ohne Instrument, und der weit schwächere Vortrag mancher spätern Propheten, der beinah zur Prose hinabsinkt, war kaum eines Gesanges fähig. Sie unterscheiden sorgfältig Lied und ihre prophetische Sage.

Endlich Prophet und toller Mensch ist nie einerlei: man muß den erhabnen politischen Geist eines Jesaias u. a. sehr verkennen, wenn man sie zu Narren zählt. Daß manche ihrer symbolischen Handlungen sonderbar ins Auge fallen musten, gestehen sie selbst; es war dies der Zweck ihrer Handlung. Hinter der anscheinenden Thorheit lag ein weiser Sinn, und wenn man je das insanire cum sapientia sagen kann, so wars hier. Al-

lerdings

lerdings wurden sie zuweilen dem Gelächter des rohen
Pöbels und dem Hohn gottloser Könige ausgesetzt: so
bald Jehovah ein Spott ward, muste auch ein hartes
Orakel in seinem Namen gesagt, Thorheit dünken;
leider aber! der Erfolg bewährte es kräftig. —

   Jehovah Gott gab mir die Zunge der Gelehrten, m)
daß ich zu reden wisse mit dem Müden
ein Wort zu rechter Zeit.
Er weckt mich Tag für Tage früh
und rührt mein Ohr zu horchen,
wie der Weisen Schüler horcht.
   Jehovah Gott sprach leise mir ins Ohr;
und ich wich nicht; ich widerstrebte nicht;
bot meinen Leib vielmehr den Schlägern dar,
und meine Wangen denen, die mich höhnten,
verbarg mein Angesicht für Schmach und Speichel nicht.
Mein Gott, Jehovah, stand mir bei;
drum ward ich Schaamroth nicht,
drum macht' ich hart mein Angesicht
wie einen Kieselstein und wuste,
ich würde nicht beschämt.
Der mich gerecht spricht, ist mir nah;
wer haderte mit mir?
Laßt uns zusammen stehen vor Gericht!
wer etwas an mich hat, er trete her!
Sieh, Gott Jehovah steht mir bei,

m) Jes. 50, 3.

wer schuldigte mich an als einen Bösewicht?
Sie werden alle, wie ein Kleid veralten,
verzehren wird die Motte sie!

Wer unter euch ist, der Jehovah scheut,
und merket auf die Stimme seines Knechts;
geht er in Finsternissen
und sieht kein Licht;
er hoffe auf Jehovah,
verlasse sich auf seinen Gott.

Sieh! alle ihr, die ihr euch Feuer schlagt
und Fackeln euch anzündet,
geht hin bei Eures Feuers Glanz,
beim Fackellicht, das ihr euch zündet an —
Ein Weben meiner Hand auf euch, n)
und ihr liegt schmerzhaft nieder. —

n) Welch ein schweigender, erhabner Zug! Der Prophet erhebt die Hand und ihre Fackeln verlöschen; sie liegen, schmerzhaft gefallen, im Finstern zu Boden.

Die Propheten.

Gegrüßet seyd ihr mir, o ihr Vertraute
der Gottheit! habt ihr Ruhe nun gefunden
in eurem Palmenhain? gefunden Ruhe,
die Horeb, Zion, Karmel euch nicht gaben.

Viel schenktet ihr schon euren frühen Zeiten!
Gesetze, Gottesdienst, und Trost und Pflichten,
der Staaten Wohlstand und der Sitten Weisheit —
wie Bäche flossen sie von eurem Munde.

Denn grosse Herzen wart ihr, die sich über
das träge Jetzt, des Volkes süße Knechtschaft,
sich über Zeitvertreib und Blendwerk huben,
und rück- und vorwärts sahn das Licht der Zeiten.

Das Licht der Zeiten weit zurück und vorwärts
ging auf als Gottesflamm' in ihren Seelen:
die Flamme brannte lang im stillen Dunkel
und ging hervor, ein Licht vielleicht der Nachwelt.

Denn nahtet ihr in euren heilgen Hölen
vertraulich euer Ohr dem sanften Lispel
der Stimme, die euch Mitternacht und Morgens
und eures Herzens schönste Saiten weckte.

Wie Regenschauer Gottes flossen leise
die Töne, weckten, wie Gewitter Gottes,
die Schlummerwelt, als wärens späte Zeiten,
als wärens frühe Zeiten, die da sprachen.

Gegrüßet seyd ihr mir, ihr reinen Seelen,
die Saitenspiel' in Gottes mächtgen Händen,

Ausleger seines Sinns, der Zeitenkunde
Enträthsler und Geist der Gesetze wurden:

Du, der auf Sinai sich über Zeiten
und Völker hob, a) der im verdickten Rauche
das Licht sah, das ringsum der Welt jetzt leuchtet,
und alle Weisheit ausgeschmückt mit Farben;

Du, dessen Flammengeist dem Himmel Blitze,
dem Todtenreich den Sohn der Wittwe raubte; b)
Du, der Jehovah sah im Königsglanze
und Geistespracht mit Königsglanz geschildert; c)

Ihr Weinenden, die tief in Jammertönen,
in Thränen nur ihr zartes Herz ergossen; d)
und Ihr, die spät am Abend der Propheten
in Dämmerung, in Schatten sahn die Zukunft: e)

Ihr alle, die ihr jetzt in höherm Lichte,
(entkommen eurem Drang' von inn, und außen)
in Palmenhainen wandelnd, athmet Ruhe,
die Horeb, Zion, Karmel euch nicht gaben;

Was seh ich? mischen sich mit euch auch freundlich
die Weisen andrer Völker? die Vertrauten
der Gottheit aller Erde, der Druiden
erwählte Zahl, Pythagoras und Orpheus,

Und Plato, und wer sonst des Volkes Vater
ein Weiser der Gesetze ward, wer traulich
und rein sein Ohr zu Gottes Stimme neigte,
und rein sein Herz zur Gottesflamme weihte.

———

a) Moses. b) Elias. c) Jesaias.
d) Jeremias u. a. e) Daniel u. a.

Anhang.

Anhang.

Warum waren aber Propheten so vorzüglich diesem Volk eigen?

Mich dünkt, auch dieses erhellet aus der Geschichte desselben. Da es sein Ahnenstolz war, Origines zu haben, die mit Gunstbezeigungen des Schöpfers der Welt bezeichnet, bis zum Anfange der Welt stiegen, so mußte dies Heiligthum der Familie sich auch in der Denkart ihrer erlesensten Väter zeigen. Seth, Noah, Sem gehören dahin, und bei Abraham ward diese Bestimmung auszeichnend. Er verließ sein Land, um in einer Gegend, wo noch ein Melchisedek lebte, dem Gott seiner Väter zu dienen.

Nun war 1. der Hausvater damals ein Priester des Hauses, also auch ein Bewahrer des Gottesdienstes und Heiligthums der Familie. Bei Characteren, wie Abraham war, bezeichnete also die Benennung eines Propheten d. i. eines Gottvertrauten und welches noch mehr sagen wollte, eines Fürsten Gottes gewiß nichts Ueberspanntes. Auch im Buch Hiob kommt ein Prophet vor, und es herrscht in demselben durchaus eine religiöse Denkart, das heilige Siegel der ersten Welt. Alle Weisheit ging in Orient von Gott aus; alle Frömmigkeit führte auf ihn zurück.

2. Israel

2. Israel kam nach Aegypten, und hier, wissen wir, war alle Religion schon politische Kunst geworden: ihre Propheten waren eine geregelte Zunft der Priester. Da Moses in ihrer Weisheit erzogen war, und die ächtern Quellen der Vertraulichkeit Gottes mit seinen Vätern jezt vor sich fand: so war, da ihm Gott erschien und ihn zu seinem Werk brauchte, kein edler Wort, seinen Beruf zu bezeichnen, als: "Prophet." Ans Weissagen ward bei ihm so wenig, als bei Abraham gedacht; das Wort bedeutete einen Menschen, durch den Gott spricht und handelt; konnte es zum würdigsten Geschäft einen würdigern Namen geben? Hat die Gottheit ein edleres Werk unter den Menschen, als ihre Bildung? und wer diese in so frühen Zeiten bei unabsehlichen Hindernissen ohne Unterstützung menschlicher Hülfsmittel, lehrend oder handelnd, zu befördern suchte, war das nicht ein Mann Gottes, ein Genius der Menschheit? Man sehe die zurückgebliebenen oder verwilderten Völker an; man bemerke, zu welchen Abscheulichkeiten die Menschheit herabsinkt, wenn sie nicht mit Gewalt emporgetrieben, und aus ihrer düstern Trägheit erweckt wird; so wird man das Verdienst jener frühen Schutzengel unsers Geschlechts erkennen, die mit ihrem Geist Jahrhunderten vorleuchteten, mit ihrem Herzen Nationen umfaßten, und sie mit ihrer Riesenkraft wider Willen heraufhuben. — Die Gottheit
säet

ßet solche Menschen nur sparsam; menschliche Einrichtungen erschaffen sie nicht; aber menschliche Bedürfnisse fodern sie, und der Himmel läßt sie, wie Sterne in der Nacht, hoch über andern glänzen. Sie opfern ihr Leben auf, um nur das Wort, die That auszuführen, die sie als Beruf Gottes in sich tragen — animae magnae prodigi. Daß Moses unter diese Genien der Menschheit gehöre, ist ohne alle Frage.

3. Also auch die, die ihm zu seinem Werk halfen, wurden „mit einem Theil des Geists erfüllet, der auf „ihm ruhte: Gott nahm vom Geist Moses und legte „ihn auf sie,„ wie die Urkunde naiv saget. Und der große Mann beneidete sie darum nicht; sondern wünschte, daß alles Volk voll desselben Geistes wäre. — So wurden jene verständige Männer mit dem Geist Gottes erfüllet, die über Israel richten sollten; so jene Werkmeister des Heiligthums, weil sie durch ihre Kunst zu seinem Werk beitrugen: so hoffte er, da seine Gesetzgebung unausgeführt blieb, einen Propheten wie ihn, der seine Absicht vollenden sollte. Alles, was zum Wohlstande, zur Aufklärung, Freiheit und Sicherheit des Volks Jehovah beitrug, ward vom Geist Jehovah erweckt und gerüstet, wie die Beispiele der Richter zeigen. Ein schöner National-Idiotismus.

4. Wie nun auch das Edelste der Welt gemißbraucht wird; so wards auch der Prophetenname, Oratores

tores legis, aduocati patriae sollten sie seyn, und sie wurden mit der Zeit Priester Baals, falsche Propheten, so daß jener Micha, jener Elias sich zu ihrer Zeit als Zeugen des Gottes der Wahrheit allein fanden und Amos gar kein Prophet genannt zu werden begehrte. Es war mit diesem Amt, wie mit allen Aemtern, sobald sie Handwerk werden.

5. Also stoße man sich nicht, weder an prophetische Visionen noch an Wunder und Zeichen; beide waren zum Beruf eines Weisen nicht unumgänglich nöthig. Die Abhandlung hat gezeigt, daß die Ausmalung der Züge von der Erscheinung Gottes um so mehr zunahm, je schwächer die Zeiten wurden, je mehr der menschliche Geist es nöthig hatte, durch große Gemälde gerührt zu werden. Das Wort Gottes nahm zu, je mehr seine Kraft und That abnahm. Wunder und Zeichen endlich müssen wir nach dem Sprachgebrauch Morgenlands erklären. Alles Ausserordentliche und Treffende hieß Zeichen: auch ein Buch, eine Schrift, ein Gedicht, ein künstlicher Ausdruck; wie vielmehr denn eine ausserordentliche Begebenheit, ein auffoderndes Phänomenon der Zeit! Auf diese merkten die Weisen, und da sie ans Volk sprachen, stellten sie dieselbe ins größeste Licht. Sie waren der Mund der Providenz, und so sahen sie auch auf das, was ihnen die Providenz zeigte.

6. Uebri-

6. Uebrigens ists unnütze Kunst, sich in den innern Zustand der Propheten hineintaumeln oder hineingrübeln zu wollen, nachdem sich die Zeiten so sehr geändert. Bei ihnen selbst war die Weise der Gottbegeisterung nach Zeiten und Gemüthern verschieden; was wollen, was können wir nun durch Distinctionen ausmachen, wie es mit der Seele Moses, Elias, Jesaias beschaffen gewesen? Wir, die eben so wenig wissen, wie es mit der Seele Pythagoras, Kalchas, Homers beschaffen war. Wüßten wir dies, warum gestalteten wir unsre Seelen nicht so, und brächten Werke hervor, die, was das Göttliche anbetrift, einen Homer, Aeschylus und Pindar beschämen? Welche Ehrfurcht gegen die Götter ist in ihnen! hie und da welche beinah prophetische Würde! — Es erklärt nicht nur nichts, wenn wir dies auf Aberglauben, jenes auf warme Einbildungskraft u. dergl. zurückführen, sondern es hindert auch, ihre Werke mit rechtem Geist zu sehen und zu gebrauchen: denn bei alle der sogenannten Einbildungskraft ist in ihnen viel Weisheit. Lasset uns jedem Propheten und Weisen seine individuelle Vorstellungs- und Schreibart gönnen, wie wir ihm ja seine Zeit und Zeitabsicht lassen müssen; wir wollen die Früchte ihres Geistes nur für unsre Zeit gebrauchen.

III. Züge

III.
Züge Gottes in der Wüste.

Inhalt.

Die Geschichte Moses als Materie zur Epopee betrachtet. Einfluß derselben in die Ebräische Poesie. Idiotismen von der Errettung aus großen Wassern, von blühenden Wüsten, von der Schechinah. Der 114. Psalm. Das Siegslied Moses am Meer. Erscheinung Gottes auf Sinai. Personification der Feuerflammen auf demselben, als Reihen der Engel, Kriegsheere, Heerwägen. Gott Zebaoth. Ursprung dieses Namens. Seine späterhin erweiterte Bedeutung. Die Siegszüge Gottes, der 68. Psalm. Was die Feuer- und Wolkensäule, was der rauchende, glänzende Sinai gewesen? Ob der Durchgang der Israeliten durchs Meer eine Fabel sei? Wie er von den Ebräern angewendet werde? Gesang Habakuks in Klagetönen, mit Anmerkungen begleitet.

Mich wunderts, daß wir bei so manchen Ebräischen Heldengedichten unserer Sprache noch keine Epopee über Moses haben. Die Errettung eines Volks aus der Knechtschaft und die Bildung desselben zum reinsten Gottesdienst und freiesten Staat so alter Zeiten, wäre, dünkt mich, ein edleres Thema als Abentheuer in Schlachten und Reisen. Der älteste Gesetzgeber, den wir kennen, richtete Ideen ins Werk, die
uns

uns in manchem noch jezt zu neu und zu hoch sind. Die Geschichte seines Lebens ist voll wunderbarer Abwechslung. In Aegypten gebohren und erzogen, verbannete er sich selbst patriotisch: sein Beruf in der Wüste, der Wettstreit des Gottes seiner Väter mit Pharao und den Weisen Aegyptenlands, die Ausreise durchs Meer, Feuer- und Wolkensäule, die Gesetzgebung, die Wunder in Arabien sammt der Aussicht nach Kanaan hinüber, alle dies gäbe einen Stof an die Hand, der an Reichthum und Abwechslung von Natur- Kunst- Religions- Sitten- und Völkermaterien, mit dem Naturvollsten Wunderbaren begleitet von selbst zur Epopee, d. i. zu einer alten Sitten- und Heldenerzählung würde. Doch möchte ich mit dieser kleinen Exposition keinen Deutschen, sondern einen Deutschen Ebräer geweckt haben! Ihm ist der Gegenstand national: seine unbefangenere, frühere Bekanntschaft mit den Dichtern seiner Nation müßte ihm eine ältere Naivetät geben, als man von einem Deutschen Gelehrten fodern könnte. Wir haben die Bücher Moses, und wenn wir da Geschlechtregister und Nebenumstände weglassen und die urkundlichsten, mit poetischer Fülle und Einfalt geschriebenen Sachen nur zusammenschieben: so haben wir ja die älteste und ächteste Epopee der Thaten und Gesetze Moses.

Da

Da wir von seinem Beruf schon geredet haben: so betrachten wir jezt nur Eins seiner Werke, die Ausführung aus Aegypten, die Reise durchs Meer und Arabien. Offenbar ist dies die Periode der Heldenzeit Ebräischer Dichtkunst. Wenn Psalmen die ganze Liturgie der Thaten Gottes mit seinem Volk besingen, fangen sie nach dem allgemeinen Werk der Schöpfung mit den Nationalwohlthaten Israels an, unter denen die Befreiung aus Aegypten, die Reise durch Arabien und die Eroberung Kanaans die wichtigste Stelle nehmen. Der 104-107. Psalm machen hierüber Ein Ganzes; ihre Abtheilungen sind nur der Abtheilung und des Gesangs wegen da. Im 135. 136ten, (die ich für älter als jene halte,) ist diese Vorliebe zu der Geschichte Moses noch kennbarer; sie sind ohne Zweifel aus den Zeiten Assaphs und Davids, wie der ähnliche 78. und 68te Psalm zeiget. In den Propheten sind die liebsten und fast fortgehend alle Bilder aus den Zeiten dieser Wundergeschichte.

> Da Israel ein Knabe war, a)
> liebt' ich ihn, und rief aus Aegypten ihn
> als meinen Sohn.
> Ich gängelte den Ephraim,
> und nahm an seinen Armen ihn,
> und gängelte am Leitband' ihn;
> an Kindes-Banden leitete ich sie,
> und

a) Hos. 11.

und zog das Knechtsjoch über ihnen weg.
Dein Gott war ich schon von Aegypten her:
Du kanntest außer mir ja keinen Gott
und keinen Retter außer mir.
Ich weidete dich in der Wüstenei,
da wurden sie auf ihrer Weide satt,
sie wurden satt; und ihr Herz hob sich hoch
und sie vergaßen mein. —

Die Bilder alle sind aus dem Liede Moses, so wie auch der Lieblings-Name des Erstgebohrnen aus seiner Geschichte. Daß Israel Gottes Kind, Gottes Erwählter unter allen Völkern sei, ist Jesaias Lieblingsname vom 42ten Kapitel bis zu des Buchs Ende. Das Zärtlichste dieser Stellen entgehet uns, wenn wir nicht jene Ur- und Wundergeschichte des Volks im Sinne haben. Oft hat es mich gewundert, wie in Psalmen und Propheten so viel Bilder von Meerestiefen, aus denen Gott errettet, von Strömen die er durchwaten heißt, vorkommen, da Kanaan nicht unmittelbar ans Meer gränzte; offenbar ists, daß die Bilder alle vom rothen Meer und vom Jordan her sind, durch die Gott sein Volk wunderbar führte: daher wurde das Bild ein gewöhnlicher Idiotismus. "Er errettete mich: er zog "mich aus großen Wassern," ist bei David das Sinnbild aller Gefahren, zu denen er sodenn das Ungewitter und Gottes helfende Hand aus den Wolken mahlet.

II. Th.   F   Mich

Mich dünkt, die Ausleger thun nicht wohl, wenn sie diese Bilder immer auf einzelne Umstände seiner Lebensgeschichte deuten; es war ein angenommenes National=Bild der Errettung, der wunderbarsten Siegsgeschichte. Auch stammen alle die Redarten daher, in denen Gott Völker für Israel giebt, Nationen für sie aufopfert; wenn der Prophet sich erklärt, ists immer Aegypten, das für Israel hingegeben wird, welche Aufopferung er auf andre Fälle zärtlich anwendet. Ein gleiches ists mit den Wüsteneien, die Gott zu Ebnen, zu fruchtbaren Gefilden macht; Bilder, in die auch die Rükkehr aus der Gefangenschaft, ja die schönsten goldnen Zeiten der Zukunft eingekleidet werden. Ich müßte einen großen, obwohl vielleicht den angenehmsten Theil von Jesaias und andern durchgehn, wenn ich reiche Belege hievon geben wollte. Bis in jene Welt erstrecken sich die Bilder von der Befreiung aus Aegypten, vom Durchgange durchs Meer, vom Laubhüttenfest, von der Schechina, die über ihnen wohnte, von Kanaan, das sie erlangten: und in der Offenbarung Johannes, dem feinsten Auszuge aller Propheten, sind sie aufs höchste veredelt. Ich möchte also einem Jünglinge, der die Psalmen und Propheten genetisch verstehen will, statt aller andern diese Hauptregel geben: „lies Mosen! lies die Mosaische Geschichte!„ Oft giebt Ein Wort, das darinn vorkommt, zur schönsten

poetischen

poetischen Entwicklung in ganzen Kapiteln Anlaß: was bei den Griechen Homer ist, ist bei den Ebräern Moses.

Von den Plagen über Aegypten werden wir später reden; jezt merken wir uns nur einige Siegslieder über diese Befreiung und Wundergeschichte.

Ein Lied aus der Heldengeschichte Israels.

Der 114. Psalm.

Da Israel aus Aegypten zog,
Jakobs Geschlecht aus einem fremden Volk:
ward Judah ihm zum Heiligthum,
Israel ihm zum Reich.

Es sah's das Meer und floh:
Der Jordan wich zurück.
Die Berge hüpften wie Böcke,
Die Hügel sprangen wie Lämmer.

Was war dir, Meer, daß du flohst?
Du Jordan, daß du zurücke wichst?
Ihr Berge, daß ihr hüpftet, wie Böcke?
Ihr Hügel, daß ihr sprangt, wie die Lämmer?

Vorm Blick des Herrn erbebete die Erde!
Vorm Blick des Gottes Israel!
Der den Fels verwandelt in See,
Den Stein zum Wasserquell. —

Der Psalm ist Eine der schönsten Oden in allen Sprachen. Die abgebrochene Kürze, mit der Alles dargestellt, die staunende Verwundrung, die dem Meer, dem Jordan, den Bergen und Hügeln mitgetheilt und in Fragen an sie verdoppelt wird, der hohe Aufschluß, daß das alles von Einem Blick des Gottes kam, der aus der Wolke blickte; ein Blick, der Fels und Stein in Ströme, in lebendge Quellen verwandelt — durch Alles dies wird die kleine Ode zum Inbegrif der ganzen Reisegeschichte.

Der Durchgang durchs Meer hat das älteste und klingendste Siegslied hervorgebracht, das wir in dieser Sprache haben. Es ist Chorgesang: eine einzelne Stimme mahlte vielleicht die Thaten selbst, die der Chor auffing und gleichsam verhallte. Sein Bau ist einfach, voll Assonanzen und Reime, die ich in unsrer Sprache ohne Wortzwang nicht zu geben wüßte: denn die Ebräische ist wegen ihres einförmigen Baues solcher klingenden Assonanzen voll. Leichte, lange aber wenige Worte verschweben in der Luft und meistens endigt ein dunkler, einsylbiger Schall, der vielleicht den Bardit des Chors machte. Hier ist eine schwache Nachahmung des unübersetzbaren ältesten Siegsgesanges der Erde: b)

Gesang

b) 2 Mos. 15.

Gesang Moses am rothen Meer.

Da sangen Moses und die Kinder Israel
Dies Lied dem Herrn,
so sangen sie:

Ich singe dem Herrn: denn groß ist Er!
Roß und Wagen stürzte er
nieder ins Meer!

Mein Macht: mein Lobgesang ist Er!
Mir zur Hülfe kam der Herr!
Er mein Gott, ich sing' ihm Lob,
Gott meiner Väter, ich preis' ihn hoch.

Jehovah ist ein Kriegesheld,
Jehovah heißet er!
Pharo's Wagen und sein Heer
warf er ins Meer.
Seiner Führer Erlesenste
sanken ins schilfge Meer.

Die Fluthen deckten sie,
sie sanken zum Grund' hinab
wie ein Stein.

Deine Rechte, Jehovah, hat sich hochherrlich
erzeiget!
Deine Rechte, Jehovah, zerbrach den Feind!
Durch deine hohe Kraft
zertrümmerst du, die wider dich stehn:

Du schnaubest Rache aus,
sie müssen verwehn,
wie Spreu.

Vorm Hauche deines Athems thürmten die Wasser sich,
Wie Fluthenhaufen stelleten sie sich,
Es starrten die Wellen
im tiefen Meer —

Der Feind sprach: sie verfolgen, ergreifen, zur
Beute sie theilen
will ich; an ihnen kühlen den Muth!
mein Schwert ausziehn,
vertilgen sie!

Da hauchte dein Wind;
sie deckt das Meer!
Sie gingen hinab wie Bley
in der gewaltigen Fluth.

Wer gleicht dir, Herr!
Unter den Göttern, wer?
Wer ist wie du hochherrlich in Gottes-Pracht?
schrecklich im Lobe, voll Wundermacht!

Ausrecktest du die Hand;
die Erde schlang sie auf.
Und führest nun mit sanfter Hand
dein auserkauftes Volk.
Du führst es tapfer fort
zu deinem heilgen Ort.

Es

Es hören es die Völker und zittern schon!
Angst ergreift die Bewohner Philisterlands.
Die Fürsten Edoms beben schon!
Die Tapfern Moabs fasset Todesangst:
Zerschmolzen stehn die Bewohner Kanaans.

Laß fallen auf sie Furcht!
Todes-Schrecken vor deinem mächtgen Arm!
Erstarren laß sie zu Stein,
bis daß durchhin gegangen dein Volk, Jehovah!
bis daß durchhin gegangen dein dir erkauftes Volk.

Führe sie,
pflanze sie
auf deinem Erbgebirge,
dem Orte deiner Wohnung,
die du dir selbst bereitet hast, Jehova,
zum Heiligthum, das deine Hände bauten.
Jehovah herrscht ein König in Ewigkeit,
in Ewigkeit! —

Vielleicht endet hier der Gesang und das folgende wäre nur eine kurze Wiederholung des Inhalts:

Aus zog Roß und Wagen Pharao,
mit seinen Reutern zog er in das Meer;
Da ließ Jehovah über sie kommen
Fluthen im Meer;
Israels Stämme gingen trocken hindurch
mitten im Meer:

so daß diese Zeilen gleichsam der Denkspruch waren, den von der ganzen Begebenheit jeder im Gedächtniß behal-

behalten mußte. Wenn Stellen in diesem Liede sind, von denen es schiene, sie konnten damals noch nicht gesungen werden; so denke man, daß Tempel, Heiligthum und das Land, wohin sie ziehen sollten, in Gottes und Moses Geist schon da war, und daß dieser dadurch auf die Anstalten und Züge, die gemacht werden sollten, im Triumph gleichsam vorbereitete.

Dies Lied nun, von dem ich einen schwachen Nachhall gegeben, gab den Ton der Ebräischen Siegslieder an, wie der Gesang der Deborah und der 68. Psalm zeigen. Eben dieselbe Einschnitte und Absätze, eben der assonirende Freudenklang beleben den Rhythmus. Die öftern Ausruffungen, das wiederkommende

  Preis dem Jehovah!
  Lobsinget dem Jehovah!

die Anmunterungen an die Zuhörer und den Sänger selbst, die bisweilen die Rede zertheilen oder vielmehr neu beleben, sind gleichsam die Stäbe, an denen sich der historische Gesang aufrichtet. In den Psalmen sind die Hallelujah daraus geworden, ein belebendes Freudengeschrei des Chors, das viele Nationen beinah in diesen Tönen kennen, und das die Ebräer ihrem Jah oder Jehovah weiheten.

Die Erscheinung Gottes auf Sinai ist in der simpeln Mosaischen Beschreibung schon fürchterlich erhaben;

ben; c) sehr natürlich also, daß sie ein Gegenstand der prächtigsten Poesie ward. Moses denkt an sie in seinem Segensspruch d) sehr gesezt; er spricht auch hier als Gottes Vertrauter, dem die fürchterlichste Sache lieblich und lehrend war. Der Hochherrliche mit Blizen in den Händen wird ihm ein Vater und Lehrer seiner versammleten Kinder. Die Folge wird dies weiter entwickeln; hier bemerken wir nur, daß die Erscheinung Gottes auf Sinai zu Personificationen Anlaß gegeben, die die ganze Ebräische Poesie schmücken: der Glanz, die Feuerstralen Gottes wurden Engel, Ordnungen und Reihen, in deren Mitte das Gesetz gegeben war. Schon David e) bildet sie zu einem feurigen Heerlager Gottes, und Daniel f) macht sobann diese zehntausend mal tausend um Gott völlig zu seiner Befehle Dienern; eine Reihe Rabbinischer Verfeinerungen, daß durch Engel das Gesetz gegeben und ausgesprochen sei, ist darauf gegründet.

Da Jehovah als Kriegsgott von Sinai aufbricht, für Israel zu streiten, begleiteten ihn also diese Heere; so erscheint er im Lobgesange der Deborah, wo so gar Schlachtordnungen der Sterne für Israel streiten, g)
und

c) 2 Mos. 19, 20. d) 5 Mos. 33, 2.
e) Psalm 68, 18.   f) Dan. 7, 10.
g) Richter 5, 4. 20.

und ich zweifle nicht, daß daher auch der hohe Name Gottes, Jehovah Zebaoth, den Ebräern eigen worden. David braucht ihn zuerst gegen den Philister h) und erklärt ihn als den Namen eines Gottes der Schlachtordnungen Israels d. i. als einen, der für Israel streitet. Er muß also aus der alten Geschichte des Volks, aus seinen Triumphliedern seyn; und da geben Moses, Deborah, und so viele Psalmen die bestimmteste Auskunft. Er ist wirklich der Name des Kriegsgottes Israels; nur weil er in ältern Zeiten von jenem Glanz auf Sinai, von Blitzen und Donnerwagen, ja selbst vom Kriegsheer mitstreitender Sterne ausging: so konnte seine Bedeutung sehr erweitert werden, bis er zulezt, wie alle solche vielgebrauchte poetische Götternamen, die ganze Fülle der Pracht und Schöne Gottes (צבאות) in sich faßte. In den spätern Schriften der Propheten kann er also nicht eigentlich mehr durch Kriegsgott übersetzt werden, obgleich dies seine ursprüngliche Bedeutung war: er ist ihnen ein Begrif aller Hoheit und Würde: dem Gott Zebaoth dient alles im Himmel und auf Erde. Dies ist der einheimische Ursprung des Namens; mit den Götzen der Sabäer hatte er ursprünglich nichts zu schaffen. Wenn die Propheten auch Sterne als das Heer Gottes schildern: so thun sies, weil seiner Majestät Alles voll ist. Moses, Deborah, David

---

h) 1 Sam. 17, 45.

vid und die Pfalmen sind die Stuffen, auf denen sie zu ihrem hohen Begrif stiegen. Lasset uns eine Probe sehen, wie David die Züge Gottes in der Wüste auf einen Gegenstand anwendet, wo mans eben nicht erwarten sollte, den Einzug der Bundeslade auf den Berg Zion. Er geht die ganze Reise Gottes von Berg zu Berge, von Siege zu Siege durch, und der Triumphgesang der Deborah ist offenbar des Liedes Vorbild. Man könnte den Psalm הליכות יהוה die Züge Gottes nennen, welchen Ausdruck auch Habakuk daraus brauchet.

Die Siegszüge Gottes.

Der 68te Psalm.

Es erhebe sich Gott!
und seine Feinde zerfliehn!
Es fliehn, die ihn hassen, vor seinem Blick!

(Der Siegsanruf Moses, mit dem er die Wolke anredete, wenn der Zug fortging.)

Wie Rauch verweht, verwehe sie!
Wie Wachs zerschmilzt vor Feuers Blick;
so müssen vergehn die Bösen vor Gottes Blick.

(Rauch und Feuer waren die Symbole der Gegenwart Gottes bei dem Zuge.)

Die Gerechten aber freuen sich!
Sie hüpfen auf vor Gottes Blick,
sie freun sich hoch!

(weil er nemlich mit ihnen ziehet. Hier ist der Eingang des Liedes vollendet, und es beginnt vielleicht ein zweiter Chor.)

Lobsinget Gott! singt seiner Majestät!
Macht Bahn ihm, der in der Wüste zeucht.
Singt seinen Wundernamen Jah!
und tanzet vor ihm her.

Ein Vater der Waisen, der Wittwen Rächer
ist der hochheilge Gott!

Gott! den Verlassenen
gab er ein Land:
er führte aus die Gebundenen zum Glück,
und die Rebellen bewohnen den nackten Fels.

(Seyn diese Rebellen Amalekiter oder Aegypter, die sich dem Zuge Gottes widersetzten; die Verlaßenen, die Gebundenen sind Israel, die er auf diesem Zuge aus der Knechtschaft führet und das reiche Kanaan für sie im Sinn hat. Der andre Chor fängt an: der Zug selbst wird geschildert, ganz mit den Worten der Deborah:)

Gott, da du auszogst
vor deinem Volk her,
da du einherzogst
in Wüstenein;

Da

Da bebete die Erde!
Die Himmel troffen vor Gottes Blick!
Der Sinai dort vor Gottes Blick,
dem Gotte Israels.

Milden Regen ließest du nieder,
dein lechzendes Erb' erquicktest du:
auch in der Wüste konnt' dein Häuflein wohnen,
die du dem armen Volk bereitetest
durch deine Milde, Gott! —

(Auf den lezten Zug kommt der Dichter eben auch durch die Beschreibung der Deborah. Sie mahlte den triefenden Himmel, den zerschmelzenden Sinai, um sich einen Uebergang zu den triefenden Wolken zu machen, die den Kison und die Kedumim aufgeschwellt, und ihr den Sieg verschafft hatten. Der sanfte Hirt wendet das heroische Bild vom triefenden Himmel und Sinai um, daß die Wüste zum Garten, zur angenehmen Wohnung der Stämme werde. Diese ziehen also fort und sogleich folgen Kriege und Siege:

Kriegswort gab der Herr!
Bothschafterinnen des Siegs ein grosses Heer.

„Der Heere Könige flohn! sie flohn!
Die Bewohnerin des Hauses theilet Beut' aus.

Was ruht ihr zwischen den Tränkrinnen da?
Der Taube Federn sind gar Silberhell!
und ihre Flügel funkeln gelbes Gold!

Als

Als der Allmächtge Könige zerstreute,
fiel Schnee auf dem Zalmon.„

Vermuthlich Worte aus einem alten Siegsliede, die gemeiniglich auch Spottlieder waren; offenbar hergenommen vom Siege der Deborah. Im nordlichen, waldigen Theil des Jüdischen Landes ging damals Freiheit über Israel auf: i) die Regenzeit beförderte den Sieg, also geschieht des Schnees Erwähnung. k) Weibern wird die Siegsbotschaft in den Mund gegeben, weil Deborah und Jael die Entscheiderinnen waren, und dies Geschlecht nachher es nicht wird haben fehlen lassen, das Andenken ihrer Mutter Deborah zu erhalten. Der Spott über die Zurückbleibenden ist offenbar aus ihrem Siegsliede, hier nur feiner. Sie rückte den trägen Stämmen auf, daß sie lieber das Blöcken der Heerde als das Geschrei der Schlacht hätten hören wollen;

i) Jes. 9, 1.3. ist wahrscheinlich eine Anspielung auf diese Stelle.

k) Die Worte: „es fiel Schnee auf dem Zalmon„ gehören zur Spott-Anrede des Siegsgesanges und bedörfen also keiner Aenderung. Die zurückbleibenden Stämme scheuen sich vor dem ungestümen Winterwetter, das eben die Heldin Deborah zu ihrem Angrif und Siege bequem fand. Wenn selbst der niedrige Berg Zalmon, der im südlichen Judäa lag, mit Schnee bedeckt war; wie viel mehr mußten es die nordlichen höhern Berge seyn, wohin der Kriegszug geschehen sollte. Diesen weisen

len; hier wird ihnen vorgerückt, daß sie furchtsam und Kriegesscheu in diesen rauhen Tagen lieber die Silberflügel und Goldschwingen ihrer Tauben hätten bewundern wollen; indeß ein Weib, die Bewohnerin eines Hauses Deborah (eine Biene) Beute austheilte. „Kriegswort gab der Herr," heißt: er gab zum Kriege Befehl, er erweckte Helden und sofort auch Siegesbothschaft.

—— Jetzt ist der Zug Jehovahs an den Bergen. Auf dem kleinen Zion läßt er sich nieder, und wie viel schönere, fruchtbarere Gebürge waren da, die diese Ehre wünschten! Den reichen Basan war er vorbeigezogen; hier wendet sich also der Gesang an einen der größten Israelitischen Berge:

 Berg Gottes, Berg Basan,
  du hüglicht Gebürge, Berg Basan,
         was

weisen Schluß machten die südlichen Stämme, und blieben bei ihren Tauben ruhig sitzen. Es ist als sänge der Gesang:

 Die ihr da zwischen Hürden ruht,
  was säumt ihr Träge da?
 Bewundernd eurer Tauben Glanz
  und ihrer Flügel Gold.

 Als Gott der Herr die Völker schlug,
  die Helden Kanaans;
 da, freilich war es Wintertag,
  auf Zalmon selbst fiel Schnee.

was schaut ihr verachtend herab, ihr hüglichten Berge,
auf diesen, den Gott sich zur Wohnung erwählt?
Es wird ihn bewohnen Jehovah
auf immerdar.

(Die Abfindung ist halb Lob, halb Tadel: Basan wird
genannt, weil er jenseit des Jordans lag, und Gott
daselbst am wenigsten wohnen konnte; denn er gehörte
nicht zum verheißenen Lande. — Zion war neu ero‑
bert, und in Jerusalem vielleicht noch Reste der Jebu‑
siter: Gott wohnte also seinen überwundenen Feinden
in der Nähe — ein Umstand, der zum folgenden ho‑
hen Gemälde der Siegszüge Gottes Anlaß giebt, seit‑
dem er vom Sinai aufbrach):

 Kriegswagen Gottes, tausendmal tausend
und zehenmal zehntausend noch:
Der Herr in ihrer Mitte
bricht auf vom Pracht‑erfüllten Sinai.

 Du schwangst den Wagen hoch!
Du führetest Gefangne mit dir fort,
nahmst Menschen an zum Siegsgeschenk,
nimmst auch Rebellen jetzt zu Mitbewohnern an,
Jehovah, Gott.

 Gelobt sei Gott! von Tag' zu Tage gelobt!
Er legt uns Bürden auf und hilft uns auch,
ist Hülfgott uns, ein Gott zu unserm Heil,
Jehovah Gottes sind auch die Ausgäng' zum Tode.

     Fürwahr!

Fürwahr! Gott wird das Haupt aller seiner Feinde
 spalten
den Haaresschädel deß, der ihm zuwider lebt:
Und soll' ich, spricht der Herr, von Basans Höh' ihn
 holen,
ihn holen aus des Meeres Grund' hinauf:
Dein Fuß soll noch in ihrem Blute waten,
auch deine Hunde lecken Feindes Blut! —

Gnug! und zu unserm Zweck beynahe zu viel. Man siehet deutlich, was der harte Psalm voll stolzer Kriegsgesinnung an Siegsgeschenken Gottes unter Menschen verstehe, und was der Landesgott auf dem neueroberten Berge, auch noch ferner thun soll? Das Land von Feinden reinigen, die ihm wie zum Sündopfer leben. — Wir kommen zurück zu unserer Materie.

Und fragen:
 „was war der rauchende Sinai?
 „was war die Wolken- und Feuersäule?„
die zu so glänzenden Bildern Anlaß gaben.

Ueber die Feuer- und Wolkensäule dörften wir beinah nicht ungewiß seyn. Sie war das heilige Feuer, das nach Gewohnheit aller Züge in diesen Gegenden dem Heer vorangetragen ward, und sowohl zum Zeichen des Aufbruchs, als zum Wegweiser diente. Als die Israeliten aus Aegypten zogen, folgte es und stand zwischen ihnen und den Aegyptern: ich erinnere mich,

II. Th.   G   selbst

selbst bey irgend einem heidnischen Schriftsteller den verstellten Umstand gelesen zu haben, daß das entfliehende Volk Heiligthümer, mich dünkt, heilige Thiere zwischengestellt, die die Aegypter nicht hätten angreifen dörfen. Bei diesem Auszuge kommt zuerst die Wolken- und Feuersäule, nur sogleich mit wunderbaren Wirkungen vor, die ihr auch weiter folgen. l) Wenn das Heer ruhte, stand sie vor der Thür des Heiligthums, vor dem Zelt des Heerführers, und bei ihr wurden Antworten gegeben. Brach das Heer auf, so ging sie als Wegweiser voran. So lange sie in der Wüste waren, wird an sie gedacht; als sie in Kanaan ankamen, ging die Lade des Bundes voran und zeigte den Weg, der Feuersäule geschieht nicht mehr Erwähnung. m) Kurz, es war das Symbol der Gottheit das bei Israel aber nicht blos Symbol war, sondern wunderbare, zuweilen schreckliche Wirkungen übte. Beide Stücke lassen sich so füglich vereinen, daß ich nicht sehe, warum man sie trennen dörfte. In einem Symbol wollte Gott mit Israel ziehen, und ihr Wegweiser seyn: dies hieß der Engel seines Angesichts, d. i. der Bote und das Zeichen seiner besondern Aufsicht;

und

l) 2. Mos. 14, 19. 20. Kap. 33, 9:11. 4 Mos. 9, 15:23. Kap. 10, 34:36. Kap. 12, 10. 4 Mos. 14, 10:14. Kap. 16, 19. 35. 42:46 5 Mos. 31, 15,
m) Josua 3, 3.

und alle dies war die genannte Feuersäule. Tag über erschien sie als Rauch; in der Nacht als Flamme. Vor ihr war die heiligste Gerichtsstäte, das höchste Tribunal: wenn Moses und Aaron nirgend sicher waren, waren sie hier sicher, und das Feuer Gottes rächte sie empfindlich. Als der Zug geendigt war, ward vermuthlich das Andenken davon ins Allerheiligste gesezt und vielleicht noch einige Zeit erhalten; daher die Fabel der Juden von der ewigen Rauchwolke zwischen den Cherubim. —— Nichts ist natürlicher und der Geschichte gemäßer, als diese Erklärung: sie hebt kein Wunder auf, sie zeigt nur das Mittel, durch welches Gott Wunder wirkte, weil es der Engel seines Angesichts, oder wie Habakuk sagt, die Hülle seiner Gegenwart seyn sollte.

Die glänzenden Erscheinungen auf Sinai haben wahrscheinlich eben solche Zeit- und Ortmäßige Naturmittel gehabt: denn auch kein Wunder wirkt Gott ausser durch Naturmittel und Kräfte. Der außerordentliche Glanz, in dem zuweilen die Sandwüsten Arabiens erscheinen, der Rauch, in den sich die Berge hüllen, die Donner, die in diesen gethürmten Felsgebürgen vervielfacht und schrecklich wiederhallen; diese und vielleicht andre fürchterlich prächtige Phänomene der Natur vereinigte Gott hier zu Symbolen seiner Erscheinung.

nung. Wer das Wunderbare dabei läugnen wollte, müßte die Beschreibung Moses zur Fabel machen; an schauerlichen Phänomenen ist ja aber auch diese fürchterlich-öde Gegend so reich!

Der Zug durchs rothe Meer endlich war mit den beschriebenen Umständen allerdings eine wunderbare, nicht aber unmögliche Errettung. Wahrscheinlich wollte Moses den Isthmus hinüber, als er Befehl bekam, sich zu wenden; tief drunten konnte also Israel nicht seyn, und wahrscheinlich gingen sie bei Suez herüber, etwas südlicher, als der Zug geht, den die Karavanen nehmen. Wenn nun der Meerbusen nach hinterbliebnen Spuren damals höher ging, als jetzo: so war er breit gnug, daß bei verfehlter Strasse, in dunkler Nacht, unter Ungewitter, Sturmwinden und panischem Schrekken, im ganzen Aegypterheer Unordnung entstehen und sie sich selbst in die tiefern Tiefen des Meers, in die hereinbrechende Fluth Rettungslos verirren konnten; er ist aber auch noch keine zwanzig oder dreißig Meilen breit, daß der Durchzug der Israeliten in Einer Nacht unmöglich wäre. Alle Zweifel, die man neuerlichst über diese Begebenheit, wie Fluthen über Fluthen gethürmt hat, sind übertrieben; und die alten Denkmäler der Israeliten, das Fest, das sogleich zum Andenken dieses Durchganges gestiftet ward, das Siegeslied Moses

Moses und so viel Anreden, die er an das versammlete
Israel darauf bauet, zeigen gnugsam, daß ihre Errettung allerdings mit wunderbaren und fürchterlichen Umständen begleitet gewesen, die Moses auch sehr Naturvoll und local beschreibet. —— Möchten nur unsre
Gesänge, die von dieser Begebenheit reden, auch den
Ebräischen ähnlich seyn! Diese erzählen sie nicht, ob
es ihnen gleich Nationalwohlthat und der Grund ihres
ganzen Staats war, in ewigen Litaneien her, wie wir
oft zu thun gewohnt sind; sondern sie wenden die alte
Begebenheit auf neue Vorfälle an, schmelzen sie in den
Inhalt ihres Gegenstandes um, und singen sie, wenn
ich so sagen darf, pragmatisch. So Deborah, so einige schöne Psalmen und Propheten; lasset uns jetzt eins
der rührendsten Gedichte der Ebräer lesen, in dem das
kühnste Siegsgemälde der alten Welt zur wehmüthigsten Elegie wird.

Gebet Habakuks des Propheten,
in Klagetönen.

Jehovah, deine Gerüchte hörte ich
und bebe noch: a)
Dein Werk, Jehovah, zeig' es mit den Jahren, b)
mach mit den Jahren es bekannt und denke
im Zorne an Barmherzigkeit.

Als Gott von Theman kam,
als der Hochherrliche vom Berge Paran zog:

da

a) Die Gerüchte, die der Prophet hört, sind Sagen von den Wunderbegebenheiten alter Zeit und was jetzt geschehn soll. Einst stritt Gott für das Volk; jetzt wird ers verlassen und Feinden hingeben. Beiderlei Gerüchte wird der Gesang ausführen, und der Prophet verlangt Absicht, Ende Gottes bei dieser traurigen Katastrophe zu sehen. Nichts anders will die Bitte sagen: „zeige dein Werk, mache mit den Jahren all„mälich bekannt, was du vorhast, und erinnere dich „bei deinen jetzigen harten Rathschlüssen an deine alte „für dieses Volk gütige Wunderthaten.„

b) Daß man statt חייהו „belebe dein Werk„ הודיע „mache es bekannt„ lese, scheint der Parallelismus zu wollen; vielleicht ist aber auch Ps. 90, 13:17. dem Dichter vor Augen gewesen, und denn ist das Eilen, das Fördern des Werks dem Zusammenhange nicht entgegen. Der Dichter wollte gern den baldigen Ausgang der Schicksale sehen, und ward K. 2, 3. 4. zum Harren verwiesen; hier bittet er also wie Moses, Gott wolle sein Werk beleben, fördern.

da füllete die Himmel seine Zier
und seines Lobes war die Erde voll.

 Wie Sonne war sein Glanz,
Stralen schossen aus seiner Hand!
und das war nur die Hülle seiner Macht.

 Vor seinem Angesicht ging Pest,
Raubvögel flogen zu Füßen ihm hervor.
Er stand; die Erde wankete: c)
Er sah; und Völker fuhren empor.
Ewge Berge zerstoben unter seinem Tritt,
es krümmten sich die Höhn der alten Welt,
wo er vor Alters zog. d)

 Die Hütten Kusans sah ich in reger Angst: e)
es wichen hinweg die Gezelte Midians.

G 4   Ist

c) Mehrere Uebersetzungen haben so gelesen: Der Paral‑
lelismus foderts offenbar: wenn man statt דד den
ähnlichen Schall ט lieset, ist die passende Lesart da.
יטש in sensu transitivo nemlich, wie auch das zwei‑
te Glied des Verses die Folge davon mahlet. Die
Völker fliegen empor, so stark ist die Erde beweget.

d) Die הליכות עולם sind aus dem 68. Psalm, der
diesem mißverstandnen Wort den leichtesten Sinn giebt.
Es sind die Züge Gottes in der alten Zeit, seine Schritte
von Berg zu Berge, (Sinai, Seir, Paran, Basan,)
die so viel alte Siegslieder sangen, und auch diese
Elegie mahlet.

e) Sie arbeiten gleichsam unter Angst: sie reißen ab die
Decken der Gezelte, so daß ein ganzes Zelten‑Volk
in wenigen Augenblicken weg ist.

Ist auf die Ström' ergrimmet Jehovah?
geht auf die Wellen seiner Nase Hauch?
zürnt er aufs Meer? f)

Denn du besteigst den Kriegeswagen, Gott!
Du zeuchst mit Rossen einher, du Helfersgott!
Du ziehest deinen Bogen hervor
vervielfachend die Pfeile siebenfach. — g)
Und die Ströme zerreißen das Land.

Es

f) Die sonderbare Wendung dieser Frage zeigt den Schrek­ken des Sehenden an, und giebt der Ode einen hohen Fortgang. Mehrere Psalmen unterbrechen die Erzäh­lung mit solchen unvermutheten Fragen, wie Ps. 114, 5. 6. u. a.; ein eigner erhabner Gang der morgenlän­dischen Dichtkunst.

g) Dieser Vers, der ein Kreuz der Kritiker ist, bekommt meines Erachtens allein Sinn, entweder wenn man dem Syrer folget und שבעות von שבע herleitet; was soll aber alsdenn das אמר? Wenn ich auch über­setzte:

Du zogst den Bogen hervor,
Blutgesättigt waren des Feldherrn Pfeile;

so wird jedem feinen Gefühl die Verbindung hart blei­ben. Daß Gott hier plötzlich אמר genannt werde, da er durchs ganze Gedicht nicht als ein müßiger Feld­herr spricht, sondern als Krieger handelt; daß die Pfei­le hier schon Blutgesättigt sind, da sie erst in langsa­mem Fortgange der Beschreibung V. 13. gebraucht werden — das alles macht diese Construction hier un­erwartet. Ich habe also ganz simpel שבעות als das Zahlwort und אמר als das Participium gelesen. Daß אמר häufig „vervielfachen," heiße, ist bekannt, und so ließe sich diese schwere Stelle, dünkt mich, auf die

leichte­

Es sahen dich die Berg' und zitterten:
die Waſſer rannen überſchwemmend dahin.
Die Wogen töneten,
die Höhen fleheten.

Sonn' und Mond, ſie ſtanden in ihrem Laufe
ſtill, h)
bei'm Glanzlicht deiner Pfeile, der fliegenden,
bei'm Blitzglanz deiner Spieſſe.

G 5 Und

leichteſte Weiſe, dem Fortgange des Bildes aufs ſchönſte gemäß, erklären. Die Vervielfachung der Blitze, als glänzender Pfeile, iſt aus dem 18. Pſalm bekannt gnug; welchem Bilde hier der Prophet folget.
Aber wie kommts, daß jetzt, da Gott Pfeil und Bogen hervorzieht, die Flüſſe durchs Land reißen? Man leſe weiter fort: es wird ein allgemeiner Schauer der Natur geſchildert, den wir vor dem Ungewitter bemerken. Es iſt als ob alles die Gegenwart, die Nähe des Schöpfers fühle: Der Fluß rollt ſchneller, und wie hier ſteht, die Fluthen tönen lauter, die Höhn heben erwartend die Hände. Es iſt kein Zweifel, daß alle dieſe Bilder vom rothen Meer, dem Jordan, dem Sinai, den Zeiten des Joſua und der Deborah, da die Ströme zurückwichen oder aufſchwallen, hergenommen ſeyn; alle aber ſind zu einem Bilde zuſammengeſetzt, daher man unrecht thut, wenn man jeden kleinen Zug hiſtoriſch und gar chronologiſch verfolgt. Offenbar iſts das fortgehende Gemälde eines kommenden Streithelden und ſeiner Schlacht. Das Bild von der Angſt der Waſſer, die den nahen Gott ahnen, iſt aus dem herrlichen 77. Pſalm V. 17: 21. deſſen Bilder Habakuk in mehrern Stellen erweitert hat.

h) Das Bild von Sonne und Mond ſind abermals aus
Joſua

Und zornig schrittst du auf dem Lande fort: O
Jm Grimm zertratest Nationen du:
Denn du zogst aus zu helfen deinem Volk,
zu helfen deinem Gesalbeten.

Zerschlugst den Gipfel vom Hause des Böse=
wichts; k)
entblöße

Josua Geschichte und aus dem Liede der Deborah zu=
sammen gesetzt. Dort standen sie verwundernd stille,
als Gott stritt; hier werden ihnen מסלות zugeschrie=
ben. Sollte nicht dasselbe Wort auch hier gestanden
haben, das die Deborah braucht; nur hier im Singu=
lari (במסלה), da es der gewöhnlichen Lesart זבולת
vorn und hinten fehlet? Der Grieche scheint so gele=
sen zu haben, der εν τη ταξει αυτης übersetzt, gerade
wie er Richter 5, 20. übersetzte und das Bild wird da=
mit schön, rund, und voll Bewegung. Sie stehen
verwundernd still auf ihrem Wege, auf ihrer gepfla=
sterten Bahn, die sie ewig wandeln; sie sehn den
Glanz der Blitze, und sind gleichsam beschämt und
verdämmert.

i) Das Gemälde ist fortschreitend. Hier tritt Gott nicht
erst aufs Land: der erste Tritt Gottes wurde schon im
6ten Vers gemahlt; sondern er schreitet auf dem Lande
fort, und jeder Tritt zertritt Völker. Der Dichter
schreitet also auch in der alten Geschichte fort, und
kommt auf der Könige, insonderheit Davids Zeiten,
wie er V. 13. deutlich saget. Daher sind auch die
Bilder dieser folgenden Verse aus Davids Siegslie=
dern. Der 13te und 14te ist deutlich aus Psf. 68, 22.
Pf. 110, 6. und andern Stellen, weil David diesen
Jdiotismus „das Haupt zerschmeissen oder zerspalten„
oft hat.

k) Das Bild ist von einem Hause oder Pallast hergenom=
men,

107

entblößtest dessen Veste bis zum Grundfelsen hinab:
Durchstachst das Haupt der Führer ihrer Kriegsreihn. 1)
Sie stürmeten hinan, mich zu zerstreun,
frohlockten schon, wie sie den Bedrängten fressen
wollten
wie ein Hölenthier den Raub.
Da

men, dessen Gipfel zerschlagen, das bis auf den Grund-
stein, der auf einen Fels gelegt ist, entblößt und zertrümmert wird. Daß פרז häufig, insonderheit in
den Psalmen so gebraucht werde, darf ich nicht erinnern; die Zertrümmerung des Hauses heißt nach den
Sitten Orients der Untergang der ganzen Familie.
Auf welche Feinde Davids hier gesehen werde? muß
man nicht fragen: die Bilder werden hier in allgemei-
nem Sinn ins Gemälde gestellet. Die partikular-
Umstände alter Zeiten gehören nicht zum Zweck des
Dichters.

1) Ueber das Wort פרזו, פרזים ist mancherlei gemuth-
maßt worden; mich dünkt, sein erster Sinn ist Reihen,
abgetheilte Häuser oder Glieder, wie sein Stamm-
wort sagt. Im Liede der Deborah (Richt. 5, 7.) sinds
entweder Flecken selbst oder Versammlungen aus Flecken
aus Distrikten, kurz Stände. Hier wärens geord-
nete Reihen der Feinde, die nach dem folgenden Vers
im Sturm hinanziehn, ein wehrloses Volk zu zer-
streuen, und sich zum Raube zu theilen. Der Grieche
übersetzt aber gleich collective, Anführer solcher Ordnungen und Glieder (κεφαλας δυναςων) wie Ehren-
namen in allen Sprachen collective gebraucht werden.
Ich habe das Wort in der Uebersetzung umschrieben,
weil dadurch sogleich das folgende Bild Licht erhält,
das, verglichen mit Kap. 1, 9., wie mich dünkt, keiner weitern Erläuterung Noth hat.

Da ſtampften deine Roſſe das Meer hinan:
ſie kamen auf ſchwellender Flut. — m)

Das hört' ich, und mein Herz erbebete der
Stimme, n)
und meine Lippen zitterten: o)
Schauder drang durch mein Gebein,
die Füße wankten;
der ich doch ruhen ſoll dem Drangſalstage, p)
wenn auf uns kommet das Verwüſtervolk.

Da

m) Hülfebringend nemlich, wie der 8te und 12te Vers
deutlich ſagten. Das Gemälde ſchließt, wie es an
fing; welches eine ſonderbare Schönheit iſt, weil es
den ganzen Anblick vereinet. Sowohl in dieſem Theil,
als in der ganzen Oekonomie der Ode iſt das Gedicht
ſchön vollendet.

n) Jezt fängt ein neuer Theil der Ode an, der abermals
zum Anfange V. 1. zurückkehret. Der Dichter hat
alle Wunder Gottes für Iſrael aus der alten Zeit ge
hört, und ſieht jezt ſo ſchreckliche andre Zeiten heran
nahn. Dies Unbegreifliche, Widerſprechende, macht
den Knoten der Ode, ſo wie ſeiner Empfindung; die
vorhergehenden Kapitel ſind der rührendſte Commen
tar darüber. Inſonderheit Kap. 1, 1. 2. 12:14.
Kap. 2, 1:4.

o) Wir haben kein edles Wort für den Schall der Lippen
eines Zitternden, wie ihn צלל ausdruckt. Im fol
genden leſe ich ſtatt רקב, רר mit vielen Ueberſetzun
gen und einigen Handſchriften.

p) Das נוח erklärt ſich aus der Geſchichte des Prophe
ten Kap. 2, 1:4. Er ward von Gott zur Ruhe ge
wieſen; er ſollte die Zeit erwarten. Das nennt er
nun:

Da wird der Feigenbaum nicht blühn,
da wird der Weinstock keine Früchte geben:
Der Oelbaum täuscht den Hoffenden,
die Aecker bringen nichts zum Brot.
Das Schaaf ist weggerissen aus den Hürden,
kein Rind ist in den Ställen mehr. —

Und doch will ich mich in Jehovah freun, q)
will jauchzen über meinen Rettergott.

Jeho‍‌
nun: „ruhen und harren auf den Tag der Drangsal,„
wenn das Volk einbrach, das er Kap. I. schildert.
Es ist also hier nicht von einem Aufsteigen nach Chal‍‌
däa, sondern von einem Kommen der Chaldäer die
Rede, wie der folgende Vers deutlich zeiget, und das
ל vor לעם ist offenbar nur ein ל respectivum, wenn
es nicht aus einem ה entstanden. Der folgende Vers
schildert die völlige Verwüstung des Landes durch die
Chaldäer; eine Verwüstung, die das גדד auf ein‍‌
mal darstellt.

q) Hier wendet sich die Ode zum Ausgang. So dunkel
es um ihn her ist, bleibt der Prophet dem Wort sei‍‌
nes Gottes treu; (Kap. 2, 1:4.) verläßt sich auf ihn
und hüpft im Namen seines ganzen Volks fröhlich.
Es muß, es wird mit ihm einen guten Ausgang neh‍‌
men, ob ihn gleich der Prophet noch nicht siehet, ob
er ihn gleich als den Hauptinhalt seiner Weißagung
zu sehen so sehr begehrte. (Vgl. Kap. 1, 2. 3. 12:17.
Kap. 2, 1:4. Kap. 3, 2.) Der Umriß des Buchs
ist eben solch ein schönes Ganze, wie diese Ode; die
ich deshalb den Kranz lyrischer Gesänge der Ebräer
nennen möchte. Daß im lezten Verse Anspielungen
auf Pf. 18, 34. und 5 Mos. 33, 29. sind, darf ich
nicht

Jehovah Gott ist meine Kraft,
Er wird mich springen machen wie ein Reh,
auf meinen Höhn tret' ich noch hoch einher!

nicht erinnern. David hatte den lezten Ort auf sich angewandt, und der Prophet wendet ihn aufs ganze Volk an. Noch wird es einst seine alten Siegshöhen wieder besteigen, und auf denselben wie ein Hirsch hüpfen. Judda war ein Bergland; daher auch von den Chaldäern (V. 16.) das עלות gebraucht wird: der Ausgang des Gedichts ist patriotisch, schön und edel. Alle Empfindungen und Schicksale des Volks in Glück und Unglück trägt der Dichter in seiner Brust. —

IV. Ein=

IV.
Einrichtungen Moses.

Inhalt.

Vom Namen Jehovah: was er in sich hielt? und was daraus entwickelt worden? Der 90. und 102te Psalm. Reine Gottes-Ideen der israelitischen Poesie, reine Ideen der Sittenlehre und Lebensweisheit. Moses Gesetzgebung.

1. Die Nationalfreiheit und Gleichheit, die sie gründete. Nationalversammlungen an den Festen. Lieder, die sie singen, mit Stolz und Freude.

2. Nur auf Gesetzen thronte Jehovah. Nationallieder darüber, auch gegen Unterdrücker und böse Richter. Israelitische Gesetze werden mit der Ordnung Gottes in der Natur verglichen. Ein Lied darüber.

3. Zweck und Würde des Stammes, der ihm diente. Vom Licht und Recht auf der Brust des obersten Priesters. Bilder vom Schmuck der Priester in der Ebräischen Poesie. Sie sind Symbole des blühenden Staats. Anwendung derselben auf Könige und himmlische Diener.

4. Ursprung und Zweck der Opfer. Moralischer Gebrauch derselben in der Poesie. Einige Psalmen.

Allgemeine Anmerkungen über die Sprache aus der Gesetzgebung Moses über Krankheiten und Laster, über einzelne Stücke des Gottesdienstes und symbolische Gebräuche. Das Institut des Sabbaths hat alle alte Nachrichten und Lieder erhalten. Bilder aus demselben vom ewigen Sabbats- und Jubeljahr. Moses Stiftshütte, ein symbolisches Gemälde.

Jehovah war der Name, den Moses seinem Volk als den Namen des Gottes seiner Väter einprägte; ein reiner hoher Begriff, der Gottes Beständheit und Treue, seine alte Dauer, seine Unveränderlichkeit und ewige Würde mit sich führte. a) Dieser Grundbegriff der Mosaischen Gesetzgebung heißt die Heiligkeit des Herrn, b) ein Ausdruck, dem ich in unsrer Sprache kein Synonymum wüßte. Nicht nur alle Bilder und Gleichnisse Gottes von Geschöpfen Himmels und der Erde wurden untersagt; mit diesem Namen ward auch der Weg eröfnet, die höchsten Eigenschaften und Vollkommenheiten Gottes zu entwickeln, die der Vernunft und Religion der Menschheit zu ewigen Grundstützen dienen werden. Es wird damit nicht gesagt, daß Moses sie alle entwickelt habe: ihm, dem Gesetzgeber mußte Gott vorzüglich ein Israelitischer Schutzgott seyn, worauf sich starke Stellen seiner Ermahnungen und Gesänge gründen. Was Er indeß als Gesetzgeber nicht konnte, thaten nachher die Weisen und Dichter Israels. War Jehovah der Einige, der Schöpfer der Welt: so war er auch der Gott aller Menschen,

a) Bekanntermaaßen hält er die drey Zeiten in sich: „ich war, ich bin, ich werde seyn!", oder wie Gott selbst sagt: „ich werde seyn, der ich seyn werde!"

b) Heiligkeit des Herrn ist seine höchste Einzigkeit, da er nichts Gleiches hat.

schen, aller Geschlechter, und es gehörte nur Zeit, unbefangene Denkart und ruhiger Geist Gottes dazu, diesen reichen Keim zu entwickeln. Es ist hier nicht die Frage, ob ihn auch andre Nationen entwickelt haben? Denn warum sollte man neidig seyn und Persern, Indianern, Celten, ja wem es sei? die Schritte nicht gönnen, die sie in Aufbewahrung und Fortleitung der ältesten Religion der Erde, jede in ihrem Maaß thaten. Gnug, in der damaligen Zeit und in jenem Winkel der Erde, zwischen Aegyptern, Kananitern und den Arabischen wilden Völkern war Moses Schritt einzig. Er suchte die Religion der Patriarchen, seiner Väter hervor; auch was ihm aus Aegypten zur Hülle seiner Einrichtungen und Gesetze diente, mußte das reine Licht nicht verdämmern, das ihm die Offenbarung im Arabischen Feuerbusch gab, und so wurden mit der Zeit die hohen Ideen gebildet, die wir in Psalmen und Propheten finden.

Das Lied, das Moses zugeschrieben wird, c) mache den Anfang: es entwickelt den Namen Jehovah, d. i. die Felsentreue und ewige Bestandheit des Schöpfers der Welt:

Gesang

c) Pf. 90.

II. Th.   H

Gesang Mose, des Mannes Gottes.

Der 90. Psalm.

Herr! unser Bleiben bist nur du
von Geschlechte zu Geschlecht! d)
Eh' Berg' erzeuget wurden,
eh sie die Erd', der Erdenkreis gebahr,
von Urwelt bis zu Urwelt bist du Gott! e)

Den Menschen läßt du kehren in den Staub,
und sprichst: kehr wieder, neu Geschlecht der Menschen!
Denn tausend Jahre sind in deinen Augen,
wie der vergangene gestrige Tag,
wie ein Theil der Nacht.

Du lässest sie erstarren:
Da schlafen sie.
Am Morgen waren sie wie grünes Gras,
Frühmorgens grünt' und blühte es;
am Abend wars versenget und verdorrt.

So zehrest du uns auf mit deinem Hauch;
dein Zornhauch schrecket uns hinweg,

stellst

d) Welche hohe Idee! Wir sind nur Phänomene, flüchtige Schatten auf der Erde; nur in dem Gott ist unsre Beständheit, unser Daseyn, den Moses so oft einen Fels nennet.

e) In allen Seklen der Vergangenheit bist du, Herr, gewesen.

stellst unsre Missethaten vor dich hin,
unser Verborgnes kam ins Licht
vor deinem Blick;
drum haben abgenommen unsre Tage
durch deinen Urtheilsspruch; f)
wir schwätzen unsre Jahre hin,
wie ein Gespräch.

Des Menschenlebens Tage sind siebzig Jahr,
in seiner Stärke, achtzig Jahr
und all sein Umfang Müh und Schmerz,
schnell fährts vorüber; und wir sind hinweg. —

Wenn der Name Jehovah nichts als die erhabnen Expositionen im Jesaias vom 40. Kapitel an hervorgebracht hätte, müßte man nicht Moses Andenken und Religion segnen?

Es ist keine Eigenschaft, keine Vollkommenheit Gottes, die nicht in Psalmen und Propheten den simpelsten, kräftigsten Ausdruck fände, und meistens sind diese erhabnen Entwicklungen aus dem Namen Jehovah gezogen, der in der That der Grund der ganzen natürlichen Theologie ist. Nie kann ich ohne Rührung den Psalm jenes Bittenden lesen, g) der wegen hohen Alters die Erfüllung seiner Wünsche über Jerusalem und sein Volk nicht zu erleben glaubet. Er ersinkt mit-

ten

---

f) 1 Mos. 6, 3. oder der Schluß Gottes, daß alle Israeliten in der Wüste sterben sollten.
g) Psalm 102.

ten auf dem Wege der Verheissung; aber der Gott
der Verheissung bleibt ja, und ein anderes Geschlecht wird
sie erleben: denn Gott ist Jehovah!

> Meine Tage gehn wie ein Schatte nieder,
> wie ein Hälmlein Gras verdorre ich;
> aber du Jehovah, du regierest ewig,
> dein Name währet von Geschlechte zu Geschlecht.
> Drum für die spätste Nachwelt seys geschrieben!
> ein ungebohrnes Volk lobt einst den Herrn!
> Von seiner heilgen Höhe wird er schauen,
> Jehovah auf die Erd' aus seinen Himmeln sehn,
> und hören das Geächze des Gebundnen
> und machen den zum Tod' Verdammten frei.
> Zu Zion preis't man denn die Macht Jehovahs,
> sein Lob erschallt denn in Jerusalem;
> wenn sich da Völker werden rings versammeln
> und Königreiche zu Jehovahs Dienst.
> Zwar meine Kraft erliegt, eh ich dahin gelange
> und meine Tage kürzen sich.
> Und sprach' ich auch: mein Gott, nimm mich nicht weg
> in Mitte meines Lebens. —
> Doch deine Jahre gehn ja von Geschlechte zu Geschlecht.
> Du bists, der ehedem die Welt gegründet:
> Die Himmel selbst sind deiner Hände Werk.
> Auch sie vergehn, du aber bleibst!
> Sie alle werden alten wie ein Kleid,
> denn legst du sie ab, wie ein Kleid,
> alsdenn sind neue Himmel da.
> Du aber bist derselbe,
> und deine Jahre enden nie.

Auch

Auch deiner Knechte Kinder werden dauren
und ihr Geschlecht wird vor dir Herr gedeihn! —

So sind jederzeit die erhabensten Eigenschaften Gottes mit den rührendsten menschlichen Empfindungen verwebt. Die Allwissenheit, Allweisheit, Allgegenwart, die einzelne Vorsorge und Aufsicht Gottes sind in Propheten und Psalmen mit einer Innigkeit geschildert, daß man sich in sich selbst gleichsam vor dem Auge Gottes nicht zu verbergen weiß. h) — Wenn die Lehren des reinsten Deismus auf die kräftigste Art ausgedrückt werden sollen: so nehmen sie aus dem A. T. ihre Sprache.

Der das Auge gemacht hat, sollte der nicht sehen?
Der das Ohr gepflanzt hat, sollte der nicht hören?
Bedenkts doch, ihr Narren im Volk,
Wahnsinnige, wenn wollt ihr klüger werden?

Kann etwas treffenders auch zu unsrer Zeit gegen die Gattung von Philosophen gesagt werden, die, daß Absicht in der Natur sei, läugnen? Alles, was sie von dem todten Abstractum, Natur vorbringen, schrieben die Heiden ihren Götzen zu; und was die Propheten gegen diese sagen, gilt auch gegen iene. Je reinere Philosophie und Theologie irgend eine Dichtkunst der Erde enthält, desto mehr wird sie sich nicht nur in allgemei-

nen

---

h) Einige derselben sind im ersten Theil gegeben; andere werden folgen.

nen Sätzen, sondern auch oft in Ausdrücken der Poesie des A. T. nähern.

Mit der Sittenlehre ists fast ein gleiches; nur muß man diese nicht betrachten, wie sie vom Volk ausgeübt ward, sondern wie sie ausgeübt werden sollte. Auch muß man sie nicht in Stellen aufsuchen, wo der eingeschränkte politische Gesetzgeber oder gar Klugheitslehrer, sondern der reine Weise und Dichter sprechen. In positiven Anordnungen konnte Moses nur für seine Zeit, für sein Volk, nach der Fassung desselben reden; und es ist Thorheit, mehr von ihm zu fodern. War doch noch dies Gesetz zu geistig und gut für die Israeliten: denn sie konntens und mochtens nicht halten. Wo Moses aber als Weiser, als Lehrer des Volks spricht, insonderheit in seiner lezten Anrede: wie erhabnere Rede mengt er ein!

Vernimm o Israel!
Jehovah, dein Gott, Jehovah ist nur Einer!
und du sollt lieben Jehovah deinen Gott
mit deinem ganzen Herzen,
mit deiner ganzen Seele,
mit aller deiner Kraft! —
— Das Wort, das ich dir jezt gebot,
ist nicht ein Räthsel, das dir ferne läge;
ist nicht im Himmel, daß du etwa sagtest:
„wer will hinauf gen Himmel und es uns holen?
ist nicht jenseits des Meeres, daß du sagtest:
„wer

„wer will hinüberschiffen übers Meer?
und es uns bringen und es uns verständ'gen,
daß wir es etwa thun!„
Gar nah ist dir das Wort in deinem Mund und
Herzen,
daß du es könnest thun! —

David mag handeln wie er will: er mag auch in manchen Psalmen eigen- und ruhmsüchtig, grausam und menschenfeindlich scheinen; vor Jehovah darf er sich doch nie eines andern als guter Eigenschaften rühmen, einer geraden Redlichkeit und Offenheit des Herzens. Alle allgemeine Lehrpsalmen, von ihm, noch mehr von Assaph und einigen Anonymen sind voll der reinsten Lehren. Salomons Sprüche enthalten viel morgenländische Hofmoral: denn es sind eigentlich Klugheits- nicht abstrakte Tugendlehren. Indessen ist auch in ihnen so viel reines Gold, und alle Lebensweisheit gründen auch sie auf die Furcht Jehovahs. Die Propheten treten an Fülle und Lauterkeit den meisten Gnomologen der Griechen weit vor und das Buch Sirachs ist ein blühender Garte voll Zucht und Lehre, auch in Bildern, auch in Gleichnissen und Gemälden. Kurz, man kann vom Gesetz Moses sagen, was dies Buch sagt: „Weisheit „ist draus geflossen, wie Pison, wie Tigris, wie der „Euphrat und Nilstrom, wenn er übergehet und das „Land befeuchtet.„

Moses

Moses Gesetzgebung hatte die Idee, ein freyes Volk zu bilden, das keinem als dem Gesetz unterworfen wäre, und damit niemand ihnen die Freyheit nähme, ward Gott selbst Gesetzgeber, Gesetzbewahrer, König. Er wohnte unter seinem Volk, und das so mißbrauchte Wort „Tempel„ war eigentlich Haus des Gesetzbuchs, über dem Gott wachte. Das ganze Volk war ein Priesterlich Reich: jeder also dieses Königes und seines Gesetzes Diener: „du sollt mir ein priesterlich Königreich seyn!„ war das Principium, in welches Moses seine Gesetzgebung faßte. Wollen wir diese nicht Theokratie, so laßt sie uns Nomokratie nennen; nur für die Poesie, die daraus entsprang, nach der Wahrheit jener alten Zeit und Geschichte ist das Wort Theokratie viel ausdrückender und schöner. Alle bürgerliche und gottesdienstliche Poesie ward theokratisch: lasset uns sehen, was in der Gattung lag:

Zuerst: Stammesehre, gleiche Nationalrechte, Freiheit. Kein König lag eigentlich in der Gesetzgebung Moses; Gott und das Gesetz war König. Alle Stämme waren Ein Volk, Nachkommen der Väter, von denen sie zum Erbtheil ihren Gott und mit diesem Gott brüderliche, ja Priester-Rechte erhalten hatten, welches nach Aegyptischen Begriffen der höchste Stand war. Hiezu war die Beschneidung eingeführt, ein Unterschied, den in Aegypten nur der Priesterstand hatte;

hier

hier sollte er, (da er durch Römer und Heiden zum Schimpf geworden ist,) Nationalehre werden. Alle Stämme stunden unter ihren Fürsten, jede Familie unter ihrem Haupt: so hingen sie alle in brüderlichen Gliedern bis zu dem Gericht zusammen, das im Namen Jehovahs über alle richtete. Dreimal im Jahr an den hohen Nationalfesten war allgemeine Zusammenkunft des Volkes. Es kam nicht zusammen, sieben Tage Predigten oder Messe zu hören, sondern sich gemeinschaftlich zu freun und sich als Ein Gottesvolk zu fühlen; alle drei waren Freiheit- und Nationalfeste. Ostern erinnerte sie an den Tag, der sie zum freien Volk gemacht: Pfingsten an das Gesetz, das diese Freiheit bevestigt: das Laubhüttenfest an den Genuß derselben in den ersten Hütten der Unschuld und Familieneintracht. Alle Feste waren voll Opfermahlzeiten, voll Musik, Lieder und Tänze: das Volk Gottes sollte vor seinem unsichtbaren Herrn und dem Zelt seines Gesetzes ein fröliches Volk seyn. Durch diese Zusammenkünfte sollte der Nationalstolz d. i. die Freude in Jehovah, Brudereintracht unter den Stämmen, die alle nur Einen, einen unsichtbaren König, Ein Gesetz, Einen Tempel hatten, erweckt, und durch gemeinschaftliche Mahlzeiten und Lieder, der Ursprung des Volks, die Geschichte und das Andenken der Altväter erhalten werden. Wir denken uns meistens bei den Worten heilige Mahlzeiten,

ten, Tempel, Feste, Psalmen gar nichts, oder etwas
kaltes, trauriges und todtes, weil Wir keine Nationalfeste und Lieder öffentlicher Freude, keinen Tempel
des Väterruhms, kein Gesetz allgemeiner Nationalfreiheit haben; daher sehen wir auch die Psalmen, die von
diesem Geist beseelt sind, oft so traurig und schief an.
Kein Volk hat Nationalpoesie, das nicht allgemeine
Gegenstände des Stolzes und der Freude hat; ja wenn
es unter entgegen gesetzten Ideen erzogen, insonderheit
mit dem Wort „Gottesdienst, heilig,, widrige Begriffe
verbindet, mag es sich nicht einmal in andre Zeiten fühlen. Daher der traurige, mystische Ton der Psalmen-
ausleger, der, wenn man das Wort Psalm vergißt und
statt dessen Nationalgesang setzt, von selbst wegfällt.
Man denke an Bundeslieder der Freundschaft, an Volks-
gesänge, wenn Stände einer freien Nation zusammen
kommen, sich einander im Glück, in Freude und Tugend zu ermuntern, oder über National-Unglücksfälle
zu trösten: so wird ein großer Theil der Psalmen uns
schöner dünken.

Einige z. E. sind offenbar Anmunterungs- und
Freudengesänge, daß sie jetzt nach Jerusalem ziehn, sich
als Nation zu freuen:

> Kommet! lasset uns jauchzen dem Jehovah, i)
> Jubellieder singen dem Felsen unsres Glücks!

Treten

i) Ps. 95.

Treten vor sein Angesicht mit Danken,
Lieder jauchzen ihm!

Denn groß ist unser Gott Jehovah,
ein großer König über alle Götter!
In dessen Hand die Gänge der Erde sind,
die Höhn der Berge sind sein.
Sein ist das Meer, das Er erschuf;
das veste Land hat seine Hand gemacht.

Kommt, lasset uns anbeten, vor ihm uns beugen
und knieen vor Jehovah, der uns zum Volk gemacht.
Denn Er ist unser Gott, wir seines Landes Volk,
die Heerde, die er weidet mit Hirtenhand.
Heut, wenn ihr seine (des Hirten) Stimme hört;
verstocket nicht eur Herz, wie einst zu Meriba
zu Massa in der Wüste u. s. —

Sowohl die Anwendung der lezten Geschichte, als das Heut, das oft mit übler Anwendung gequält wird, nehmen ihr Leben aus solcher Stimme der National-Zusammenberufung und Ankündigung des Fests, von dem niemand zurückbleiben soll; und so wird jedes Wort voll beziehender Deutung. Ein gleiches ists mit dem 100sten und andern Psalmen. In andern wird die Freude derer ausgedrückt, die zu solchen Nationalversammlungen nach dem Tempel hinaufziehn, und hie und da die ganze Reise beschrieben: k)

Wie schön sind deine Zelte, Jehovah Zebaoth!
mein Herz verlangt und lechzt nach deinem Hofe,
Jehovah.

Mein

k) Ps. 84.

Mein Herz und Leib jauchzt auf, hin zum lebendgen Gott.
So wie der Vogel, der seine Wohnung fand,
die Schwalb' ihr Nest, wo sie die Jungen ließ;
so seh' ich deinen Altar an, Jehovah Zebaoth,
mein König und mein Gott.

Glückselige, die stets in deinem Pallast sind!
sie loben dich immerdar.
Glückselig auch, der auf dich fasset Muth,
und gern zu dir die gebahnte Strasse zieht. l)
Sie ziehn durchs Thal Bakah, das dürre Thal
und findens Wasserreich. m)
Auch Segen über den, der ihnen zieht voran. n)
Sie gehn und immer kräftger wird ihr Schritt, o)
bis sie den Gott der Götter in Zion sehn.

Jeho-

l) Offenbar die Heerstrasse nach Jerusalem, die sodenn
voller Reisenden war. „Die gebahnten Strassen sind
in ihrem Herzen,,, heißt nach einem bekannten Idiotismus: sie freun sich drauf, sie ziehn gern dahin.

m) Ich lese: הן ישתו von שתה trinken; wodurch auch
im Gegensatz des dürren הבכא ein schöner ungezwun-
gener Sinn wird. Sie vergessen den Durst, sie werden durch die Nähe Jerusalems erquickt: denn sie sehn
das Heiligthum, das Ende der Reise. Daß sie noch
wandern, zeigt der folgende 8. Vers.

n) Offenbar ist dieses der מורה, der Wegweiser, der
Karwanbaschi oder Ghafir, wie ihn die Pilgrimme
nach Mecca nennen.

o) Ob sie gleich ermattet sind und in den dürren Thälern
um Jerusalem lechzen.

Jehovah, Gott der Götter, Zebaoth!
erhöre mein Gebet!
erhör' es, Jakobs Gott!
Du unser Schutzgott schau, schau deinen Gesalbten an.

Ein Tag an deinem Hofe
ist frölicher als tausend sonst.
An meines Gottes Schwelle mag ich lieber stehn
als in den Zelten des Verschwenders wohnen. p)

Denn Gott Jehovah giebt uns Licht und Schutz,
Ansehn und Huld gewähret uns Jehovah,
kein Gutes weigert er dem Redlichen.
Glückselig ist, Jehovah Zebaoth!
Der Mensch, der dir vertraut. q)

Der erste sehr mißdeutete Theil dieses Gesanges kann nicht besser erläutert werden (absit invidia dicto!) als durch das Beispiel derer, die nach Mecca wallfahrten. Wie bei ihnen die Inbrunst zunimmt, je mehr sie in der Wüste sich dem heiligen Ort nähern; wie sie Entzückung überfallen soll, wenn sie die glänzenden Thürme der Kaaba sehen: so sehnend und immer gestärkter und freudiger geht hier der Zug nach Jerusalem

p) Das יהוה hat eine weite Bedeutung: Feind, Bösewicht, Unterdrücker, Räuber, Verschwender.

q) D. i. der dir hold und treu ist, wie unsre Gesetzbücher sagen. Es faßt dies Wort in den Psalmen die Pflichten des Unterthans gegen Gott, so wie die vorigen Verse die Wohlthaten des Schutzgotts preisen.

lem durch die verbrannten Thäler. Sie werden ihnen gleichsam ganz Quellbrunn, denn sie sehn in Baka schon das Antlitz Jehovahs. — Auch der zweite Theil des Psalms ist Wort für Wort aus den eigentlichen und wahren Umständen der Nationalanbetung zu Jerusalem; es sind keine gezwungne mystische Bilder. Wie hier zur Zeit Davids für den König gebetet wird: wird in andern Gesängen dem ganzen Lande Glück gewünscht, abermals im Ton einer Nationalversammlung:

> Ich freue mich drauf, sie sagen mir an: r)
> zum Hause Jehovahs werden wir ziehn.
> Mein Fuß stand schon in deinem Thor,
> Jerusalem!
> Jerusalem, du dichtgebaute Stadt!
> Wohnung an Wohnung ist in dir! s)
>
> Da, dahin ziehn die Stämme nun,
> die Stämme Jehovahs, zum Gedächtnißfest
> für Israel:
> zu preisen da Jehovahs Majestät.

Da

r) Pf. 122.

s) „Dich kann man doch eine Stadt nennen! Haus bei Haus stehet in dir!„ gerade, wie bei uns ein Landsmann, der nichts als zerstreute Flecken gesehen hat, bei der Hauptstadt reden würde:

> Vrbem, quam dicunt Romam, Meliboee, putaui
> Stultus ego huic nostrae similem etc.

Da stehn die hohen Richterstühle, da
die Stühle, die der König hat bestellt. t)
Wünscht Glück Jerusalem!
es gehe deinen Freunden wohl!
In deinen Mauren wohne Sicherheit,
in deinen prächtgen Häusern wohne Ruh!
Um meiner Brüder, meiner Freunde willen
wünsch' ich dir Segen zu!
Um unsers Gottes Tempels willen
segn' ich dir Gutes zu!

Der junge Landeinwohner, der Jerusalem Einmal gesehen hat, und es gern wieder sehen will, kann nicht naiver davon reden, als dies Lied redet. Andre Gesänge glückwünschen allgemein: andre preisen Eintracht der Familien und Stämme: andre die Herrlichkeit der Priester und die Pracht des Gottesdienstes. In elenden Zeiten tönen die Lieder flehend und weinend; in glücklichen fröhlich; kurz diese Nationalversammlungen haben den Theil der Psalmen hervorgebracht, in dem wahrer Allgemeingeist herrschet. Alle die anfangen: „der Herr ist König!„ sind von dieser Art: die meisten anonymischen Dank - und Hallelujahpsalmen gleichfalls: einige der Familie Korah, einige von Assaph: und der rührendste Psalm Davids: „Wie der Hirsch schreiet!„

t) Und die, wie wir wissen, zum Theil mit des Königs Familie besetzt waren. 2 Sam. 8, 18.

schreiet!„ ist auch ein Sehnen nach dem Tempel Gottes, offenbar zur Zeit solcher Nationalfeste. Es ist Nerve des Psalms, daß er eben jezt nicht mitseyn könne —

> in der Stimme des Jubels und Freudengesangs,
> im Haufen derer, die tanzen zu Gottes Pallast. —

Moses richtete diese Nationalversammlungen ein; er ist also auch dieser Lieder Vater.

Zweitens. Der Gott Israels war ohne Bild. Im heiligsten Ort seines Gezelts lag das Gesetzbuch in einer Lade und die Symbole des Wunderbaren und Heiligen, die Cherubim, standen darauf. Der Raum zwischen ihnen ward als die Wohnung Jehovahs angesehen und es heißt so oft: „Jehovah, der über den Cherubim wohnet.„ Also hatte Gott für sich keinen Thron im Tempel: das Gesetzbuch war sein Thron; er war der Bewahrer und Ausrichter desselben: er bedeckte es mit der Macht seines Ansehens. —— Die schönste Vorstellung, die einen Nationalgottesdienst mit der Constitution des Volks Eins machen, und das Gesetz selbst nur als Bund, als Vertrag, als eine Capitulation Gottes mit der Nation heiligen sollte. Nun konnte ihre Poesie keine Götzenbilder schaffen, so wenig sie der Tempel und das Gesetz litt; desto mehr aber konnte sie den Gott des Volks in seinen Landes-Gesetzen

setzen preisen. Und das that sie. So viele Nationalgesänge singen den König, um den es dunkel ist (so
wars im Allerheiligsten) der aber auf Gerechtigkeit und
Gericht seinen Thron gebauet hat. Sie muntern alle
Obrigkeiten des Landes an, in Gottes Namen zu richten: denn nur durch Gesetze sei Gott in seinem Volk ge-
genwärtig und wirkend; u)

  Jehovah regiert! es beben vor ihm die Völker!
 Er thront auf Cherubim; es zittre die Welt!
 In Zion ist der große Jehovah!
 Der Erhabne aller Völker, Er!

  Die Macht des Königs ist, daß er Gesetze liebt;
 Du hast Gesetz und Recht und Ordnungen
 in Jakob vestgestellt.
 Erhebt Jehovah unsern Gott!
 und bückt euch tief, wo seine Füße ruhn,
 vorm Heiligthum.

  Moses und Ahron unter seinen Priestern
 und Samuel in der Anbeter Schaar: x)
 Sie rufften den Jehovah an:
 er hörte sie.
 Er sprach zu ihnen aus der Wolk hinaus,
 und sie bewahrten was er ihnen sprach.

Gesetze

u) Psalm 97.
x) Der kein Priester war. Offenbar ist hier die Abtheilung nach dem sinnlichen Anblick des Tempeldienstes:
 Priester und Layen, Dienende und Anbeter.

Gesetze und Verfassung, die er gab. y)
Jehovah, unser Gott, du hörteſt ſie,
warſt ihnen mild' und rächeteſt ihr Werk. z)

Erhebt Jehovah unſern Gott,
und werft euch nieder vor dem heilgen Berge,
wo unſer Gott, der Hocherhabne thront.

Wie matt werden alle dieſe Dinge, wenn man ſie aus
ihrer urſprünglichen Verfaſſung reißt! wie treffend ſind
die Lobſprüche, wenn man ſie als den Jubel eines
freien, nur nach beſtimmten Geſetzen Gottes zu regierenden Volks betrachtet.

Gott ſteht in der Verſammlung ſeines Volks; a)
in Mitte der Erdengötter hält Er Gericht.
Wie lange richtet unrecht ihr?
und ſehet die Perſon der Unterdrücker an?
Schafft Recht dem Armen und dem Waiſen,
dem Unterdrückten, auch dem Bettler Recht!
Errettet den Entkräfteten, den Armen,
errettet aus der Hand der Böſewichter ihn. —

Sie

y) Von lauter Nationalgeſetzen und Landesconſtitutionen
iſt hier die Rede; Triumph darüber iſt des Liedes
Geiſt und Nerv.

z) Du ſtandeſt ihnen bei, ſchüzteſt ihre Einrichtungen,
halfſt ihnen gegen Feinde durch u. f.

a) Pſ. 82. Gott ſaß Gericht im Mittelpunkt des Landes,
dem Allerheiligſten, wo ihn in zweifelhaften Fällen
der erſte Richter befragte: er ſaß auch in allen Colle-
gien

131

 Sie wissen, sie verstehens nicht!
in ihrem dunkeln Sinne gehn sie hin;
Drum wanken auch die Vesten unsres Landes.

 Ich nannte Götter euch!
des Hocherhabnen Söhn' Euch allesammt;
allein wie schwache Menschen müßt' ihr sterben
und allesammt wie Einer zu Grunde gehn. b)
Erhebe dich Gott und richte das Land:
denn alle Stämme sind dein Erbreich ja.

So dorfte der patriotische Gesang die Tyrannen schelten und ihnen plötzlich in ihren Divan den König stellen, in dessen Namen sie allein Richter und Fürsten seines Volks waren. Der Dichter erinnerte sie nur an die positive Constitution ihres Landes. Feuriger schilt der 94. Psalm, eben dieses Inhalts. Alle Gesänge, die Gott als König besingen, (politische Lobgesänge über die Grundverfassung Judäns) sind so stolz auf diese, daß sie Meer und Erde, Nationen und Völker aufruffen, es einzugestehen, daß ihr Gott allein ein rechtmäßi-

gien des Landes, die nur in seinem Namen gehalten wurden. Nur Gott war König und Richter: auch da Könige waren, konnten und sollten sie nur als Statthalter Gottes angesehen werden, über die die Landesverfassung das Gesetz war.

b) Der 7. Vers ist dem 6ten in beiden Gliedern entgegen gesetzt. Stellt man sie recht gegen einander: Götter und Menschen, allesammt und Einer; so ist die Dunkelheit verschwunden.

mäßiger billiger König sei, daß Judah allein solche
Verfassungen habe, die ewig, wie Gott, stark und unüberwindlich wie die Natur sind: denn beide seyn das
Werk Eines Gottes. Es ist die Art mehrerer Psalmen, Wunder Gottes im Reich der Natur und Verfassungen unter ihnen, die sie auch als Wunder darstellen, zu paaren und wie es scheinen möchte, durch einander zu werfen. Wahrscheinlich haben die Chöre in
diesen Enumerationen abgewechselt; sie machen aber
auch den Gang des Liedes, das das Große und Kleine
wie Eins betrachtet, stolz und prächtig.

1. 2. Lobet Jehovah!
 1. Denn es ist schön, zu singen unserm Gott!
 2. Denn es tönt lieblich ein wohlklingend Lob!

 1. Jehovah baut Jerusalem, c).
  und sammlet die Zerstreuten Israels,
  Er heilt die Herz-Verwundeten,
  verbindet ihren Schmerz.

 2. Er zählt die Zahl der Sterne,
  und nennet alle bei Namen sie.
  Groß und sehr stark ist unser Herr;
  seines Verstandes ist gar keine Zahl.

1. Dem

---

c) Ich schliesse bei der Vertheilung dieses Gesanges nicht
aus, daß die zwei Glieder des Parallelismus auch von
verschiednen Chören gesungen sind; der Zahlen wären
aber zu viel geworden, und ich wollte nur die Haupt-
ökonomie des Gesanges bemerken.

1. Dem Unterdrückten hilft Jehovah auf!
2. Und beugt den Unterdrücker tief hinab.
1. Singt dem Jehovah, singt im Wechselchor.
2. Und auf der Harfe spielet ihm darein.

1. Er, der den Himmel mit Gewölken deckt,
   der Erde Regen giebt,
   die Berge sprossen machet zartes Gras,
   den Thieren Speise giebt,
   den jungen Raben, wenn sie schreyn. —

2. Nicht an dem starken Roß ist seine Lust;
   nicht an dem schnellen Läufer seine Zier.
   Jehovah liebet den, der ihn verehrt,
   und seiner Güte traut.

1. 2. Lobe, Jerusalem, den Jehovah,
   lobe, Zion, deinen Gott!
   denn er bevestigt deiner Thore Riegel,
   und segnet in dir dein Geschlecht.
   Den Frieden setzt er dir zur Grenze
   und sättigt mit dem Mark des Weizens dich.

1. Er spricht zur Erde aus sein Wort,
   schnell läuft das Wort;
   da fällt, wie Wolle der Schnee:
   er streut, wie Asche den Reif:
   in grossen Schlossen wirft er Eis herab;
   und wer kann stehn vor seinem Frost?

2. Er spricht sein Wort aus und da schmelzen sie,
   sein Athem haucht, die Wasser rinnen wieder.

1. 2. Jakobs Geschlecht hat er sein Wort vertraut,
seine Gericht' und Sprüche Israel!
So that er keinem andern Volk,
Die Einrichtungen wußte keins.
Lobet Jehovah! —

So entfernt ich von allem Gezier dramatischer Aufzüge in den Psalmen bin; so dünkt mich hier die Abwechslung ziemlich offenbar, wenn man sie auch anders vertheilen wollte. Die kühne Vermischung der Natur- und Staatswunder ist Seele des Liedes.

Drittens. Jehovah, der nur durch Gesetze herrschte, hatte Diener, die in jeder guten Einrichtung die Seele seines Reichs seyn sollten: Erklärer und Aufbewahrer der Landesconstitution, selbst die obersten Vollstrecker derselben, denn sie waren das höchste Gericht im Lande. Außerdem Berechner der Zeit, Bewahrer des rechten Gewichts und Maaßes im Handel und Wandel, Urtheiler über ansteckende Krankheiten, Aerzte. Sie fertigten Contracte des Eigenthums aus, ordneten die Feste, nach denen alles geordnet ward, riefen das Volk zu Nationalversammlungen, und zogen mit dem Heiligthum der Nation in den Krieg, dem Heer Muth zu machen durch Lieder, Trommeten und die Gegenwart ihres Gottes. Der erste Diener Gottes, der Hohepriester, war der Gerechtigkeit erster Diener. Sein Brustschmuck hieß der Schmuck des Gerichts, wie bei

den

den Aegyptern der oberſte Prieſter und Richter das Bild der Gerechtigkeit vor ſich trug. Dieſer trug kein Bild, aber die Namen der zwölf Stämme ſeiner Brüder, auf Edelgeſteine gegraben, ſollten auf ſeinem Herzen ruhn, und mit ihnen Licht und Recht, d. i. d) das vollkom‍menſte Licht, der entſcheidendſte Ausſpruch in ſeiner Bruſt wohnen.

J 4 . In

d) Daß Urim und Thummim das völligſte wahreſte Licht bedeute, leidet keinen Zweifel; und eben ſo wenig dörf‍te es Zweifel leiden, daß der Ausdruck: „du ſollt den Gerichtsſchmuck zum Urim und Thummim machen, („ſetzen, geben,„) im Ebräiſchen nichts anders bedeute, als: „du ſollt es zum Kleinod und Inſigne des höch‍ſten, wahreſten Richterſpruchs ſetzen, bei dem keine Ausflucht, kein Zweifel mehr gelte. — Ich entſcheide nicht, wie das Orakel Gottes im Allerheiligſten dem Hoheprieſter geantwortet habe? Ob durch eine vernehm‍liche Stimme, wie dem Moſes oder durch eine innre Lenkung ſeiner Gedanken, daß wenn er mit ſeiner Frage dieſen unzugangbaren heiligen Ort betrat, er ſich wie von der Gottheit ergriffen und mit der Wahrheit begei‍ſtert fühlte; gnug aber der Hoheprieſter antwortete im Namen Gottes und Gott durchs Urim und Thummim fragen, heißt nichts anders als ihn durch die Perſon fragen, die das Urim und Thummim trug, die ihn alſo eben dieſes Kleinods wegen zu fragen berechtigt war, alſo legitimo modo, durch den oberſten Richter. Siehe die deutliche Stelle 4 Moſ. 27. V. 21. Seinem Aus‍ſpruch wurde alſo als einem Orakelſpruch getraut, und man findet ſpäterhin auch von menſchlichen Rathſchlä‍gen den Ausdruck: „wenn man ihn etwas fragte, wars
als

In der Poesie der Ebräer werden die Bilder der edelsten Würde vom Schmuck des Priesters, insonderheit des obersten Priesters genommen, weil dieser der Erste der Nation und ein geweiheter Fürst vor Gott war: daher auch alle kostbare Pracht der damaligen Zeit und Gegend an ihn verwandt wurde. In Gerechtigkeit und Heil wurden die Priester gekleidet: e) d. i. weil

„als ob man Gott gefragt hätte.„ Kurz Urim und Thummim war Weisheit und Wahrheit, wie eines Orakels Gottes, die klärste und vestestẽ Entscheidung. Diese sollte Moses zum Gerichtsschmuck thun d. i. das prächtige Kleinod hiezu anordnen, einweihen und es eben dazu also gestalten. Es hatte hiemit eben die Bewandniß, wie mit dem Kopfschmuck des Hohepriesters und der Inschrift seiner Stirn: „Heiligkeit dem Jehovah!„ Dies bezeichnete seine Königswürde, da er Gottes Stelle vertrat; jenes sein Amt und seine Pflichten, als oberster Richter das gesammte Volk auf seinem Herzen zu tragen, sie vor Gott in gute Erinnerung zu bringen, und gleichsam Mittelsperson zu seyn zwischen Gott und dem Volke. Dies war er eben durch sein Amt, durch seine Fragen an Gott in streitigen Fällen, und durch Entscheidung nach der Stimme Gottes in dessen Namen. So lange Moses lebte, fragte Er den Jehovah; als Moses nicht mehr war, wer sollte ihn fragen, als der oberste Richter? Er thats vermöge seines Amts, daher er auch ohne diesen Gerichtsschmuck nie vor Jehovah erscheinen dorfte. Weiter war Urim und Thummim erweislich nichts, und zwei Würfel konnten es nicht seyn, weil oft solch eine bestimmte, umständliche Antwort gegeben wurde, als Würfel nie geben konnten,

e) Pf. 132, 9. 16.

weil sie Richter und heilige Personen, Bewahrer und
Ausüber der Einrichtung des Landes waren, auf der die
Glückseligkeit der Nation beruhete: so war ihr Amts-
schmuck auch das Symbol beider, der Gerechtigkeit
und allgemeinen Ordnung, des Wohlstandes der Nation und der Freude Jehovahs an derselben. Aus dieser
Idee entspringen Bilder in Mose, den Propheten und
Psalmen, die uns fremd und Spöttern gar lächerlich
vorkommen, weil wir nichts von solchen heiligen Symbolen, die ein Gegenstand der Hochachtung des ganzen
Volks wären, mehr haben oder fühlen. Unsre Priester sind mit Verachtung bekleidet: ihr Schmuck ist der
Sack der Armuth. Das Wort „öffentliche Religion,,
ist in vielen Ländern so verächtlich, daß, wo wir auch
aus ganz andern Verfassungen und Zeiten nur das Wort
„Priester,, lesen, auch das edelste Bild uns widrig und
klein vorkommt. Dort konnte der Verfall des Landes
dem Volk nicht rührender und sinnlicher gemacht werden, als wenn es hieß: „Das Heiligthum ist entwei-
„het: die Krone der Herrlichkeit Gottes ist von des ober-
„sten Priesters Haupt gefallen: die Priester gehn in
„Säcken und trauren.,, Ihre Entweihung war die
Entweihung der Nation: ihre Zier das Sinnbild allgemeiner Ordnung und Freude.

Ich freue mich hoher Freuden in Jehovah, f)
mein Herz ist frölich über meinem Gott!

f) Jes. 61, 10. 11.

>In Glückskleider kleidet er mich wieder,
>den Fürstenmantel leget er mir um!
>Wie ein Bräutgam steh ich da in Priesterpracht gekleidet,
>wie eine Braut in ihrem Hochzeitschmuck:
>Denn wie die Erde sprosset ihr Gewächs,
>so wie der Garte aufsproßt seine Saat;
>so läßt Jehovah uns Gerechtigkeit aufsprießen,
>und Volksruhm vor aller Welt.

Solche waren bei dieser Nation des Heiligthums Bilder: Die Einigkeit der Familien konnte nicht schöner vorgestellt werden, als durch den Wohlgeruch der reinsten, überfließendsten Salbe auf des Hohepriesters Haupt. g) Wie dieser, der schönste Geruch dem Jehovah, eine sonst ungenossene Anmuth ringsum verbreitete (denn keine Privatperson dorfte diese heilige Salbe bereiten oder sie gebrauchen:) so duftet Einigkeit der Brüder Anmuth und Wohlgeruch im reichsten Maas vor Jehovah und Menschen umher. — Fürsten und Priester waren von den ältesten Zeiten durch den Begrif verbunden, daß sie beide die Stelle Gottes vertreten, und in diesen Sprachen waren sie dem Ursprunge des Worts nach, als Diener, die sich der Gottheit nahen dörfen, Synonyme. In den Familienregierungen der ersten Welt war der Hausvater Fürst und Priester seines Hauses, Melchisedek König der Gerechtigkeit und Priester Gottes des Allerhöchsten. Der Psalm, der

die

g) Pf. 133.

die Königliche Würde aufs höchste mahlet, der seinen Herrn neben Jehovah, ihm zur Rechten thronen läßt, erhöhet ihn nur durch den Begrif des Priesterthums zu dieser Würde: h)

> Jehovah schwur dir heilgen Schwur:
> ein Priesterfürst bist du auf ewge Zeiten hin,
> ich ordne dich mir zum Melchisedek.

In den spätern Zeiten der Ebräischen Poesie wurden gar Priester und Engel verbunden. i) Da jene Boten Jehovahs, d. i. Ausrichter seiner Landesgesetze waren: da sie den Vorzug hatten, sich dem Thron Gottes nahen zu dörfen, und in seinem Palast vor ihm zu dienen: so ging natürlich, sobald der Himmel Gottes Gezelt und Tempel wurde, auch das Bild der Priester dahin über. Schon bei Jesaia sind die Seraphim Fürsten und Priester, d. i. eines im Tempel thronenden Königs Diener. k) In Ezechiels Gesicht ist der Engel, der die Rechtschaffenen zur Schonung bezeichnet, ein Priester: l) so wie auch die herrliche Gestalt bei Daniel, die ihm die Gesichte deutet. m) In diesen Zeiten wurden alle Bilder der Reinigkeit, Würde und Zierde jener alten Zeiten vergeistigt und auf diese Himmelsfürsten verwandt;

h) Pf. 110.
i) Malach. 2, 7. Kap. 3, 1.
k) Jef. 6, 2.
l) Ezech. 9, 3.
m) Dan. 10, 5.

wandt; in welchen Gestalten auch die Engel des N. T. erscheinen. In der Offenbarung Johannes sind Engel und himmlische Priester Eins: in ihr und im Briefe an die Ebräer ist Christus, wenn seine höchste königliche Würde angezeigt werden soll, der himmlische Hohepriester.

Viertens. Vor die Fürsten Orients dorfte niemand ohne Geschenke kommen; diese Sitte wandte Moses an, theils um den Gebrauch der alten Patriarchen-Opfer in seinen Staat einzuflechten und den Sinn des Volks ganz abzulenken von Aegypten: theils andre Zwecke zu erreichen, die bald sollen gemeldet werden. Bei den Aegyptern wurden lebendige Thiere nur dem bösen Gott, Typhon, geopfert, und dazu schädliche, häßliche und unglückliche gewählt; die guten Götter bekamen leblose und meistens Rauchgeschenke. Da Moses, der eifrigste Feind der Sklaverei, unaustilgbare Freiheit zum Grundgesetz seines Volks machte: so weihete er seine ganze Nation, vorzüglich die Erstgeburt, die in der lezten Aegyptischen Plage verschont war, als Eigenthum dem Jehovah. Da ließ Gott nun von seinem Rechte nach: er schenkte dem Vater seinen Sohn und nahm von ihm statt dessen ein Thier zum Geschenk an; nothwendig ein reines Thier, weil dem heiligen Gott sich nichts unreines nahen, vielweniger ihm zum Geschenk dargebracht werden dorfte. So auch

mit

mit den Früchten des Landes, das Gott zugehörte, und davon er sich die Erstlinge als ein Dankgeschenk und als ein Zeichen der Lehnbarkeit ausbung. Erstlinge und die ganzen Opfer waren also die ersten eigentliche Opfer der Lehns-Pflicht und Gerechtigkeit; wie der Psalm singet:

> Thu' wohl an Zion, wie du es gerne thust:
> denn werden dir gefallen die Opfer der Pflicht,
> die Opfer, die im Rauche zu dir steigen,
> die jungen Stiere auf deinem Altar.

Die Sünden- und Schuldopfer hatten einen eben so guten Zweck; sie brachten auch verborgne Sünden, die das Gesetz nicht bestrafen konnte, selbst Unterlassungsfehler vor Jehovah d. i. vor seine Richter, und waren also besser als Ohrenbeicht, als Policeiwärter und geheime grausame Fehmgerichte. Hier trat man als Mann vor Gott, das Geschenk der Entsündigung in seiner Hand; nicht als ein erzählendes büßendes Weib. Man brachte seine Strafe selbst dar, die das Gesetz bestimmt hatte, und dorfte sie nicht von der Willkühr des Priesters erwarten; auch gebot die Unbequemlichkeit dieser Darbringung, die vor dem Heiligthum allein geschehen konnte, selbst Vorsicht. — Die beste Anwendung, die die Poesie also von diesen Darbringungen machte, war geistig:

Erbarme

Erbarme dich mein, Barmherziger!
Du Vielbarmherziger, vertilge meine Schuld!
Denn sieh, ein sündger Mensch bin ich,
sündhaft die Mutter, welche mich empfing:
Du aber liebst die innere Wahrheit nur, o)
du lehrtest mich des Gesetzes verborgnen Sinn:
Du mußt mich priesterlich entsündigen, p)
so bin ich rein;
wenn Du mich wäschest, bin ich weiß wie Schnee.
Sieh also nicht auf meine Missethat,
all meine Uebertretung tilge aus;
ein reines Herz schaff' in mir, Gott!
Rechtschaffenheit erneue du in mir! — —
Ich will auch Sünder lehren deinen Sinn,
Verirrte sollen wenden sich zu dir.
Errettest du mich Gott von meiner blutgen Schuld,
so will ich laut von deinen Pflichten singen.
Denn Opfer willst du nicht; ich gäbe sie!
Brandopfer nimmst du nicht. q)
Die Opfer Gottes sind ein reuig Herz,
demüthig und zerschlagnen Geist
verschmähst du nicht. — —

Und

o) „Das Außenwerk bei Opfern ist nicht dein Zweck: sie haben einen geistigen Sinn, den der Pöbel nicht weiß, den du mich aber gelehrt hast."

p) Dies ist also der geheime Sinn der Opfer nach Davids Lehre. Gott muß den Menschen entsündigen und die Entsündigung des Priesters soll ihm das nur vorbilden.

q) Für Mord und Ehebruch nehmlich konnten keine Opfer gebracht werden.

Und in einem andern Gebet, da er für Wohlthaten danket:

> Jehovah, viel haſt du an uns gethan!
> Deiner Wundergedanken über uns iſt keine Zahl!
> Doch will ich ſie verkünden und ausſprechen,
> wiewohl ſie nicht zu zählen ſind.
>
> Die Opfergabe magſt du nicht;
> mir ſagteſt du es insgeheim ins Ohr: r)
> Brand- und Sündopfer willt du nicht.
>
> Da ſprach ich: ſieh, ich komme gern! rr)
> Das iſt für mich ja im Geſetz geſchrieben;
> das, was du willt, mein Gott, das will auch ich:
> was du von mir begehrſt, wallt ſchon in meiner Bruſt.
>
> Verkündgen will ich was dein Wille ſei,
> vor allem Volk.

Nicht

---

r) Der Ausdruck: „Du öfneteſt mir das Ohr,„ bedeutet offenbar nichts anders, als was die Folge klar ſagt: „Du lieſſeſt mich deinen Willen, deine eigentliche Abſicht bei allen Opfergaben leiſe vernehmen: Du ſagteſt mir ins Ohr, was der Pöbel nicht weiß, den Sinn deines geſchriebenen alten Geſetzes und unſrer darinn gefoderten Pflichten.„

rr) D. i. „Der geheimen Stimme bin ich als Knecht „gern gehorſam. Wenn das der geheime und eigent-„liche Sinn des Geſetzes iſt, ſo wohnt er auch in mei-„ner Bruſt. Eben das iſts, was mein Herz als Pflicht verlanget und gerne thut.„ Vergl. 5 Moſ. 30, 11. 12.

Nicht wehren will ich meinen Lippen!
Jehovah, das weißest du! —

Ein öffentliches Bekänntniß, öffentliche Reue- und Danklieder sezt David hier an die Stelle der Opfer und rühmt beidemal, daß er damit den geheimen eigentlichen Sinn des Gesetzes vollstrecke. Die Propheten sind solcher Aussprüche voll: wir haben keine Opfergesänge in der Schrift, wie die Heiden sie hatten; die Gesänge, die von den Opfern handeln, sind alle moralisch und geistig.

So auch bei den ältesten und schönsten, den unblutigen Dank- und Weihrauchopfern. Wir haben Einen Gesang über sie, dessen sich die aufgeklärteste Zeit nicht schämen darf: es ist

Der funfzigste Psalm, Assaphs:

Der Gott der Götter, Jehovah, spricht;
und ruft die Erd' herbei
von Sonnen-Aufgang bis zum Untergang.

Vom Zion, der Landeskrone, glänzt Gott auf! s)
Es kommet unser Gott und schweiget nicht,

verzeh-

s) Wie jedesmal von den Bergen, die Wohnungen der Götter waren. Jezt nicht mehr von Sinai, Seir; sondern von Zion, der glänzenden Krone, dem Hauptschmuck des ganzen Landes, weil Gott darauf wohnte.

verzehrend Feuer gehet vor ihm her,
um ihn ist mächtger Sturm.

Er ruft den Himmeln oben und der Erd', t)
zu richten itzt sein Volk.
„Versammlet; spricht er, meine Treuen mir,
„die über Opfern meinen Bund beschwuren.„
Und alle Himmel ruffen ihn als Richter,
Jehovah als gerechten Richter, aus:

„Hör' an, mein Volk, spricht er, ich rede,
ich zeuge gegen dich! ich selbst dein Gott! —
Nicht zeih' ich über deine Opfer dich, u)
über den Rauch, der immer zu mir steigt;
Doch sind es nicht die Stiere, die ich mag,
die Böcke, die du mir aus deinen Heerden giebst:
Denn alles Waldes-Thier ist mein,
die Thiere auf den tausend Bergen dort!
Auch jeden Vogel kenn' ich unterm Himmel, x)
das stolze Wild ist mein.
Hungerte mich; ich dörfte dirs nicht sagen,
denn mein ist ja die volle Welt.

Und

t) Vor Himmel und Erde hatte Israel seinen Bund beschworen (5 Mos. 31, 28.) sie müssen also auch jetzt Zeugen werden, wie Israel den Bund verstanden und gehalten? Erhaben aber nimmt der Allwissende (V. 7.) in ihrem Namen das Wort: der Richter wird selbst Zeuge.

u) D. i. Der äußern Opfer wegen setze ich dich nicht zur Rede; die bringst du mir gnug dar.

x) Nach einigen Uebersetzungen und codicibus.

II. Th.   K

Und meinest du denn, daß ich Stierfleisch esse?
und trink' der Böcke Blut?
Dank opfre Gott!
Was du gelobt hast, bring' dem Höchsten bar.
Ruf mich an in der Zeit der Angst,
und wenn ich dich errette, ehre mich! —

Wer Dank mir opfert, ehret mich:
Er geht den Weg, da ich ihm zeigen kann
der Gottregierung Glück. y)

Es wäre zu weitläuftig, mehrere Stücke der Mosaischen Gesetzgebung zu durchgehen und auch in einzelnen Ausdrücken zu zeigen, wie sie die Sprache der Poesie in Propheten und Psalmen gebildet; es sey gnug, hier noch einige Samenkörner hinzuwerfen, da zu einer Ernte einzelner Bemerkungen nicht Raum ist:

1. Im Israelitischen Staat war alles ursprünglich ans Heiligthum gebunden, auch körperliche Krankheiten, so wie Verfall in Sitten, Laster. Also nicht nur, daß jene sehr natürlich Bilder von diesen wurden; sondern daß auch von diesen die Propheten und Dichter in der Sprache des Heiligthums sprachen, d. i. frei, offen

---

y) Das Glück der Theokratie. Im ganzen Psalm spricht Gott als theokratischer Richter, als Rächer seiner Landesconstitution und Ordnung.

fen und ungeziert. Sie regelten sich nicht nach den Gesetzen unsres Wohlstandes, von denen sie nichts wußten; sie sprachen, wie das Gesetz Moses sprach, wie der Vater des Volks dachte. Dem Arzt sind Ausdrücke erlaubt, die ein feiner Bube, nicht eben aus Sittlichkeit, umschreibet; und ein Arzt, der als Priester urtheilet, darf sich nicht nach der Mode eines fremden, späten Jahrtausends richten. Große Thorheit ists also, dies ganze Fach der Sprache und Bilder der Ebräer nach den Willkührlichkeiten unsrer Sitten zu beurtheilen und für einem Psalm, der böse Sünden im Bilde des bösen Aussatzes mahlt oder für Kapiteln eines Propheten, der die verderbten Sitten seiner Zeit mit Wahrheit und Energie schildert, zurück zu schaudern. — Auch hierinn indessen richtet sich die Poesie nach Zeiten und dem Character des Dichters. Am Hofe Salomo's ward nicht gehört, was Ezechiel, der Sohn eines Priesters, der sich am Gesetzbuch Moses, an seinem Tempel und alten Sitten müde studiert hatte und der in allem ausführliche Expositionen liebet, zu sagen wagte. Daß solche Dinge im Morgenlande genannt wurden, hatte den Zweck, eben durch die Schande der Exposition Grauen und Eckel zu erwecken: denn es ist bekannt, daß jene Nationen in allen diesen Punkten eckler als wir sind. Im Jüdischen Gesetz wurden Unreinigkeiten schwer untersagt, die bey uns im Schwange gehen; und ein Araber erröthete oft, worüber ihn ein Europäer fragen sollte.

2. Im Heiligthum hatte jedes kleine Geräth, jedes Stück der Wand oder des Gezelts seinen Namen; und da alle diese Dinge, als ein Riß Gottes auf Sinai betrachtet, und im Gesetzbuch so ausführlich beschrieben, auf die Nachwelt kamen, so konnte es nicht fehlen, daß diese Nachwelt nicht darüber sann und dichtete. Indessen ists eben so gewiß, daß die schönsten Zeiten der Ebräischen Dichtkunst von allen den Fabeln nichts wissen, die der späte Allegoriengeist aussann. Was David vom geheimen Sinn des Gesetzes singt, ist ganz in Mose enthalten, und die Entwicklungen der Propheten bleiben immer dem Ganzen der Institution treu, ohne jeden Nagel des Gerüsts zu theilen. Nach der Gefangenschaft, als der zweite Tempel gebaut werden sollte, fingen einzelne Expositionen an; aber noch mit sparsamer Weisheit, wie Haggai und Zacharias zeigen. Aus Aegypten zuerst verbreitete sich der Deutungsgeist in gar spätern Zeiten. —

Damit sage ich nicht, daß Moses Bau und Gottesdienst auch in kleinen Stücken nicht Bedeutungsvoll gewesen; er wars, nur im Umfange seiner Gesetzgebung und im Verhältniß einzelner Stücke zum Ganzen. Moses war aus Aegypten, und wir wissen, wie

Aegypten

Aegypten die Hieroglyphe auch in heiligen Gebäuden, im Gottesdienst liebte. Von Einigen erklärt er selbst die Bedeutung z) und bringt uns dadurch auf den Weg; wie aber muß man aus Moses Zeit, aus seinem Gesichtskreise weichen, oder man kehrt das unterste zu oberst. —— Einiges hievon wird bei Veranlassungen der Propheten vorkommen: einiges ist in nachstehendem Gedicht angedeutet; den Umriß des Ganzen zu zeigen gehöret nicht hieher.

3. Der Zweck der Gesetzgebung Moses war weder Opfern, noch Sünde-vergeben; sondern Glückseligkeit seines Staats, politische Wohlfarth des Volkes Jehovah. Die erleuchtetsten Propheten, insonderheit Samuel und Jesaias, gingen auf dieser Bahn fort; und keiner ist, dem dies nicht Hauptgesichtspunkt seiner Reden und Aussichten wäre. Wenn daher weit spätere Zeiten einzelne Sprüche, einzelne Gebräuche herausgerissen und mehr Werth darauf gelegt haben, als Moses oder seine Nachfolger im Zusammenhange mit andern darauf legen konnten; wenn über einen sogenannten Bußpsalm, über einen Bock, der in die

K 3   Wäste

---

z) So redet Moses vom Beschneiden der Herzen, daß der Priester, wenn er ins Heiligthum gehe, die Sünden des Volks trage u. f. Das lezte Symbol hat wahrscheinlich zum schönen 53ten Kapitel Jesaias Anlaß gegeben, wie der 11te Vers zeiget.

Wüste gesandt ward, Systeme ersonnen wurden, an die weder David noch Moses dachten: so ist das ein gewöhnliches Schicksal der rollenden Zeit, die nicht anders fort kann, als daß sie das Unterste zum Obersten kehret. Man denke daran, daß die spätere Zeit eine Anzahl verschiedner Bücher hatte, deren verschiedne Ideen sie nicht nur vermischte, sondern deren Sprache sie auch zur Hülle eigner Ideen brauchte. Da kam es nun darauf an, welche Menschen sie brauchten? auf welche Ideen sie geriethen? welche bei ihnen vorzüglich Gunst fanden? endlich welches Ansehen sie selbst bei der Nachwelt hatten und welche Form der Einkleidung dieser am besten gefiel? Jezt wars die dichterische; jezt die philosophische; am besten aber, man lasse jeds ihrer Zeit und ihrem Erfinder und gehe zur ursprünglichen Form des alten Aegypter-Israeliten, Moses.

4. Wenn Ein Institut zu Aufbewahrung der Lieder und Gesetze Moses diente, wars der Sabbat: ihm sind wir die lebendige Erhaltung dieses ganzen Schazes der Dichtkunst schuldig. Nicht nur, daß das Andenken des Weltschöpfers, (die fruchtbarste Idee des Menschengeschlechts!) aufbehalten und verbunden mit Nationalwohlthaten, wenigstens in einigen Gebeten und Liedern gefeiert ward: nicht nur, daß man in etwas erleuchteten und ruhigen Zeiten, mit oder ohne

Sinn,

Sinn, Stücke des Gesetzbuchs las und auslegte: Zeitrechnung, Lesen, Schreiben, Geschichte, politische Einrichtung, alte Ideen und neue Hoffnungen, kurz Geist und Cultur des Volks erhielt sich an diesem einfachen Institut wenigstens in Resten und richtete sich in bessern Zeiten an demselben wieder auf. An Sabbat und Feste war die Ordnung des Staats und der Zeiten, an jenen das Freiheit- und Jubeljahr gebunden; kann mans also den Propheten verdenken, wenn sie in diese Bilder so manchen güldenen Traum künftiger Glückseligkeit hüllen, und von ewiger Freiheit, von ewgem Jubel nach lauter Sabbats-Ideen frohlockend singen? Wer ist der Mensch, der ohne Hoffnung sich nur reget? und ists nicht eben die größeste, schönste, standhafteste Seele, die sich mitten im Verfall der Zeit aus den Trümmern alter minderer Glückseligkeit eine neue und größere dichtet?

Moses Stiftshütte.

Ein symbolisches Gemälde.

Arme Wüste, wie reich bist du!
Wie kommst du zu der schönen Kleinode Pracht?
Dein Rauch=umkränzter Sinai
wird Gottes bleibend Licht:
Dein dürrer Fels ein reiner Wasserquell,
Dein Thau der Engel Speise? — —

— Der heilgen Muse Liederkraft
ists, die auf alles Honig gießt.
Entflohne Sklaven wandelt ihr Gesang
diesseit des Meeres in ein freies Volk.
Die bittern Salsen und den Wanderstab,
das ungesäuert dürre Brot,
Laubhütten in dem Sandmeer trockner Glut,
und Durst und Plage, Noth und Ungemach,
weihet sie uns zu ewgem Freiheitfest. — —

— Die kleine Hütte steht vor mir,
des Ewigen Orakelzelt:
wohnt da der Ewige? — — —
In welchem engen Raum!
Und vor ihm stehen Brodte da!
Da brennt die Lampe! Rauchwerk steiget auf!
Und vor dem Zelte fließt der Opfer Blut! —
Und seine Diener, Priester gehn
wartend der Hut, diesseit des Teppiches:
Und Einer geht, zu fragen ihn

ins heilge Zelt,
klingend im Gange, seine Hand voll Blut. — —

— Empfang' mich, heilges Licht, in welches Moses trat,
das ewig wiederglänzt von seinem Angesicht.
Sprich zu mir, Wolke, die vertraulich zu ihm sprach,
so wie ein Mann mit seinem Freunde spricht,
und lehre mich, was nicht Bezaleel,
nicht Nadab und Abihu wusten.

Dort
seh ich dich, du einsamer Mann!
An Horebs Fuß bei deinen Schafen, seh
ich in dein tiefes Herz;
es weint für seine Brüder. Da
flammt auf der dürre Busch!
Ihn ruft der Väter Gott.
Sie kämpfte lang' die Flamme mit
dem Zweifelnden und überwand.
Sie gab ihm Wunderzeichen in die Hand
und in den Mund die Worte Aarons.
Sie gingen hin, sie rissen aus der Nacht
des Todes ihre Brüder.

Ewiger Preis dir, Retter deines Volks!
ders mit Gewalt aus seinen Fesseln zwang,
durch Wellen hin zu Gottes Berg' es riß,
der zu ihm sprach mit der Posaune Klang,
mit Donnerworten und doch ungehört,
mit Gottes Finger und doch nicht verstanden!!
Du sprachst den Fels an und dich hört der Fels:
er öfnete sein kaltes, hartes Herz;

doch

doch also nicht dein Volk! Es tanzet dort
ums güldne Kalb. Wirf deine Tafeln hin,
heiliger Eifrer! doch ermatte nicht.

Jehovahs Engel geht voran
und rächet dich. Die Hölle frißt
und Schlangen stechen, langsam frißt der Tod
in vierzig Jahren deine Feinde weg.
Sprich aus, was dir Jehovahs Mund gebot,
führ' aus, was du auf Berges Höhe sahst,
zermartre dich und stirb, im Blicke traurig-froh
an deines Landes Rande — —

Stirb, daß du alle Gräuel nicht
der Könige, der Landverwüster sehst,
daß um dein heilig-weises Gottgesetz,
mißbraucht von Aberglaub' und Heuchelei,
verkannt von Dummheit, und vom Affenstolz
verhöhnt, ja gar zernagt vom Letternzahn —
daß um das Alles dich der Eifer nicht
verzehre! — Deine Hütte muß
traurig zerfallen! Deines Gottes Thron,
(er thronte nur auf Recht und Wissenschaft!)
geraubt muß er, entweiht, vergessen werden!
Veraltern mit der Jahre Flucht
nicht auch die Himmel? Altert nicht
dein Sinai? Wo liegen sie
die Tafeln, die dein Gott dir schrieb?
Begraben sind sie, wie dich Gott begrub! —

Seh ich nicht da ein ander weiter Zelt?
Der Unsichtbare wohnt nicht mehr in Dunkelheit:

er

er glänzt auf des erhabensten
Propheten Angesicht.
Und vor ihm flammt das siebenarmge Licht,
des Geistes Blick, gesandt in alle Welt.
Und vor ihm duftet süßer Rauch
(Gebet der Heiligen!) und draußen fließt
unreiner Sünder Tod=Entsündigung,
Versöhnungsblut.

Wer ists, wer wagt hinzugehn
ins Heilige? ins Allerheiligste?
bekleidet mit der Unschuld Schmuck,
geziert auf seiner Stirn mit Heiligkeit
Jehovahs? Wem flammt auf der Brust
in zwölf der Edelsteinen Licht und Recht?
Wem klingt sein Tritt, wenn ihn Jehovah hört,
daß er hinabschau und begnadige?
Er tret hinzu und frage Gott!

V. Fer=

V.
Fernere Einrichtungen Moses.

Inhalt.

1.

Wie Moses das Väter-Regiment geschont und geehret. Wirkungen davon in den Idiotismen, dem Ton der Geschichte, den Sittensprüchen und der moralischen Poesie der Ebräer.

2. Verhältniß des Weibes zum Mann, zum Hause. Proben davon in Stellen der Poesie und Mosaischen Gesetze. Bilder über Zucht, Ehe, Fruchtbarkeit, Liebe, Weisheit. Sittenlehre der Mutter Lemuels an ihren Sohn: Lob einer ländlichen Ebräischen Hausfrau.

3. Verknüpfung der Familien zu einem Stamm. Unabhängige Freiheit einzelner Stämme. Ob Moses auf Würden in der Hauptstadt, auf Ueppigkeit und Kriegsruhm seiner Nation gerechnet? Gestalt der Ebräischen Poesie aus ihrer ländlichen Einfalt.

4. Warum die Propheten gegen Ueppigkeit und Unterdrückung so scharf geeifert? Ihre Absicht in Moses Verfassung, ihr Recht und ihre Vollmacht.

5. Verknüpfung aller Stämme durch Ein Land Gottes und der Väter. Schöne Eingeschlossenheit desselben. Wie das Gesetz Moses zu ihm gehörte. Localgeist aller Ebräischen Schriften, Hofnungen und Lieder. Von der besondern Providenz Gottes über Kanaan. Ursprung dieser Vorstellungsart: Gebrauch derselben in Mose und den Dichtern.

6. Zweites Band der Stämme durch Theokratie. Principium dieser Regierung. Würde und Schönheit desselben

für

für vernünftige Wesen. Proben davon an Gerichten, Strassen, Abgaben, Zusammenkünften u. s. Die meiste Poesie der Ebräer ist politisch.

7. Einwürfe gegen Levi, daß Er die Stütze der Theokratie seyn sollte. Wie dieser Stamm dazu kam? Erster Entwurf Moses. Wie der Gesetzgeber diesen Stamm eingeschränket, was er ihm aufgelegt, wiefern Levi der ganzen Einrichtung geschadet.

8. Von dem Propheten, auf den Moses hofte. Trauriges Schicksal, daß Moses seine Gesetze in Kanaan nicht selbst einrichten konnte. Ursachen, Folgen, sein Schmerz darüber. Das Ende des 90ten Psalms. Moses Hofnung.

9. Vom Gottes-Ansehen der Gesetze Moses. Nothwendigkeit und Nutze desselben. Ob es nur vorgegeben wäre? ob wir hierüber entscheiden können und dürfen? — Das Gesetz Gottes und Moses, eine Jüdische Dichtung.

Es wird nöthig seyn, über die Sitten der Nation, von deren Poesie wir reden, über ihre Bildung durch die Gesetze Moses und überhaupt über den politischen Zweck dieser noch einige Worte zu sagen: Denn man kann die Frucht nicht anders als durch den Baum kennen lernen, auf dem sie entsproß.

1. Vater- und Kindesverhältnisse, waren die erste Regierung der Welt, und bei einem Hirtenvolk, wie dieses war, blieben sie lange die stärksten Bande. Da Israel kein andres als ein Vaterregiment in seinen Stammvätern vor sich hatte, so waren diese Rechte der Menschheit auch dem Gesetz Moses heilig. Es

schreibt

schreibt den Kindern Ehrerbietung gegen die Eltern als eine Bedingung vor, wie sie das Land des Segens genießen könnten, und dasselbe Gepräge tragen die moralische Poesien dieses Volkes. Ihre Sprache hat keine schönere Ausdrücke, auch den König, den Priester, den Propheten, den Vorsteher und Erfinder einer Sache zu benennen, als das Wort Vater. So wie ihre Geschichte schon eine Art kindlichen Vortrages hat, weil die früheste aus Hirtenzeiten war, und der spätern zum Vorbilde gereichte: so sind insonderheit ihre Lehrsprüche und Sentenzen mit einer Vaterliebe und kindlichen Einfalt bezeichnet, dergleichen schwerlich ein anderes Volk aufzuzeigen hätte, weil keine Poesie bis in so frühe Zeiten des Menschengeschlechts hinaufreicht. Die ersten Kapitel der Sprüche Salomo's, die dem Buch zur Einleitung dienen, sind mit einer Anmuth geschrieben, da von den Lippen des Lehrenden, der seinen Sohn zur Weisheit locket, gleichsam Milch und Honig fleußt. Selbst die harten, so bestimmten Gesetze Moses verläugnen diesen Ton nicht, so bald sie menschliche Verbindungen einschärfen, und das fünfte Buch hat die Würde und Andringlichkeit eines väterlichen Weisen. Man sammle sich, was über das Verhältniß der Kinder zu ihren Eltern, so wie von häuslicher und Familien-Glückseligkeit in den Sprüchwörtern, Psalmen und Propheten gesagt ist, und man

wird

wird einen Ausbund der frühesten, süßesten Moral finden. Die Sittenpoesie der Perser ist fein, der Araber scharfsinnig, der Ebräer einfältig und kindlich; die zarte Speise fürs erste Alter der Menschheit.

2. Das Weib war nach morgenländischen Begriffen dem Mann unterworfen. Man hatte keine Idee von einer gebietenden, müßigen Hoheit dieses Geschlechts; man rühmte an ihm nur Keuschheit, Fleiß, verschleierte, häusliche, mütterliche Tugend. Sitten, wie sie die üppige Poesie späterer Zeiten besingt, wären in diesem Zeitalter der Welt Thorheit oder Schande gewesen. Es ist daher ungereimt, galante Poesie der Conversation bey einem Volk zu suchen, wo das weibliche Geschlecht eingeschloßen, entweder wie eine Blume des Gartens blühen, oder wie ein Weinstock Früchte tragen sollte.

> Glückselig, wer Jehovah ehrt a)
> und wandelt seinen Weg;
> genießen wirst du deiner Hände Arbeit,
> Glückseligkeit und Gutes ist mit dir!
> Dein Weib blüht wie ein Weinstock,
> der fruchtbar deines Hauses Wänd' umzieht.
> Wie Pflanzungen von jungen Oelbaumsprößen
> sind deine Söhne rings um deinen Tisch.
> Und sehen wirst du deiner Kinder Kinder,
> Ruh über Israel.

a) Pf. 128.

Das war die Glückseligkeit einer ländlichen Einfalt, die die Poesie sang. Die ruhvollen Zeiten der Zukunft konnten einem verwirrten Reich nicht besser vorgebildet werden, als: b)

Ein Neues wird Jehovah schaffen im Lande,
Das Weib umgiebt den Mann:

(D. i. es ist so sicher umher, daß das Weib ihn schützen und nach dem Zustande der alten Welt in häuslicher Glückseligkeit ihn als Krone umgeben kann.) Moses Gesetze schätzen diese Familienfreude sehr hoch. Selbst vom Kriege sprach der menschliche Gesetzgeber jeden Mann frei, der ein Haus gebauet und noch nicht eingeweiht, der einen Weinberg gepflanzt und noch nicht von seiner Frucht genossen, der ihm ein Weib vertrauet und sie noch nicht heimgeholet hatte. „Er gehe hin, sprach der edelfühlende Weise, und bleibe daheim, damit er nicht im Kriege sterbe und ein andrer weihe das Haus, und ein andrer genieße des Weinstocks und ein andrer hole seine Vertraute heim!" Segen auf den Gesetzgeber, der also dachte!

Die Gesetze Moses sorgen daher auch so angelegentlich für die Zucht und Keuschheit der Töchter Israels, für die Grade der Verbindung und für einen öffentlichen Wohlstand der Sitten zwischen beiden Geschlechtern. Keine

b) Jer. 31, 22.

Keine Unzüchtige sollte in Israel seyn: der Gesetzgeber
kam allem zuvor, was die Menschheit frühe entehren,
den Umgang zwischen Verwandten gefährlich oder das
Weib in den Augen des Mannes verächtlich machen
könnte; von allen diesen Seiten sind die Gesetze Moses
die sittsamsten und bedächtigsten, die unter einem solchen Clima gemacht wurden. Man sammle die Sit-
tensprüche Salomons und Sirachs, die von den Tugenden und Reizen der Weiber handeln; alle Zier der
Unschuld, der Anmuth, der Verträglichkeit und des
Fleißes sind in sie wie in einen Blumenkranz geflochten.
Das Glück einer guten, das Unglück einer mißrath-
nen Ehe wird in treffenden Bildern geschildert: nicht
umsonst sollte der Bräutigam mit Oel der Freude ge-
salbet, mit einer Hochzeitkrone gekrönt, und mit glück-
wünschenden Liedern gefeiert werden. Die Fruchtbarkeit der Ehe galt über allen irrdischen Segen, und so
manche Ausdrücke der Psalmen c) über ein unerwarte-
tes Glück unter dem Bilde, „daß Gott die Unfruchtbare zur Kinderreichen Mutter macht,„ waren im Geist
der Nation vom stärksten Nachdruck. So ists das
Lied der Mutter Samuels, d) die als eine Siegerin
von ihrem häuslichen Glück zum höchsten Glück des
Landes

c) Psalm 113, 9. u. f.
d) 1 Sam. 2, 1.

Landes und der Welt aufsteigt: so sinds die öftern Verheißungen, daß Gott den Gerechten vorzüglich mit diesem Glück ehre:

 Siehe! Jehovahs Erbgeschenk sind Söhne, e) —
 Sein Gunstgeschenk ist blühendes Geschlecht.
 Wie Pfeile in des Helden Hand,
 sind Söhne in der Jugend Stolz.
 Wohl dem, der seinen Köcher
 voll solcher Pfeile hat.
 Sie werden nicht erröthen,
 wenn sie mit Feinden reden vor Gericht.

Der Platonismus der Liebe, so wie eine Klosterheiligkeit der Ehe ist den Poesien dieses Volks fremde; wie zart und feingefühlt aber sind dafür alle Scenen im Garten der Liebe des Hohenliedes! Die süßesten Reize blühen da wie Blumen, die zartesten Früchte werden mit einer Unschuld der Bruder- und Schwesterliebe gekostet. In den Sprüchen Salomons sind Weisheit und Thorheit Weiber. Diese konnte unter keinem warnendern Bilde als der Personification einer verführenden Ehebrecherin vorgestellt werden; jene, die belehrende und erquickende Weisheit wird dem Jünglinge Braut, Mutter, Geliebte, ja die geliebte Tochter Gottes von Ewigkeit her. Die vielleicht stärkste Stelle in Salomons Sprüchen ist eine Lehre, die ihn seine

Mutter

e) Psalm 127.

Mutter lehrte —— ich glaube meinen Vortrag ange‑
nehm zu unterbrechen, wenn ich sie sammt dem ihm
zugefügten Lobe der Weiber hieher setze; sie bestätigt,
was ich sagte, durch eine Probe: f)

Worte des Königs Lemuels,
die Gottesrede, die ihn seine Mutter lehrte.

Ach du mein Sohn! du meines Herzens Sohn!
Du aller meiner Wünsche Sohn!
gib nicht den Weibern deine Macht,
vertraue deine Wege nicht
Den Könige‑Verderberinnen an.

Auch Wein nicht, Lemuel! den Königen,
den Königen gebührt nicht stark Getränk;
Den Machtbeherrschern nichts Berauschendes.
Sie tränken und vergäßen der Gesetze
und krümmeten die Rechtssach' aller Armen.
Dem Hoffnungslosen reichet Wein;
dem Bitterlichbetrübten süßen Trank.
Er trinke und vergesse seines Jammers,
und denke seiner Noth nicht mehr.

* * *

Thu für den Stummen auf den Mund!
und nimm dich vor Gericht der Waisen an.
Thu auf den Mund und richte recht
und schaffe Recht dem unterdrückten Armen.

f) Spr. Sal. Kap. 31.

* * *

 Ein Weib von Tugendkraft, wie selten ists zu
finden!
Der Perlen Kostbarkeit reicht nicht an ihren Werth.
Auf sie kann sich des Mannes Herz verlassen;
so hat er Beute gnug.
Nur Lieb' und Gutes wird sie ihm erzeigen,
kein Leides thut sie ihm ihr Leben lang.

 Bewerbsam sucht sie sich Baumwoll' und Wolle,
und wirkt daran mit rascher froher Hand;
ist wie ein Kaufmannsschif, das Waaren bringet,
von ferne schafft sie Nahrung sich herbei.

 Sie stehet auf, noch ist es Nacht,
giebt ihrem Hause Brot und ihren Mägden Arbeit;
denkt auf ein Ackerfeld und kaufet es,
von ihrer Hände Frucht pflanzt sie sich einen Weinberg.

 Und gürtet sich mit neuer Kraft,
stärkt ihre Arme stets zu neuem Fleiß:
denn sie schmeckt ihres Fleißes süße Frucht;
auch in der Nacht verlöscht nun ihre Lampe nicht.

 Sie greifet nach dem Rocken hin,
die Spindel ist in ihrer Hand;
und öfnet ihre Hand dem Armen,
beut sie dem Jammervollen dar.

 Sie fürchtet ihrem Hause nicht
für harten Winters Zeit:
denn all' ihr Haus hat doppelt Kleid.

Und schöne Decken wirkt sie sich,
Byssus und Purpur ist ihr Festgewand:
denn öffentlich wird schon ihr Mann genannt,
er sizet mit den Aelt'sten zu Gericht.

Sie webet Schleier und verkaufet sie:
dem Kaufmann giebt sie Gürtel zum Verkauf.
Und Würd' und Ehr' ist ihr Gewand:
entgegen lacht sie jedem neuen Tage.

Mit weiser Rede öfnet sie den Mund,
auf ihrer Zunge ist nur sanft Gebot.
Sie merkt, was überall geschieht in ihrem Hause;
Die Trägheit ißt bei ihr kein Brot.

Es treten ihre Söhn' auf, sie lobpreisend,
es tritt ihr Mann auf und lobpreiset sie:
„Viel Landestöchter thaten edle Thaten,
doch du bist über alle, alle sie!
Anmuth ist trügerisch; Schönheit vergänglich;
ein Gottesfürchtig Weib ist Ruhmes werth.
Gebet ihr Ruhm, die Frucht von ihrem Fleiße,
lobt öffentlich die Werke, die sie that.

Das war der Ruhm einer fleißigen ländlichen Frau im Ebräerlande, denn die ganze Verfassung desselben war ländlich.

3. Alle einzelnen Familien knüpfte Moses zu ihrem Stamm zusammen, dem er sein avtonomisches Eigenthum, das Recht eigener Anordnungen und Gerichte,

ja so gar die Freiheit gab, für sich Krieg zu führen; ans oberste Gericht dorfte keine Streitigkeit gelangen, die nicht dahin gelangen wollte. Der Vater war Fürst in seinem Hause, der Aelteste über seine Familie und jeder Stamm hatte aus ihnen seine Fürsten. Die Geschlechter waren also durch natürliche Bande, durch Gesetze des Eigenthums, der Ehrerbietung, der mehrern Erfahrung und der Blutfreundschaft verbunden. Der Richter konnte sein Land und die Geschäfte desselben kennen: es konnte Lohn seyn, Greis in seiner Familie zu werden; die grauen Haare waren der Alten Schmuck und des Stammes Krone. Ich will keine Vergleichung anstellen, was in zu policirten, zu raschen Staaten das Schicksal der Alten sei? sondern nur anführen, daß auch in der Poesie dieses Volks die Ehre der Aeltesten; der Haus- und Stammesväter überall durchblickt. Auf goldnen Despotismus, auf sklavische Würden in einer Königsstadt hatte Moses die Ehre der Geschlechter nicht gesezt; noch weniger den Preis seines ganzen Volks auf Ueppigkeit oder Kriegsruhm gegründet. Bewerbsamkeit und Fleiß sollte der Nerve des Staats; Ruhe und Familien-Ehre sollte des Fleißes und der Weisheit süßer Lohn werden. In diesem Licht schildern Psalmen und Propheten die Glückseligkeit ihres Volkes „daß jedermann seiner Hände Frucht genies„se und unter seinem Oel- und Feigenbaum sicher
„woh-

„wohne.„ Die schönsten Weisheitsprüche der Ebräer sind daher Lehren aus dem Munde erfahrner Greise, Rathschläge gütiger Familienväter. Auch ihre feinsten philosophischen Bemerkungen nehmen diese Gestalt an, wie Salomons Prediger und einige neuere Lehrgedichte der Ebräer zeigen. Eben daher ist die Schrift für Kinder und einfache, thätige, redliche Leute von so großem Reiz; sie finden die Sprache ihres Herzens, die Lehre oder die Beute ihres Lebens in ihr; alles kommt und geht von Uebung zur Uebung. In Tyrus, Sidon oder Karthago, in einem kriegerischen Staat der Cyklopen und Kannibalen sind nie Gedichte gesungen, nie solche einfach-erhabene Göttergedanken erzeugt worden, als in diesem Acker- und Hirten-Lande, zwischen mühselig aber fleißig bearbeiteten Bergen. Die Sängerin Deborah war eine Zeltbewohnerin unter den Palmen: der Sänger David war ein Hirt: Amos desgleichen, und in allen Propheten ist die Einfalt der ländlichen Natur in Sprache und Bildern unverkennbar. Wähle sich daher, wer da will, Gedichte der Ueppigkeit und des Glanzreichsten Uebermuthes; was die Menschheit in ihren engsten Bedürfnissen braucht, was sie zum daurendsten Trost oder zur frühesten Bildung nöthig hat, sind alte reife Vatergedanken voll Herzlichkeit, Einfalt und Würde.

4. Mos

4. Man wird hieraus beurtheilen, warum nicht nur Samuel so ungern an die Wahl eines Königs ging; sondern die Propheten auch gegen die Ueppigkeit des Landes, zumal der Hauptstadt so sehr eifern? Ueppigkeit sowohl als ein König lag nicht in der Mosaischen Gesetzgebung. Ihr Land hatte die schönste Lage, die Früchte ihres Fleißes zu genießen oder abzusetzen; nie aber sollte Israel, seinem Hauptcharacter nach, ein in die Welt umlaufendes Handelsvolk oder eine Kriegführende monarchische Macht werden. Ueber beide Punkte dachte der Gesetzgeber zu menschlich, zu erleuchtet. Er zog Gesundheit dem Ueberfluß, und eine arbeitsame mäßige Glückseligkeit einem entkräftenden, tyrannischen Weltruhm vor; wer also an Nationalgedichten nur diese bunte oder blutige Farbe liebt, muß sie bei andern Völkern suchen. Ein fleißiges und redliches Bergvolk sollte Jeschirun seyn, das nach seiner ersten Eroberung in Ruhe wohnte. Und ob es gleich diese Ruhe selten schmeckte, weil das Land von Anfange an nicht vollkommen erobert ward und meistens sehr antimosaisch regiert wurde: so waren doch die Grundsäulen seiner Verfassung zu kenntlich, als daß nicht jeder Patriot, dem Landesgesetz nach, darauf hätte hinweisen sollen. Wie edel handelte Moses, da er vermöge seines Propheten-Rechts jedem Weisen erlaubte, dies zu thun und an das Landesgesetz zu erinnern! Ob der König oder die

Aelte-

Aeltesten ihm folgen wollten, stand bei ihnen; der Prophet indessen sprach im Namen Jehovahs d. i. in Vollmacht des Nationalgottes und der ursprünglichen Verfassung des Landes. Dieser hohe Beruf und Name erinnerte ihn, ohne Partheylichkeit und Lieblingsneigung, Genius des Volks, Sprecher der öffentlichen Freiheit und Tugend zu werden —— ein Zaum gegen Tyrannei und Laster. Bei allen Propheten, die wir haben, ist deutlich zu zeigen, daß auch in politischen Angelegenheiten das Gesetz Moses jedesmal der Grund ihres Urtheils gewesen, daß sie in ihren Rathschlägen dem Principium der Verfassung ihres Landes treu blieben und daher nicht als Schwärmer, sondern als Israeliten, als dazu berechtigte Bürger sprachen. Ueber manche ihrer so genannten Weißagungen wird uns dieser Grundsatz ein neues Licht geben; und wem der mißgedeutete Name „Geist Jehovahs„ anstößig wäre, dürfte sich statt seiner nur das modische Wort „Allgemeingeist,„ (public spirit) denken.

5. Wie knüpfte aber Moses zwölf freie, unabhängige Republiken zusammen, da sie doch Ein Volk seyn mußten? Zuerst durch ihr Land; sodenn durch das lindeste Band, das vernünftige, freie Wesen zusammen knüpfen kann, durchs Gesetz einer Gottesregierung. Ich wünschte, daß jeder seine Zweifel, die er etwa noch

L 5

gegen

gegen dies verschrieene Wort hätte, so lange aufgäbe, bis er einige Seiten weiter gelesen.

Moses knüpfte seine Stämme zusammen durch ihr Land: es war Jehovahs Land, das Land ihrer gemeinschaftlichen Väter, das ihnen ausschließend auf ewige Zeiten gegeben war. Jehovah gehörte es; und nur die Nutznießung war ihr; zum Lande gehörte also das Gesetz, und zum Gesetze das Land Jehovahs. Gott wollte das Volk austreiben, sobald es davon wich; wie er die Kananiter vor ihnen ausgetrieben habe, und da außerhalb Judäa das Gesetz, das sie zum Volk des Gottes ihrer Väter machte, nicht befolgt werden konnte: so hörten sie eben damit auf, Gottes Volk zu seyn. Damit band Moses die Herzen seines Volks an diesen Boden; er machte ihnen ihr Land lieb und unentbehrlich, weil außer ihm Israel nicht mehr Israel war. Mit vereinter Hand sollten sie es einnehmen, brüderlich unter sich theilen, und sodann alle wie Einer und Einer wie alle, ruhig bewohnen. Oben schützte es der Libanus, zur Rechten der Jordan (die Stämme jenseit gehörten eigentlich nicht mit zum Lande) unten die Wüste und zur Linken das Meer; wir werden auch finden, daß nach Jakobs Entwurf die Stämme so gesetzt wurden, daß sie sich ewig hätten schützen mögen. Ob nun gleich dieser Zweck nicht erreicht, und der Wille des Stammvaters

vaters nicht befolgt wurde: so verfehlte doch Moses seine Absicht nicht, Land und Volk von einander unabtrennlich zu machen. Daher der enge Localgeist in allen Propheten! Daher in den Psalmen und in allen Werken der Gefangenschaft die Seufzer zu diesem Laube! Nach zweitausend Jahren, voll leerer Hoffnung, sehnt Israel sich noch dahin: denn nur dort kann Gott regieren! nur dort sein Gesetz geübt werden! nur dort sollen aufwachen, die unter der Erde schlafen. — Was alle alte Gesetzgeber zu erreichen suchten, daß ihr Volk sich an sein Vaterland geheftet fühlte, hat Moses durch ein Localgesetz, durch den Nationalgott seiner Väter aufs kräftigste erreichet. Er pflanzte den wilden Weinstock auf die Berge Jehovahs, und legte das Volk in der speciellsten Local-Providenz Arme.

Da über das letzte Wort so viel Widriges gesprochen ist, und alle Lieder, die sich darauf gründen, so sonderbar beurtheilt sind: so wird mir ein näheres Wort hierüber erlaubt seyn.

Offenbar war der erste sinnliche Begrif, den Moses seinem Volk über die Providenz seines Landes einprägte, der: g)

— Ein Land ist es, nicht wie Aegypten,
das sich vom Strome tränkt:
Ein Land voll Berg' und Thäler,

vom

g) 5 Mof. II, 12/17.

>vom Himmel selbst genähret.
>Dein Gott besucht es immer;
>Jehovahs Augen sehn
>vom Anfange des Jahres,
>zum Ende hin, darauf! —

und wer die Beschaffenheit Judäas in Vergleichung mit Aegypten kennet, siehet die genaue Wahrheit dieser Beschreibung. Die Fruchtbarkeit des Landes hing von der Gunst der Witterung ab; es lag also gleichsam unmittelbar unter den Augen des Gottes der Himmel und wie an den Brüsten der Vorsehung; Früh- und Spatregen, der Wind von dieser oder jener Seite her entschied alles; und so wars natürlich, daß Moses Himmel und Erde zu Zeugen seines Bundes nahm, und zu Rächern desselben bei jeder Uebertretung aufrief. Der Himmel sollte eisern, die Erde ehern werden, Früh- und Spatregen sollte mangeln, der Ostwind sie aufreiben u. f. wenn sie nicht das Gesetz des Gottes befolgten, der von diesem Himmel auf sie blickte, der ihnen diese Erde, als sein Eigenthum gebe. Jedermann begreift: wie andringend, Ort- und Zeitmäßig diese Stimme vom Garizim und Ebal gewesen: sie umfasset die ganze Denkart des also erretteten, hieher verpflanzten Volks und alle Zustände des Landes. Alles mußte sie an ihr Gesetz erinnern, jede Witterung im Jahr, jeder Fruchtort, jede Aue und Plage; der Gottesdienst mit seinen

Festen

Festen und Pflichten erinnerte sie daran noch mehr. Und darauf baute, das erklärte nun jener ächte Nationalgeist der Pfalmen und Propheten. Kein alberner Aber- oder Wunderglauben wars, was er foderte, sondern der Glaube einer speciellen Aufsicht und Vorsehung, (den wir alle haben sollten) nur für ihr Vätergesetz und Land localisiret.

6. Und das Gottesregiment, das so oft verspottet worden? Ich wollte, daß nach der Stuffe unsrer Cultur wir es alle haben könnten; denn es ist gerade, was alle Menschen wünschen, worauf alle Weise gearbeitet haben, und was Moses allein und so frühe schon auszuführen das Herz hatte, nehmlich — daß das Gesetz herrsche und kein Gesetzgeber, daß eine freye Nation es frei annehme und willig befolge, daß eine unsichtbare, vernünftige, wohlthätige Macht uns lenke, und nicht Ketten und Bande. Dies war die Idee Moses; und ich wüßte nicht, ob es eine reinere, höhere gäbe? Leider aber kam er mit ihr und mit allen Anstalten, die er darauf gründete, drei vier Jahrtausende zu früh; ja vielleicht wird auch nach sechs Jahrtausenden ein andrer Moses noch zu früh erscheinen.

Alle Regierung ist Bedürfniß, und jede zu körperliche, zu sichtbare Regierung wird Joch, ja oft eine Schande der Menschheit. Je leiser und unsichtbarer die Bande sind, die eine Gesellschaft zusammenknüpfen,

je

je mehr das Principium der Beherrschung auf ihr Gemüth wirken darf, und zwar auch im Verborgnen, ohne Zeugen, als ein Motif innerer Handlungen darauf wirken kann; endlich je mehr alle Eigenmächtigkeit, Willkühr, die Alleinbeherrschung eines oder einiger Menschen, die allemal hart fällt, dabei ausgeschlossen ist, und ein freies Nationalgesetz gleichsam auf einem sichtbaren Thron herrschet: desto edler, desto Menschenwürdiger ist die Verfassung. Siehe! das war Moses Gottesregierung. Das Gesetz herrschte, von innen mit Gottes- von außen mit der einmüthigen Stimme des Volks bekleidet: es thronte im Nationaltempel. Dieser war ein Zelt des Landesgottes, das allen 12 Stämmen angehörte, das sie alle zur Familie eines Gottes knüpfen sollte; daher die goldnen Kälber zu Dan und Bethel, die das Band der Nation zerrissen, den Propheten so verhaßt waren! An Jehovah also war man mit Pflicht und Treue gebunden; an keinen willkührlich herrschenden Menschen. Vor jenem stand man mit Gedanken und Thaten; man stand aber nicht als Knecht vor ihm, sondern als Kind, als auserwähltes Erbe; und die Wohlthaten Gottes, die er dem Volk erwiesen, wurden dem Andenken vernünftiger Menschen immer hergenannt und neu erzählt in Gesängen und Götterreden. — Welche feinere Art, die Bedürfnisse des Landes zu bestreiten, wenn man sie dem Heiligthum der

Nation,

Nation, keinem schwelgenden Thron gab, wenn man auch mit seinem Versehen vor Jehovah stand und vor keinem vielleicht sündigern Menschen! Wer fühlt das Drückende nicht, daß Menschen über das Leben der Menschen Macht haben? daß die Willkühr Eines verdammen und begnadigen kann? daß die Gerichte nicht von erwählten Richtern des Volks vor den Augen Gottes und der Nation, sondern von besoldeten Dienern des Fürsten, an verschlossenen Oertern, in einem Labyrinth von Rechtsgängen und Formeln gehalten werden u. s. f. — Moses dachte die Sache höher und reiner. Oeffentlich wurden die Gerichte gehalten: das Gesetz des Landesgottes diktirte Strafen, und kein Richter konnte dispensiren: Gottes waren die Richterstühle und keines erschaffenen Menschen. Seine Gesetze, die Anmahnungen der Propheten hierüber sind wie die Stimmen höherer Genien der Gerechtigkeit und der Gottesurtheile. — Freude, Stolz und Ehre im Namen Jehovahs sollten die Triebfedern aller öffentlichen Handlungen werden: diese Freude, diese Ehre hieß Religion, und die Verfassung, die den Grund dazu legte, die das Gesetz des Landesgottes zu einem ewig-unverbrüchlichen Coder machte, nennen wir Theokratie. Ihres Enthusiasmus sind die Gesänge und Propheten-Reden der Ebräer voll: der größte Theil ihrer Poesie, den man oft nur für geistlich hält, ist politisch.

7. „Mag

7. „Mag dies alles seyn, wird man sagen, wenn nur nicht Levi Bewahrer des Gesetzes, mithin Aufrechthalter der öffentlichen Freiheit hätte seyn sollen. Das abergläubige, müßige Priesterregiment, das den andern Stämmen vortrat, ihre besten Einkünfte verzehrte und ihnen im Fall der Bedrängniß doch nicht helfen konnte, hat alle diese schönen Ideen vernichtet — —„

Einiges ist in diesem Einwurf allerdings wahr, und dies Wahre, wer sah es besser voraus als Moses? Sein erster Entwurf war, daß die Erstgeburt aller Familien und Stämme dem Herrn heilig seyn, h) mithin auch am Altar des Nationalgottes dienen sollte; und welche Krone der Nation, welche Ehre der Familien wäre dies gewesen! Alle Häupter ihrer Familien, die obersten Richter, Fürsten des Volks, Diener am Pallast Jehovahs. — Aufs innigste wären dadurch die Stämme verbunden gewesen, und keine Eifersucht hätte sie trennen mögen.

Als aber Israel ums goldne Kalb tanzte, als Moses sah, daß er sich aufs rohe Volk im Ganzen nicht zu verlassen habe, ja daß dies noch viel zu weit zurück sei, um durch seine, Eines Mannes Hände zum Dienst der gesammten Nation im Namen Jehovahs zubereitet zu werden;

h) 2 Mos. 13, 2. Kap. 19, 6. Kap. 20, 24.

werden; was blieb dem Gesetzgeber übrig, als daß er Einen Stamm wählte, und durch denselben auf die übrigen wirkte? Diese Idee kam der Aegyptischen Verfassung näher, und war allerdings auszuführen leichter; sie warf aber auch nothwendig den Zankapfel der Eifersucht zwischen die Stämme, die alle sich diesem Einen erwählten Stamm nachgesetzt glaubten. Natürlich wählte Moses den, i) der ihm der nächste und treuste war, der sich bei Gelegenheit des goldnen Kalbes d. i. der Rebellion gegen Jehovah treu erwiesen, überdem Aaron an der Spitze hatte. Moses Bruder, der angesehene zweite Befreier Israels ward also der Fürst Gottes, das schön gezierte Bild eines Königes und obersten Richters, das aber nur Bild war. Moses schonte die Freiheit seiner Nation, wie er sie schonen konnte. Der Stamm Levi hatte kein Erbtheil, keine ausführende, noch weniger Gesetzgebende und am wenigsten eine despotische Gewalt. Von den Aeltesten der Stämme des gesammten Volks hing jede politische Ausführung ab; Levi war nur der gelehrte, nicht aber der herrschende Stamm, und da auf seinen Schultern Auslegung des Gesetzes, Heiligthum, Rechte, Arzneikunst und alles andre Wissenschaftliche damaliger Zeit ruhte: so wurden wenigstens diese Dinge durch eine weit auseinan-

---

i) 2 Mos. 32, 29.

II. Th.   M

einander gelegte Theilung dem Volk nicht beschwerlich
— — In allem aber waren die Priester nur Consul‑
toren, nur Diener. Auch bei der obersten Consultation
durchs Urim und Thummim, das königliche Schild
der Wahrheit, verschwand die Person des Hohepri̤e‑
sters: denn Gott sprach, und wenn der Priester ein
Mann von einigem Gefühl war, konnte er im Schauer
des Allerheiligsten, im Namen der ewigen Wahrheit,
gewiß nicht anders als Licht und Recht sagen — —

Indessen bleibt es unläugbar, daß die priesterliche
Stütze der Mosaischen Gesetzgebung leider am ersten
brüchig geworden, und Moses scheint es in seinem letz‑
ten Segen, wenn er auf Levi kommt, k) selbst zu füh‑
len. Bei der Eroberung und Austheilung des Landes
finden wir das Brustschild ziemlich müßig. Es drang
nicht auf die Erfüllung der Gesetze Moses, und so ward
der Grund zu allen Uebeln gelegt, die unter Eli beinah
zur völligen Anarchie stiegen. Das Volk wollte also
einen König haben, und mit den Königen hatte gros‑
sentheils die ächte Mosaische Verfassung ein Ende. Das
Regiment der Priester nach der Gefangenschaft war auch
nichts weniger, als die alte Constitution Moses; kurz,
der Sinn des Gesetzgebers ist beinah nie ganz erreicht,
und also noch weniger genossen worden — das war die
ewige Klage der Propheten.

8. „Mo‑

k) 5 Mos. 33, 8.

8. „Moses hoffete ja aber auf einen Propheten, „wie Er war, dem Israel wie Ihm gehorchen sollte; „warum kam dieser Prophet nicht? und wie wenn er das „Werk Moses gerade zertrümmert hätte?„ Großer Mann, wie wirst du verkannt! und in deinen edelsten Grundsätzen verläumdet! Das Werk Moses blieb leider! unvollendet, denn die Härtigkeit seines Volks und ein trauriges Schicksal seiner eignen Schwachheit hatte ihm den beneidenswürdigen Kranz entzogen, selbst Einrichter seiner Gesetze in Kanaan zu werden. In wenigen Monaten nach dem Ausgange war der ganze Entwurf seiner Gesetzgebung ausgerichtet: nun wurden Kundschafter ausgesandt, und er rückte scharf an die Grenze. Aber das feige Volk ward aufrührisch: er mußte zurück und lange 38 Jahr in der traurigen Wüste der kleinen Halbinsel im Busen des rothen Meers campiren. Nichts als ein unrühmliches Verzeichniß der Reiseläger haben wir aus diesem Zeitraum, in dem er zu Gründung seiner Gesetze so viel hätte ausrichten können und alles ausrichten wollte. Jetzt sang er den traurigen 90ten Psalm, in dem er Geschlechter hinwelken, in dem er sein Leben wie ein Geschwätz vorbeistreichen sieht, und sich nur an seinem Einzigen bleibenden Gott aufrichtet. — Wir haben die Eine Hälfte des erhabenen Liedes schon gehabt: lasset uns die zweite hören:

Wer siehets ein, daß dies o Gott dein Grimm ist?
daß man auch fürchte dich, der also furchtbar zürnt!
Lehr' es uns Herr! damit wir unsre Tage zählend,
uns Weisheit schaffen in das Herz.
Kehr' um, Jehovah! wie so lange zürnst du!
Gib Trost uns wieder; wir sind ja dein Volk.
Erfreu uns bald mit deiner alten Huld,
so jauchzen wir, so freuen wir uns noch
in unsern Lebens=Tagen.
In unsern Lebens=Tagen, Herr! erfreu uns wieder,
die du so lang betrübt,
die so viel Jahre lang nur Unglück sahn.
Laß sehn uns Herr! was du
fürhast mit deinen Knechten,
zeig' ihnen, ihren Kindern zeige deine Gunst.
Der sanfte Blick Jehovah unsers Gottes
sei mit uns wieder! Herr, bevestige
die Arbeit unsrer Hände;
das Werk von unsern Händen vestge du! —

Umsonst! Der Bittende sollte die Bevestigung seines Werks in Kanaan nicht erleben, und da er als ein Greis von 120 Jahren seinen Tod vor sich sah, da er sein Volk kannte und niemand gewahr ward, der seine Stelle ganz vertreten könnte; was blieb dem Armen übrig? womit konnte er sich aufrichten, als mit der Hoffnung, daß Gott selbst einen andern Mann wie ihn erwecken würde, der sein Werk ausführte? und dem sollte Israel gehorchen. Zerstören konnte und wollte

ein

ein Solcher Moses Werk nicht: denn es war einmal Nationalverfassung, nach welcher auch die Propheten sprechen und handeln mußten; nur leider! fand sich kein Solcher in den entscheidenden ersten Zeiten. Josua war nur Held, Eleasar nur Priester: Die Gewalt war getheilt, und die rohen Stämme verließen die Grund-Ideen Moses. Ob es in spätern Zeiten, obs nach der Gefangenschaft einen Propheten, wie Moses gegeben habe? wollen wir späterhin sehen; gnug, wer ein menschlich Herz in der Brust hat, wer es fühlt, was das unausgeführte, halb verlohrne Werk Eines Jahrs, geschweige eines ganzen Lebens, der Seele für Schmerzen und Wünsche gewähre, wird er dem sterbenden Nomokrator eine so patriotische Hoffnung nicht wenigstens als letzten Trost gönnen wollen? Es war ja der einzige Lohn seines mühsamen sauren Lebens.

9. „Daß aber Moses seine Gesetzgebung für Gottes Werk, seine Tafeln für Handschrift Jehovahs ausgab, und in sein Volk jenen menschenfeindlichen, religiösen Hochmuth pflanzte? —„

Und wenn er sie blos dafür ausgegeben hätte: that er nicht wohl daran? Hatte er ein ander Mittel, seine Absicht zu erreichen? Man lese, was der Mann die 40 Jahr über litt; was er bei allen Wundern, Wohlthaten und Gerichten im Namen Gottes litt; wie wenn er mit dem kalten Lichtlein politischer Vernunft aufgetreten

ten wäre, seine 600,000 Rebellen zu bändigen und zu überreden!

Gesetze müssen heilig seyn, und für ein rohes Volk, wie dies war, konnten sie nicht anders als durch göttliches Ansehen heilig werden. Noch jetzt fehlt unsern besten Gesetzen Heiligkeit und Nachdruck. Der übertretende Theil sieht sie als Conventionen an, die er auch überspringen dörfe, und der Gesetzgeber übertritt sie zuerst. So sollte Moses Verfassung nicht seyn. Wie Naturordnung Gottes sollte sie angesehen werden; so singen sie auch die Propheten und Psalmen.

Nehmts also wenigstens für Nothwendigkeit, nehmts für Gesetzgeber=Klugheit und Demuth an, daß Moses Gesetze mit dem Glanz der Göttlichkeit geprägt erschienen. Zum Besten seines Volks errichtete er eine ewige Denksäule, und sein Name sollte dabei nicht gepriesen werden; der Genius des Volks hat das Werk errichtet.

Das würde ich antworten, wenn seine Gesetze auch nur vorgegeben=göttlich wären; warum müßten sie aber nur vorgegeben=göttlich seyn? Hat die Vorsehung ein anderes Werk unter den Menschen, als Gesetze und Ordnung, Licht und Wahrheit unter den Völkern zu schaffen und auszubreiten? und ist je durch Eine Anstalt so viel dieser göttlichen Gaben befördert worden, als durch die reine, weise, sittliche Gesetzgebung Moses?

Und

Und giebt es, nach dem Begrif aller Völker, ein edleres Werk Gottes in menschlichen Seelen, als göttliche Gedanken, höhere Regungen, Zwecke und Kräfte, die er zur Bildung Tausender Einem erlesenen Mann mittheilt? Jene alten Gesetzgeber, die frühesten und größten Wohlthäter der Menschheit, sind sie nicht allesamt von ihren Zeitgenossen oder Nachkommen für Genossen der Gottheit gehalten worden? und welcher derselben in so frühen Zeiten reicht an Moses?

Wer wird es nun ausmachen, wo in der Seele eines solchen Mannes, gelehrt in aller Weisheit der Aegypter und vom Gott seiner Väter belebt, das Menschliche und das Göttliche sich scheide? wo in der Handschrift der Tafeln sein Finger und der Finger Gottes grenze? Grammatisch wissen wir alle, was Geist, Finger Gottes bedeute; hier kam es aber historisch auf Ausrichtung, auf That an.

Und aus unsrer Zeit ist diese nicht zu beurtheilen. Wir leben unter Zerstreuung, Kunst und Hülfsmitteln: alles wird uns vorgedacht, vorgeschwätzt, eingelesen; unsre eigensten Gedanken sind nicht unser. In jene tiefere Stille, in die heilige ernste Einsamkeit jener Zeit, jener Wüste — wer ist von uns, der sich in sie setze? der über die göttliche Einwirkung in eine so reinere, stärkere Seele zu urtheilen, zu entscheiden wagte?

Und warum müßten wir entscheiden? Laß jene, die am Berge standen und das Gesetz annahmen, sich jeden Saum der wunderbaren Glorie erklären wollen, die diesen Prachthimmel schmückte; was dörfen wirs? Gnug, der Inhalt und die Wirkungen des Gesetzes Moses sind göttlich, göttlich ist auch die Dichtkunst, die es hervorgebracht hat: Das Werk und die Wirkung zeugen also von ihrem Meister.

— — Ερχεν επ' εργον
Θεοισιν επευξαμενος τελεσαι, τυτων δε κρατησας
γνωσεαι αθανατων τε θεων, θνητων τ' ανθρωπων
ευσασιν, ητε εκασα διερχεται ητε κρατειται.

Das Gesetz Gottes und Moses.
Eine Jüdische Dichtung.

Der Feind alles Guten, Satan, erfuhr, daß Gott der Erde ein Gesetz gegeben, darinn alle Weisheit des Himmels verborgen liege und das allen Satans-Dienst zerstören sollte auf Erden. Schnell eilte er also zur Erde: „Erde, wo hast du das Gesetz, das dir Gott gegeben?" Die Erde sprach: „der Herr weiß seiner Weisheit Wege; ich kenne sie nicht. Er ging zum Meer, zum Abgrunde; das Meer und der Abgrund sprachen: „sie ist nicht in mir!" Er ging zum Reich der Todten und die Verlohrnen sprachen: „wir hörten von fernher ihre Gerüchte."

Nachdem er die Welt durchzogen und alle Völker, die ihm dienten, durchwandert, kam er in die Arabische Wüste und sahe einen Mann mit glänzendem Angesicht, Moses. Heuchlerisch trat er zu ihm, als ein Engel des Lichts gekleidet, und schmeichelte ihm und bot sich ihm an zum Schüler. „Mann Gottes, sprach er, der du Jehovahs Weisheit besitzest und allen Verstand der Elohim hast und alle Geheimnisse der Schöpfung in dein Gesetz verborgen —"

„Schweige, fiel ihm Moses ins Wort mit einem Anblick, der ihn sogleich in seine Satans-Gestalt zurücksetzte, schweige! Jehovahs ist das Gesetz und nicht das Meine: bei ihm ist Weisheit und Verstand, Rath und Gewalt;

dem Menschen ist Furcht des Herrn Weisheit, das Böse meiden ist ihm Verstand." —

Beschämt wich Satan zurück und die Engel Gottes traten hinzu, dem hohen Demüthigen zu dienen. Sie lehreten ihn und er lehrete sie; der Fürst des Gesetzes ward sein Schutzgeist und Gott selbst antwortete aus der Wolke: "Bewahret das Gesetz Mose, meines Knechtes: weil er demüthig war und mir die Ehre gab, habe ichs ihm zum Eigenthum geschenket."

VI. Se-

VI.
Segensſprüche über Iſrael.

Inhalt.

Ob Jakob gedacht, daß Iſrael mit gewafneter Hand Kanaan würde erobern müſſen? Warum es zu Moſes Zeiten traurige Nothwendigkeit war? Was ein Krieg Jehovahs heiße? Ob die Anſprüche des Jüdiſchen Volks auf Kanaan nach unſerm Völkerrecht ausgemacht werden können und dörfen? Poetiſcher Schenkungsbrief dieſes Landes. Jakobs Segen auf die Söhne. Was er bei ihnen wahrſcheinlich gewirkt? wie er befolgt worden? Erklärung der Stelle: „er fuhr wie Waſſer dahin„ im Spruch auf Ruben. Erklärung des Segens Judah: eine kurze Geſchichte ſeiner Deutung. Beſtimmung Iſaſchars für ſeine Gegend. Wo Dan wahrſcheinlich hätte wohnen ſollen? Erläuterung des Segens über Joſeph aus Localumſtänden. Ganze Idee des Teſtaments Jacobs.

Moſes Segen. Unterſchied deſſelben von jenem. Einzelne Erläuterungen. Ausgezeichnete Lage des Jüdiſchen Landes. Sein poetiſcher Ruhm.

Anhang. Thabor, der Berg des Heiligthums, eine weiſe Idee Moſes.

Als Jakob ſeinen Söhnen ihr Schickſal prophezeite, a) bachte er ſchwerlich, daß ſie das Land, das er ihnen verſprach, mit Schwertes Schärfe würden einnehmen dörfen. Er hatte es ruhig durchzogen und ſahe es

als

a) 1 Moſ, 49.

als sein Vaterland an, wohin noch im Tode seine Gebeine lechzten. So theilte ers seinen Söhnen, nach Zügen ihres Characters, als ein Hirtenland aus. Von blutigen Eroberungen ist in seinem Segen keine Spur; mit Entsetzen sahe er die That Simeons und Levi an; b) gegen eine Kananitische Stadt und Familie, die doch sein Geschlecht beschimpft hatte. Er dachte also wahrscheinlich, daß seine Söhne bald wieder hinüberziehen, und sich hier und dort niederlassen würden, wie ers ihnen vorzeigte. Das Schicksal wollte es anders. Vierhundert Jahr weilte das Volk in Aegypten und hatte keinen Anführer. Es gerieth in Unterdrückung, bis ihm, durch Noth geweckt, endlich ein Erretter wurde, dem es noch mit Mühe folgte. Welche Hindernisse fand nun dieser! In Kanaan hatte sich alles verändert: sogleich bei seinem Austritt aus Aegypten, trat Amaleks Horde ihm entgegen: kein Volk wollte ihm sogar den Durchgang zugestehn; er muste sich den Weg mit gewaffneter Hand bahnen. Daß Moses dies ungern that, sehen wir aus seinem ganzen Zuge. Er wählte nicht die kürzeste Strasse nach Kanaan, weil er sich durch ein Volk Aegyptischen Ursprungs hätte durchschlagen müssen, und er also die Rückkehr seines unkriegerischen Heers besorgte; durch irgend eine verwandte Nation, die Edomiter etwa, glaubte er durchkommen

b) 1 Mos. 49, 5. 6.

kommen zu können, und sagte ihnen gut für den minbesten Schaden. Alles vergebens! und so mußte sein Volk erst einige dreißig Jahr in der Wüste umherziehn, die Alten mußten sterben und das junge Volk etwa zum Kriegesvolk gebildet werden, so gut es seyn konnte. Denn das ist einmal gewiß: unter den Kananitischen Völkern konnte Israel der Gesetzgebung Moses zu Folge nicht wohnen. Diese Völker waren streifende Horden; und Israel sollte ein ruhiges Ackervolk werden. Ein Theil derselben waren Troglodyten, Hölenbewohner; und wir wissen, wie niedrig und abscheulich diese in den Augen ziehender Stämme von alter Herkunft waren.

> Söhne der Niedrigen, Namlose Kinder sind sie,
> die man aus dem Lande vertreibt,

sagt Hiob, c) und Moses: d) daß das Land sie ausspeien müsse wegen ihrer unnatürlichen Lebensart, ihres vermischten Beischlafs und anderer Laster. Der chamitische Aberglaube war der schwärzeste von allen: so gar Menschenopfer waren unter ihnen; und wie konnte dieses mit Moses Einrichtung und Staatsverfassung bestehen?

c) Hiob 30, 1:8.
d) S. 3 Mos. 18, 24:30. 4 Mos. 13, 23. 29. 34. 5 Mos. 2, 10:12. Kap. 1, 28. Kap. 9, 2. u. f. S. auch Weish. 12. 3:6.

bestehen? Also blieb nur Ein Mittel, das traurige gemeine Kriegsrecht damaliger Zeiten: das Volk weiche oder gehe unter!! Daß Moses die Härte dieses Mittels eben sowohl gefühlt habe, als wir sie fühlen, sehrn wir aus dem milden Kriegsrecht, das er auf künftige Zeiten seinen Israeliten vorschrieb. e) Er gebot so gar der Bäume in einem bekriegten Lande zu schonen! — Also war dieser Krieg jezt traurige Nothwendigkeit, oder wie ers nannte, ein Krieg Jehovahs d. i. ein bedrängter Feldzug um des Vaterlandes, der Religion, der Gräber und uralten Ansprüche der Väter willen. Welcher heilige Krieg neuerer Zeiten darf sich damit vergleichen? und doch wie entsetzlich ist dieser Feldzug im Namen Jehovahs, d. i. um alter Besitzthümer und Familienrechte willen gemißbraucht worden! — Israel stritt pro aris et focis patrum: denn aus diesem Lande wars her: da lagen die Gebeine seiner Väter: da war so mancher Hain, so mancher Altar dem Gott seines Geschlechts heilig; Alles also, was jene alte Nationen Familien-Heiligthum nennen, war in ihm. In der Wüste konnte doch das Volk nicht bleiben! in kurzen 40 Jahren waren 600,000 weggestorben und zu einer Ismaelitischen Räuberhorde war Israel nicht gebildet. Ein Hirtenvolk mußte einen Ort der Ruhe haben und wohin sollten sie ziehen, als ins Land ihrer Väter?

Dies

e) 5 Mos. 20.

Dies ist das Erbrecht aller Zeltbewohner Orients: sie weiden, wo ihre Väter geweidet haben, und selbst die Heerden wissen auf solchen Zügen den Weg. —— Es ist sonderbar, so alte in der Lebens- und Stammesdenkart von uns ganz verschiedne Völker nach unsern Begriffen des Eigenthums rechtfertigen, oder nach unserm neuesten Völkerrecht beurtheilen zu wollen; beides findet bei ihnen nicht statt. Die Testamente und Rechte ihrer Vorfahren werden nicht aufgeschrieben, sondern in Traditionen, in Liedern, in Segenssprüchen erhalten, und sie streiten für diese als für ihr heiligstes Eigenthum, als für ihre Gottes- und Stammeslehre. Statt juristischer Documente lasset uns also jezt einen poetischen Schenkungsbrief durchgehn, den wir bis hieher versparten: es ist der Segen Jacobs, dem Kanaan wie eine Landcharte vorliegt, und der es als sein Eigenthum vertheilet. Wir wollen bemerken, wie er die Stämme pflanzet? wie er den Eingang dahin angiebt? und nachher als ein Gegenbild den Segen Moses betrachten, wie anders schon die Einnahme damals geschehen mußte. Sofern der Segensspruch personelle Züge der Söhne entwickelt, habe ich ihn anderswo erläutert: f) hier liege er uns nur als ein Nationalstück, als die älteste poetische Landcharte Kanaans vor, bei der wir
zugleich

---

f) Briefe, das Studium der Theologie betreffend, Th. I.

zugleich sehen wollen, was der Spruch im Geist seines Volks gewirkt habe:

Jakobs Testament für seine Stämme und Geschlechter.

Versammlet euch, ich will euch verkündigen,
was euch begegnen wird in spätern Tagen.
Versammlet euch und hört ihr Söhne Jakobs,
hört euren Vater Israel.

(Jacob giebt also nicht an, wenn die Prophezeiung in Erfüllung gehen werde? Vielleicht wünschte er, bald nach Josephs Tode, weil er sich aus Aegypten wegsehnte; es standen aber dem Wunsch die 400 Jahre in jenem Traume Abrahams entgegen, in dem gar Dienstbarkeit und Plagen seinem Geschlecht verkündiget waren. Der sterbende Schwan ahnet also späte Zeiten: dafür aber soll seine lezte Stimme das Andenken Kanaans, als eines Erblandes, in das Herz seiner Söhne singen, daß sie Aegypten immer als Fremdlinge ansähen, weil auf jenen Gebürgen ihre Hoffnung lebte. Ohne Zweifel trug dies Lied, so wie die ältern Traditionen von ihren Vätern, viel bei, ihren Israelitischen Geist auch in Aegypten rein zu erhalten und sich als einen mit dieser Nation nie zu vermengenden Stamm zu fühlen.)

Ruben, Du! mein Erstgebohrner,
du meine Jugendkraft, der Erstling meiner Stärke!

Dein

Dein Vorzugsrecht an Würde, dein Vorzugsrecht an
                    Macht —
geht, wie die stolze Welle, dir vorüber: g)
du bist der Erste nicht mehr:
denn du bestiegst das Bette deines Vaters,
mein Bett' hast du entweiht da du's bestiegst. —

《Trauriger Anfang! schmerzhaft für Vater und Sohn.
Dieser hat sein Geschlecht entweiht; ihm wird auch die
Krone des Geschlechts, die Stammesehre der Erstgeburt vom Haupt genommen und, wie wir sehen werden,
zween andern gegeben. Judah bekommt den Vorzug
der Würde, den Befehlsstab: Joseph bekommt das
doppelte Erbtheil; und das Priesterthum, (von dem
indeß Jacob noch nicht wußte) bekam späterhin Levi.
Wie ein gemeiner Stamm sollte Ruben erben und —
der Befehl ward befolgt. Der Vater wies ihm keine
                    Gren-

g) Ich gebe zu überlegen, ob nicht diese leichte wörtliche
Erklärung dem Zusammenhange so gemäß sei, als ihn
die gewöhnliche widernatürlich zerreißet? Was solls
heißen? er fuhr leicht oder gar stolz wie Waffer das
hin; und wie gezwungen stehts hier? Macht ein
sterbender Vater Tiraden? macht er sie bei Unglücks-
fällen seiner Kinder, deren Erinnerung ihm das Herz
fressen müßte? Und die lezte Reihe des vorigen Verses stünde allein da? Offenbar gehört sie zum folgenden Verse: ירד und מעל passen auch im Bilde auf
einander, und der sonst gestörte Parallelismus ist jezt
vollständig da.

II. Th.   N

Grenzen an und er erbte nachher ausserhalb dem eigentlichen heiligen Lande. Welch ein traurigschönes Bild, daß der Ueberfluß, der ihm an Würde und Macht gebühre, ihm jezt wie eine stolze Welle vorüberrausche! seine Hoffnungen sind durch seine Schuld vereitelt.

 Simeon und Levi! Brüder sind sie,
 Mörderwaffen waren ihre Schwerter!
 In ihren Blutanschlag kam meine Seele nicht,
 mein Herz verband sich nicht mit ihrer Mordver-
       sammlung,
 als sie im Grimm den tapfern Mann erschlugen,
 als sie von Rachsucht voll den edlen Stier entner-
       ten. h)
 Verflucht sei ihr Rachsüchtger Grimm!
 verflucht ihr hart verhaltner Zorn!
 Zertheilen will ich sie in Jacob,
 Zerstreun in Israel.

(Der Befehl des Vaters ward erfüllt: die Söhne mußten die Last ihres Stammvaters tragen. Simeon war in
          weni-

---

 h) Stier und Mann sind hier Synonyme. Das zeigt der Parallelismus, und wir wissen auch aus der Poesie der Griechen, daß ein prächtiger Stier das Bild des tapfern Mannes war. Vermuthlich führte das Entsehnen des Stiers den Jacob auf dies Bild: denn konnte die niedrige Mordgeschichte 1 Mos. 34 durch einen treffendern Zug ausgedrückt werden? Sie beschnitten Sichem und Hemor und tödteten sie, wie entsehnte, wehrlose Thiere in ihren Schmerzen.

wenigem Ansehn, und Moses läßt ihn so gar bei seinem Segen aus, vermuthlich weil er ihm nach diesem ältern Orakel keine Grenze bestimmen konnte. Der Stamm bekam nachher einige zerstreuete Städte in Judah und mußte sich außerhalb Judäa nach Wohnplätzen umsehn. Für Levi sorgte Moses durch 48 auch zerstreuete Städte. — Die traurigen Befehle sind jetzt vorüber; mit dem edlen Judah geht der Segen und sogleich der Zug nach dem Lande an:)

 Jehudah, Du!
Dich werden deine Brüder (als Führer) preisen: i)
Deine Faust wird seyn am Nacken deiner Feinde,
sie bücken sich dir deines Vaters Söhne.

 Ein junger Löw' ist Judah!
Vom Raube, mein Sohn, bist du so hoch geworden! —
Er wirft sich, streckt sich nieder wie ein Löwe,
wie ein starker Löwe, wer reizt ihn auf?

 Nie wird der Führerstab von Judah weichen:
nie weicht der Heldenstab von seinen Zügen, k)

i) Das schöne Wortspiel mit dem Nahmen Judah kann im Deutschen nicht ausgedruckt werden. „Sie werden dich als ihren Ersten anerkennen und gegen Feinde wirst du immer der Vorderste und Tapferste seyn: die Hand zunächst am Nacken der fliehenden Feinde." Der Parallelismus erklärt das Bild; ganz aber in der Einfalt damaliger Zeiten.

k) Ich wage es, das רגליו zu lassen, so sehr einige für

das

bis er zur Ruhstatt kommt,
und Völker ihm gehorchen.

Denn

das רגליו der Samaritischen Abschrift sind. Dachte wohl der alte Hirtenvater an Kriegsfahnen, da seine Söhne als Hirten vor ihm standen und da alle andre Bilder in dieser Einfalt sind? Judahs Faust ist am Nacken seiner Feinde, er raubt wie ein Löwe, er zieht auf dem Esel als Ueberwinder und sättigt sich übers müthig, stolz mit Wein und Milch. — Das malen die Bilder; und wie kämen unter sie Kriegsfahnen? Zu dem: geht der Commandostab zwischen diesen? oder geht er vor ihnen her? Auch der Parallelismus will etwas anders: denn dieser heißt:

| Nie wird wegkommen | der Stammesstab | vom Judah: |
| nie wird wegkommen | der Befehlstab | von zwischen seinen Füßen; |

also natürlich: er wird ihn immer behalten, und da hier vom Ziehen nach Kanaan, nach Siloh die Rede ist, so wird der Sinn klar: „Judah soll auf seinem Zuge, auf seinen Angriffen gegen die Feinde nicht eher den Commandostab niederlegen, bis Ruhe da ist, bis die Völker unterjocht sind." Daß מחקק nicht nur den Befehlshaber, sondern auch und zwar zunächst den Befehlstab bedeute, ist aus 4 Mos. 21, 18. so wie hier aus dem Parallelismus deutlich. Das Wort correspondirt mit שבט, so wie das רגליו mit יהודה correspondiren muß, welches also nach dem Verfolg des Bildes nichts anders seyn kann, als der Gang, der Tritt, der Zug Judah. Daß רגל dieß heiße, und daß der Name des Fußes im Ebräischen nur aus der Bewegung, dem Schritt entstanden sei, bedarf keines Erweises.

Denn bindet er sein Füllen an den Weinstock, 1)
an edle Reben seiner Eslin Sohn;
und wäscht sein Kleid in Wein,
wäscht seinen Mantel in der Trauben Blut:
seine Augen funkeln Wein,
seine Zähne glänzen Milch.

Jeder fühlt, daß das ganze Bild nur Ein Zug sei. Judah wird zum Erstgebohrnen an Ansehen und Macht ernannt, damit er allen voranziehe, daß seine Faust zuerst am Nacken seiner Feinde, daß er ein tapfrer Löwe sei, damit er sich in Kanaan in stolzer Ruhe lagre. Der Zug geht nach Silo, und Jacob mochte den Ort nennen, weil er in seiner eigentlichen Gegend, zwischen Sichem und Bethel gelegen war; womit er also Judah aufgab, nicht eher den Führerstab niederzulegen, bis er in sein väterlich Erbtheil angelangt sei. Indessen zeigt der Parallelismus, daß es dem Weißager hier

1) In so erweitertem Sinn später diese Bilder genommen sind, so sollen sie ursprünglich nichts als den Uebermuth des Helden in seinem reichen, neuen Lande, bezeichnen. Deshalb steigt er ab und bindet den Esel an die edle Rebe, wäscht seinen Mantel in Wein, spült den Mund mit Milch: sein Auge röthelt vom Wein u. f. — An moralische Deutungen dachte der Altvater schwerlich; desto mehr aber daran, daß er mit Vorhaltung der stolzen übermüthigen Ruhe den Stamm Judah zum ersten Zuge nach Kanaan zu wekken und aufzumuntern strebte.

hier mehr als ein Name, daß es ihm eine Ruhe und Friedensstadt sei: denn eher bindet der Sieger nicht seinen Esel an den Weinstock und wäscht seinen Mantel im Blut der Trauben, bis die Völker ihm ruhig gehorchen. — Judah hat diese Pflichten einigermaaßen, nicht aber ganz erfüllet. Er trieb seine Brüder nicht aus Aegypten, er ließ sich unterdrücken wie jene, bis ein Levit kam und das Volk befreite. In der Wüste zog Judah (wahrscheinlich mit dem Panier des Löwen aus diesem Segensspruch) seinen Brüdern voran; aber sobald sie nach Siloh kamen, nahm er auch (ebenfalls gestützt auf diesen Segen) den ersten Theil des eroberten Landes weg, obwohl, wie doch eben auch der Vater wollte, die Völker ihm noch nicht alle gehorchten. Nun hatte er freilich ein Land, reich an Weinbergen und Weiden; allein viele seine Brüder darbten, und als nachher die Frage ans heilige Orakel geschah: „wer soll den Krieg führen?„ konnte keine andere Antwort, (auch nach diesem Segensspruch,) erwartet werden, als: „Judah soll ihn führen!„ denn das war ja seines Vorranges Pflicht, nach welchem er sich zuerst das halbe Kanaan zugeeignet hatte. — Seitdem der glorreichste König, David, aus diesem Stamme war, konnte es nicht fehlen, daß nicht alle Bilder des alten Geschlechtssegens vorzüglich auf ihn übertragen wurden: und so lagerte sich der Löwe aus Judah schon in einer

höhern

höhern Bedeutung. Jerusalem heißt beym Propheten Ariel, Gottes Löwe: der Ueberwinder tunkte seinen Mantel jezt ins Blut der Feinde, wie ihn der Stammvater vorher ins unschuldige Blut der Trauben getunkt hatte. Auch auf das Geschlecht Davids gingen mit der Zeit diese Bilder über und auf den zukünftigen König der Ruhe und Glückseligkeit wurden sie zuletzt alle angewandt, so gar bis auf den Esel und der Eselin Sohn in einem der letzten Propheten. Offenbar entsprangen alle aus dem Quell dieser frühen Weißagung. — Judah erhielt sich also immer im Ansehen der ersten Hoheit. Auch in der Gefangenschaft war der erste des Volks ein Fürst aus Judah, Serubabel aus Judah zog mit dem Volke zurück: so kettete sich alles nach Zeitumständen an einander, und eben mit diesen Zeitumständen ging der Sinn der Weißagung immer mehr ins Große, wie wir bald ausführlicher sehen werden. m)

m) Noch merke ich nur an, daß auf diese Weise auch die buchstäbliche Deutung des Segens immer einen weitern Umfang annahm. Das ש, das wahrscheinlich zur zweiten Reihe gehört, rückte man an die erste: „in Ewigkeit sollte der Scepter nicht von Judah weichen,„ und so bekam die zweite Reihe eine ganz andre Bedeutung. Nun ward das ursprüngliche שלה bald in שילה bald gar in שלמה verwandelt, oder als שלה punktirt u. f. Man könnte eine lange kritische Geschichte dieser Stelle schreiben; der ursprüngliche Sinn

Sebulon wird am Ufer des Meeres wohnen,
wo die Schiffe landen, wohnet er,
und reicht bis Sidon hinauf.

(Vermuthlich war Jacobs Meinung, daß wenn Judah bis Siloh, als das Erbtheil seines Vaters, ihnen vorangegangen wäre, Sebulon sich zur westlichen Seite halten und sich am Meer Wohnungen suchen sollte. Da sie nun unter ganz andern Umständen nach Siloh kamen und das Land vertheilten, war der Befehl zu deutlich, als daß man Sebulon nicht am Meerbusen Acco, den die Natur selbst zum Seehafen längs der ganzen Küste ausgezeichnet, sein Land anweisen sollte. Bis Sidon aber streckte er sich nicht hinauf, weil man oberhalb die Einnahme des Landes nicht vollendete, obwohl auch Jos. 13, 6 dieser Strich wirklich als Israels Erbtheil benannt wird.)

Isaschar, ein stolzes, starkes Lastthier,
das zwischen zwo Höhen sich niederlegt.
Er sieht, die Ruh ist angenehm,
das Land umher ist schön;
und neigt die Schulter zu tragen
und fröhnt dem Wasserschlauch. — a)

(Er
Sinn aber und die natürliche Fortleitung der Ideen wird aus dem Gesagten ziemlich klar.

a) Vom Tribut ist hier auf keine Weise die Rede: denn wie hängt dieser mit dem Bilde des Lastthiers zusammen?

(Er follte nehmlich das schöne Thal zwischen den zwo
Höhen Thabor und Hermon für ſich wählen und ſich
da in Ruhe hinlagern: da ſei, ſeinem Friedeliebenden
Character gemäß, ſchönes Land, ſchöne Ausſicht. Da
könne er zwiſchen den Quellen und Strömen Waſſer
austheilen und ſeiner geduldigen fleißigen Art nach andern Hirten-Stämmen und ſich ſelbſt nützlich werden.
Offenbar iſt dies der erſte einfache Sinn der Stelle, und
wir werden bei Moſes Segen ſehen, wie er das Ge-
ſchäft dieſes Stammes für den Ort ſeines Heiligthums
anwenden und nützen wollte. Sein Wort ward nicht
erfüllt; aber in Jakobs Teſtament war die Stelle zu
deutlich, als daß Iſaſchar nicht ſeinen Theil zwiſchen

N 5   Thabor

men? deſſen Gleichniß doch mit dem Tragen auf den
Schultern offenbar fortgeſetzt wird. Daß סכל urſprünglich einen Schlauch bedeute, leidet wohl keinen
Zweifel; die Bedeutung des Tributs ſelbſt iſt nur daher entſtanden, daß man dieſen in Schläuchen und
Säcken brachte. Auch das ähnliche יוב hat dieſen
Sinn. Iſaſchar kam an die Kedumim, an die kleinen Ströme und Gießbäche zu wohnen, die bei der
Regenzeit ſehr aufſchwollen; hier ſollte er, ſeiner geduldigen Natur nach, ſeinen Brüdern, andern ziehenden Hirtenſtämmen das Waſſer vertheilen, und davon
ſeinen eignen Vortheil ziehn. Daß in dieſen Gegenden eine Verſammlung der Hirten beym Waſſer-Aus-
theilen war, ſehn wir noch aus dem Liede der Deborah (Richter 5, 11.) Welchen natürlichſchönen Lo-
cal-Zuſammenhang bekommt hiemit Iſaſchars Segen!

Thabor und Hermon bekommen sollte, wo also alles, was Jacob vom schönen Lande sagt, eintraf. Es ist voll schöner Aussichten und fruchtbarer Weiden: auch der Character Jsaschars hat sich dem Wort des Stammvaters gemäß erzeiget. Viel Helden hat er nicht gegeben, ob sein langes schönes Thal gleich oft das Kriegstheater ward; aber stark auch an Mannschaft war dieser Stamm: schon in Aegypten hatte er sich sehr gemehrt. o)

> Auch Dan wird seines Stammes Fürst,
> wie Einer der andern Stämme Jsraels.
> Eine Schlange wird Dan am Wege seyn,
> eine Wurfschlang' an dem Fußsteg,
> die dem Roß die Ferse beißt,
> daß der Reuter rückwärts stürzt.

(Mit den ersten Worten nimmt Jacob den Dan, der der Erste seiner Söhne von Kebsweibern war, unter die Zahl seiner andern Söhne auf; er sollte mit diesen gleich erben. Das konnte man nun bei der Einnahme des Landes nicht ändern, aber man setzte ihn, da er der siebende war, weit zurück und betheilte ihn am letzten und am schlechtesten. Nach Jacobs Meinung sollte er eine Gegend bewohnen, wo er feindlich-einbrechen-

de

o) Wahrscheinlich ist im Original auch ein verstecktes Wortspiel zwischen דן Haufe und Esel; jener Begrif führte vielleicht auf diesen.

de Reuterei aus engen Gebürgwegen von hinten anfallen und ihre Reuter rückwärts werfen sollte. Ein kleiner Theil vom Stamm Dan suchte sich also die nördlichste Gegend des Landes, wahrscheinlich als ein nach den Worten Jacobs ihm zugestandenes Erbtheil. Alle Einbrüche in Judäa kamen aus Syrien durch die Thäler des Libanus: das war der Weg der Völker und dahin schickte sich Dan, falls man ihn nach dem Berühmtesten seines Stammes, Simson, beurtheilen dörfte, vortreflich. War dieser nicht immer den Philistern eine Schlange am Wege, ein kühner Cerast, der sich der Ferse des Roßes von hinten anwirft? Durch List und wohlgewählte Oerter wehrte er sich gegen mächtige Haufen und that Schaden, wo er nicht überwinden konnte. — Auch an der Seite der Philister hatte Dan ein Land voll Hölen und enger Wege, wo er sich, wenigstens durch Simson, in Kriegslisten berühmt machte. —

Auf deine Hülfe hoffe ich, Jehovah.

Mich dünkt, diese Räthselworte, die man so ungleich gedeutet hat, nehmen aus dem Ort, wo sie stehen, ihren ziemlich klaren Sinn. Nordwärts war das Jüdische Land den mächtigsten und drohendsten Ueberfällen ausgesetzt, wie auch die Geschichte aller Eroberungen und Zerrüttungen desselben gezeigt hat. Und da sollte
Dan

Dan wohnen! da mußte Jehovah dem Volk helfen oder es ging unter; und auf die Hülfe hoffte der väterliche Weißager, der mit diesem Seufzer in die Bedürfnisse des Landes seiner Söhne tief hineinsah. p)

 Gad! (Haufe) Haufen drängen auf ihn
 und Er drängt hinten auf sie.

(Ein vierfaches Wortspiel. Wir wissen nicht, bei welchem Zudrange der Völker Gad wohnen sollte: denn auf das Land, das er nachher jenseit des Jordans bekam, das eigentlich nicht zu Kanaan gehörte, hatte der Erzvater schwerlich gerechnet. Auch in diesem Hordenlande indessen auf den Gebirgen Basans hatte Gad Gelegenheit, die Kraft seines Namens zu zeigen. Er war ein tapfrer Stamm und Moses sahs ungern, daß er jenseit des Jordans sein Erbtheil foderte.)

 Von Asser kommt Oelreiches Brot;
 er ists, der Kön'gen Leckerbissen reicht.

(Die Stelle war zu deutlich, daß sie, zumal nachdem sie Moses nochmals erklärt hatte, r) nicht hätte befolgt werden

p) יְשׁוּעָה heißt Hülfe, Beistand, Errettung. Diese hatte Jacob, wenn er in Engen seines Lebens war, immer von Gott gehofft und erhalten; er hofft sie auch für die Sicherheit seiner Söhne, da er eben jetzt von gefährlichen Ueberfällen reden mußte. Mich dünkt, dies ist die leichteste, natürlichste Erklärung, die hier der Zusammenhang giebt; jede andre steht weither gesucht und ohne Verbindung da.

r) 5 Mos. 33, 24. 25.

werden müssen. Asser bekam ein Oel- und Fruchtreiches Land zwischen Bergen an der Küste.)

Naphthali ist eine schießende Terebinthe,
die schöne Wipfel wirft.

Er bekam ein waldigtes Bergland auf der Nordhöhe Kanaans, wo er wie eine Wipfelreiche Terebinthe grünte. — Und nun blickt Jacob auf den Wohlthäter seines Hauses Joseph, der als ein Gekrönter unter seinen Brüdern dastand. Er krönt ihn auch unter seinen Brüdern, giebt ihm in seinen beyden Sproßen den zweiten Vorzug, den er Ruben genommen hatte, ein doppeltes Erbtheil; ja weil er sein Wohlthäter gewesen war, giebt er ihm seinen eigensten väterlichen Segen, den Genius und Hülfgott seiner Jugend.

Der Zweig einer fruchtbarn Mutter ist Joseph,
der Zweig eines Fruchtbaums über der Quelle:
seine jungen Sproſſen ſchieſſen die Mauer hinauf.

Erbittert waren auf ihn und ſchoſſen auf ihn
und haſſeten ihn, die die Pfeile zu richten wußten:
dennoch blieb ihm ſein Bogen veſt:
seine Arm' und Hände wurden gelenk.

Von den Händen des mächtgen Gottes Jacobs,
Vom Namen des, der mich auf meinem Stein bewachte, s)

von

s) Auch dieſe Stelle erklärt uns Moſes (5 Mos. 33, 16.), der ſtatt des Aufſehers über dem Stein Iſrael, den

Gott

von deines Vaters Gott. — Er stand dir bei:
von dem Allmächtigen — Er wird dich fürder segnen,
Segen des Himmels von oben,
Segen des Meers, das drunten liegt,
Segen an Mutterbrüsten, an Mutterleibern. —

Die Segen deines Vaters steigen mächtig
über die Segen meiner Gebürge
zum Reiz der ewigen Höhen hinan. t)
Sie werden kommen auf Josephs Haupt,
auf die Scheitel des Gekrönten seiner Brüder. —

Sofern Gott setzt, der ihm im Busch erschien, also den Schutz-gott seines Lebens in der frühesten Erscheinung, wie Jacob hier den Beschützer und Genius seiner Jugend in der frühesten Erscheinung nennet. Die Construction hat nichts Hartes, sobald man dies als den gewöhnlich-verkürzten Namen des Gottes dieser Begebenheit ansieht, wie es auch andere solche Lokalnamen Gottes gab, z. E. 1 Mos. 22, 14. u. f. Es heißt also soviel als der Gott Bethels. Man lese 1 Mos. 28, 15. 20. 21. wo man das אבן עזר erklärt findet, und sage, ob man einen bequemern Ausdruck von dieser Begebenheit im Munde eines Hirten wüßte?

t) Der älteste und ächteste Ausleger dieser Stelle, Moses, hat das הררי für Berge gelesen, so commentirt ers in seinem letzten Segen (5 Mos. 33, 15.) und das will auch der Parallelismus. Das עד ziehe ich nicht zu הררי und lese also הרי „meine Berge„: die kleinern Berge Kanaans nehmlich, die Jacob als sein umzognes Land ansieht und über welche sich der Libanon als eine Höhe der Urwelt hebt. Die Specereien und Balsamdüfte, Josephs Haupt zu krönen, sind nach der

Sprache

Sofern der vortrefliche Segensspruch Anspielungen auf Rahel und auf das frühe Schicksal Josephs enthält, will ich die Erläuterungen darüber nicht wiederholen; u) hier sei er uns Charte dessen, was Joseph in Kanaan für seine beiden Stämme erhalten sollte. Der Vater mahlt es ganz in die Geschichte des Lebens Josephs: sein Zweig blüht über einem Quell, wo seine Sprossen die Mauer hinüber schiessen. Ein unüberwindlicher Bogenschütze ist er, dessen Arm und Hände durch den Anfall der kühnsten Feinde nur desto gelenker werden. Er wird mit dem sonderbaren Segen hoher Berge gekrönt, wo der Himmel oben, das Meer drunten liegt, in welchem Bilde sich der Wunsch seines Vaters bis zu den Höhen der Urwelt hebet. — Was wären also diese Höhen der Urwelt? Moses erklärt sich drüber in seinem Segen: er wird die Völker zerstoßen, bis an die Ende des Landes; Ephraim also, das mächtige Einhorn, sollte mit seinem Bruderstamm wahrscheinlich an der nördlichen höchsten Höhe des Landes, hinan den Libanon wohnen. Hier war die Quelle des schönen Fruchtbaums, Phiala, wo der Jordan entsprang, hier konnte er die Mauer hinan, ja über die Mauer des Landes schiessen,

Sprache der Poesie der Segen der Berge, der kostbare Reiz derselben; wie Moses (5 Mos. 33, 15.) es abermals deutlich umschreibet.

u) S. Briefe das Studium der Theol. betreffend, Th. I.

schiessen, und die gelenke, unermüdliche Tapferkeit beweisen, über die sein Stammvater gerühmt wird. Hier war der Himmel oben und drunten das Meer: hier sind die Segnungen der ewigen Berge, der Berge der Urwelt, von denen ihm Specereien und Köstlichkeiten wie Diadem und Salbung auf eines Gekrönten Haupt kommen sollen. Auf solche Weise wird in diesem überschwänglichen Segen nicht nur alles zusammenhangend, sondern selbst darstellend, örtlich. Wie Libanon über Kanaan als ein Berg der Urwelt hinausblickt, oben weiß gekrönt und hebt sich zu den Wolken: die ewgen Cedern Gottes stehn auf ihm, x) Bäume, die der Herr gepflanzt hat; wie tiefer hinab er voll Weinstöcke ist, die über den vielen Quellen stehn, die von ihm hinab rinnen: so soll auch dieser Stamm blühn, erquickend wie der Wein am Libanon, y) wie ein Fruchtbaum über der Quelle. Seine zwo Sprossen schiessen die Mauer hinüber: denn der Libanon theilt sich in zwei Arme. Er trägt Weihrauchbäume, (von denen er im Griechischen auch den Namen hat,) Specereien auf Josephs Haupt, Balsame auf den Scheitel des Gekrönten. Geruch des Libanons ist im Hohenliede und den Propheten z) poetischer

---

x) Pf. 104, 16.
y) Hof. 14, 8.
z) Hosea 14, 7. Hohel. 4, 11. Die Blumen, die Weiden, die Quellen, die Aussichten des Libanon sind eben so

scher Ausdruck der Wohlgerüche und Specereien —
Der Paß gen Hamath, in den hier Joseph als der stärkste, gelenkste Bogenschütze gestellt wird, ist der entschei-
dendste über das Land, den nach Moses Bilde Ephraim
und Manasse decken sollen, mit der Gewalt eines wilden Stieres. Weiser Gedanke Jacobs! Die Kinder
seines Aegyptischen Sohns entfernt er am weitsten von
Aegypten: Die den schwersten Paß inne hatten, fodert
er auf mit allen Segnungen der Königswürde, mit allem Lobe der Tapferkeit, ja mit allen Wünschen vom
starken, mächtigen Gott, dem Hüter Jacobs auf seinem Steine: denn hier setzt er den Eckstein der Hut des
Landes. In Süden unten sollte ein Löwe Wache halten, der tapfre Judah; nördlich sollte der wilde Stier
stehn in den Pässen der Berge. — Und Benjamin,
auch ein Bruderstamm, ihm zur Seite.

 Benjamin wird rauben wie ein Wolf,
 am Morgen Raub verzehren,
 am Abend Beute theilen.

weil die Streifpartheien in den Morgenländern Morgens und Abends auf Beute ausgehn. Auch Er sollte
also in diesen Berggegenden wohnen.

 Wir wissen, daß auch dies nicht befolgt ward. Da
Juda seinen Theil genommen, wollte Ephraim, der
zweite

so gepriesen: Nahum 1, 4. Jes. 40, 16. Hohel. 4,
15. u. s.

zweite mächtige Stamm, auch das Seine haben, und nahm, was ihm nicht bestimmt, womit er auch selbst nicht zufrieden war. Benjamin blieb ihm zur Seite. Das Lob des Vaters, das er seinem Wohlthäter gab, ward also Ursache, daß die Söhne deffelben ihr Lob nicht erfüllten. — Indeffen scheints, daß ein Andenken ihrer ursprünglichen Bestimmung noch in Israel geblieben. Der Prophet, der am eigentlichsten dem Stamm Ephraim weißagte, Hoseas, braucht die schönsten Bilder vom Libanon. Seine Wurzeln sollen ausschlagen, seine Zweige sich ausbreiten und Geruch geben wie Libanon. Er soll blühen wie Libanons Weinstock, sein Andenken erquickend seyn, wie der Wein auf ihm u. f. Auch die Berge Ephraims werden mit dem nördlichen Dan zusammengesetzt, welches an den Wurzeln des Libanons lag (Jer. 4, 15. 16.) und so wird Joseph recht eigentlich des Landes Krone.

So dachte sich der alte Hirtenvater seiner Stämme Wohnung, und unüberwindlich wäre das Land gewesen, wenn es der Libanon, der Jordan, das Meer und die Wüste wohlverwahrt umschlossen hätten. Sein Segen steigt wie ein Palmbaum, deffen Aeste sich mehr und mehr ausbreiten, und wird zuletzt zur Ceder Gottes auf den Gebürgen. Wäre Israel früher dahingezogen, hätte es sich allmälich; oder da es so spät hinkam, hätte

es

es sich wenigstens mit einträchtiger unabläßiger Macht verbreitet: denn wäre das wohnende Heerlager daraus geworden, das mit den vier Panieren in der Wüste zog, die die spätere Tradition zu Bildern des Wolkenwagens Gottes zusammensetzte: ein ewiger Phalanx und in der Mitte desselben das Zelt Jehovahs.

Wir kommen auf den traurigen Contrast von Jakobs zu Moses Segen. Hier sprach kein Vater mehr, der das Land mit friedlichem Blick übersehen, und es als das Seine unter Hirtensöhne theilen konnte; es sprach der matte Gesetzgeber, der sein Grab vor sich sah und sein Leben bei einem unwürdigen Volk verlebt hatte. Drittehalb Stämme hatten schon den Entwurf Jakobs zerrissen, und von den übrigen ließ sich auch nicht zu viel Gutes hoffen. Er kleidet also seine letzten Wünsche in ein Gebet, seine anmunternden Vorschläge in einen linden Segen; der aber eben so wohl ernster Befehl seyn sollte, als der letzte Wille Jakobs. Es sind sehr bestimmte überdachte Worte, das politische Testament eines abscheidenden Weisen.

Segen Moses, des Mannes Gottes, über Israel,
  vorm Antlitz des Todes.
Er sprach:
 Jehovah kam vom Sinai,
 ging ihnen vom Seir auf,

glänzt' auf vom Berge Paran:
Er kam von Kadesch Bergen a)
und um ihn wallte Feur. b)

Wie liebet er die Stämme!
All' seines Glanzes Pracht ist um ihn her;
und Jene dir zu Füßen, c)
empfangen Dein Gebot.

Moses gebot uns das Gesetz,
ein Erbtheil der Versammlung Jakobs:
denn Er war König Israels,
beisammen waren alle Volkeshäupter
und Stämme Israels (da er es gab.)

So

a) Lies מרבבת קדש, wie der Parallelismus fodert.

b) Daß das gewöhnliche אש דת als „Feuergesetz„ eine harte Construction sei, fühlt ein jeder; es ist hier auch dem Context zuwider. Gott kommt V. 2. 3. als Lehrer des Volks: die Stämme sitzen ihm zu Füßen und lernen. Moses wird ihr Lehrer, und sein Gesetz ist Ausspruch des Mundes Gottes; ein weit würdiger Bild als wenn Gott es in der Hand mitbrächte. Vielmehr wird auch im 3ten Vers die stralende Herrlichkeit der Rechte dem Ausspruch des Mundes Gottes entgegengesetzt, und Pracht von Gnade unterschieden. Habakuk erklärt uns das Bild, der das אש דת durch wallendes Feuer, schießende Stralen giebt. Mit der Zeit sind die διαταγαὶ ἀγγελων, die Reihen der Engel daraus entstanden, die diesen Ausdruck genau erklären.

c) Welch ein schöner Contrast der furchtbaren Herrlichkeit und der lehrenden Gnade! Nur Moses konnte und mochte von der Gesetzgebung so reden! Die הם des

3ten

So sollte Israel das Gesetz ansehen lernen, als eine frei-angenommene Gottesverfassung, als eine unterrichtende Gotteslehre. Moses war ihr König, aber nur unter versammleten Volkshäuptern, also in einem freien Staat. In dieser Qualität spricht er auch seine letzten Worte, und giebt ihnen damit das Ansehen, das er seinem Gott gab, Würde und Liebe.

> Ruben lebe! sterbe nicht aus!
> Seine Mannschaft werde zahlreich wieder. —

Noch immer ein armer Segen, den der Erste Stamm bekam; indessen doch ein Segen! Simeon wird übergangen, weil Moses ihm nach Jakobs Testament kein Land zuzutheilen wußte.

Zu Judah sprach er:
> Höre, Jehovah, die Stimme Judah!
> Führ' ihn hinein zu seinem Volk: d)

3ten Verses sind offenbar nicht Engel, sondern die versammleten Stämme, die eben genannt sind, und V. 5. nochmals genannt werden: sie sitzen zu des lehrenden Vaters Füßen und lernen als Schüler. Die lernenden Engel sind spätere Rabbinische Deutung.

d) Das Volk, zu welchem Judah eingeführt werden soll, ist wahrscheinlich das, was ihm auch Jacob zugesichert hatte (1 Mos. 49, 10.) sein vorzügliches, erstes Erbtheil. In diesem lagen die Gebeine der Väter: er sollte dem Volk den Namen geben, und dies sich zu ihm als dem Anführer halten; daher der Ausdruck.

sein Arm wird tapfer streiten
und wenn ihn Feinde drängen,
wirst du ihm Hülfe seyn.

Auch Judahs Segen ist klein, gegen das, was Jacob
von ihm sprach. Unrühmlich ist er indessen nicht: Judah wird an seine Pflicht erinnert, allen voran zu
streiten.

Zu Levi sprach er:
Dein Licht und Recht vertrautest du
dem treuen, dir ergebnen Mann,
den du hart prüfetest am Prüfungsort,
mit dem du hadertest am Haderquell.

Er sprach zu seinem Vater, seiner Mutter:
„ich kenn' euch nicht!„
Und kannte seine Brüder nicht,
und kannte seine Söhne nicht! — e)

So werden sie auch treu dein Wort bewahren
und halten über deinen Bund.
Und deine Richtersprüche Jakob sagen,
Israel dein Gesetz:
Sie werden Weihrauch dir zum Wohlgeruch anzünden,
Brandopfer legen auf deinen Altar.

Jehovah

e) Die Construction, in der ich den Vers übersetzt habe,
giebt ihm, dünkt mich, Licht und Würde. Der Singularis האמר geht auf Aaron; der folgende Pluralis
auf die Leviten, die seinem edeln Beispiel der Unpartheilichkeit in Rechtssprüchen, und der treuen Anhänglichkeit an Gott, ihren Landesherrn, folgen sollten.

> Jehovah segne ihre Kraft!
> Nimm wohlgefällig an das Werk von ihrer Hand;
> Wer aufsteht gegen sie, den schlage nieder,
> und wer sie hasset, müß' aufkommen nie!

Hier hören wir den Leviten, der seinen Stamm von Herzensgrunde segnet. Er spricht als Bruder Aarons und ehrt sein Andenken nicht nur dadurch, daß Gott ihm das höchste Gericht aufgetragen, sondern daß der, der das Brustschild zuerst trug, von großer Redlichkeit, von einem unbestechbaren Character gewesen. Fast beklagt er sich gegen Gott, daß dieser über einen kleinen Fehler so scharf mit ihm gehabert habe. Er nennet es einen Unglücksort, dessen Schuld der redliche, verdiente Mann mit seinem Leben habe büssen müssen — und hiemit entschuldigt er verborgner Weise sich selbst. Sein war dieselbe Schuld, um deretwillen auch er jezt vorm Antliz des Todes stehet. (S. 4 Mos. 20, 1.8 und kurz vorher 5 Mos. 32, 50. 51.) Ein schöner Uebergang ists vom Lobe Aarons auf die Pflichten des Stammes: das Denkmal dessen, der zuerst das Gerichtsschild trug, soll ihr ewiges Vorbild werden. Ihre Pflichten werden als Hoffnungen gesagt und Gott angeflehet, für einen Stamm Parthei zu nehmen, der zu Aufrechthaltung der Landesconstitution so unentbehrlich sei und so viele Feinde habe. Ein feingedachter Segen des Gesetzgebers, über welchen wir schon ein mehreres gesagt haben.

Zu Benjamin sprach er:

Der Geliebte Jehovahs, er wird sicher wohnen!
Es schwebet über ihm der Hocherhabne täglich,
und läßt ihn ruhen zwischen seinen Flügeln.

Dieser Segen ist zart empfunden, und nach Jacobs Spruch ganz verändert. Der räuberische Wolf ist hier der Benjamin wieder, den dort sein Vater nicht auf die Reise lassen wollte, f) den er der Obhut seiner Brüder angelegentlich empfal. So empfielt ihn Moses der Obhut Jehovahs unter seinem öfter gebrauchten Lieblingsbilde, eines Adlers, g) Dieser schwebt über seinen Jungen, fängt, wenn sie fallen wollen, sie auf, und läßt sie sich auf dem Rücken zwischen den Fittigen ausruhn. — Dies alles wendet der väterliche Gesetzgeber auf Benjamin an. h)

Zu Joseph sprach er:

Gesegnet von Jehovah ist dein Land
mit Köstlichkeiten, die der Himmel oben,

das

f) 1 Mos. 43.

g) S. 5 Mos. 32, 11. 2 Mos. 19, 4.

h) Es ist unerwiesen, daß Schultern (Gottes oder Benjamins) Berge bedeuten; und von Bergen Benjamins, zwischen denen Gott wohnen sollte, ist hier nirgend die Rede. Zwischen den Bergen Moriah und Zion, wenn sie auch zu Benjamin gehört hätten, wohnte Jehovah nie. Zwischen ihnen war eine Kluft, und der Tempel Gottes stand auf den Bergen. Das doppelte עליו muß einmal עליון gelesen werden, wie auch die 70. gelesen haben.

das Meer', das drunten liegt, aus seinem Schooße
         giebt,
mit Köstlichkeiten, die die Sonn' erzeugt,
mit Köstlichkeiten, die die Monde geben.
Was auf den Ostes-Bergen Gutes sproßt,
und was der Urwelt Höhen Schönes tragen,
was Köstliches die Erd' aus ihrer Fülle bringt;
sammt dessen, sondrer Huld, der mir im Busch er-
         schien,
das alles komm' auf Josephs Haupt,
komm' auf die Scheitel des Gekrönten seiner Brü-
         der! —

 Wie erstgebohrnen Stiers ist seine Heldenzier,
wie wilden Stieres Hörner seine Hörner,
mit ihnen stößet er die Völker
bis zum Ende des Landes hin.
Das werden thun die Zehntausend' Ephraims,
die Tausende Manasse's.

Moses Segen über diese Stämme ist reich und gelehrt: er umschreibt den Segen Jacobs nach seiner Zeit, nach seiner Aussicht. Den Segen vom Himmel erklärt er durch den Thau und durch Ausflüsse des untern Meers, das die Mutter der Fruchtbarkeit in der alten Physik war; sodenn durch Einwirkungen der Sonne und des Mondes zu den köstlichsten Gewächsen im Jahrs- und Monden-Umlauf. Die ewigen Berge Jacobs lagert er in den Ost, weil daher die Kostbarkeiten der Ge-
         würze,

würze, des Goldes u. f. damals kamen. Das Wort
שור in Jacobs Segen nimmt er in der Bedeutung des
Stiers und kleidet Ephraim in die tapfre Schönheit eines Erstgebohrnen deſſelben, ſo wie er auch mit den
Zehntauſenden Ephraims und den Tauſenden Manaſſe
auf den Ausſpruch des Altvaters zielt, der den Ephraim
zum Erstgebohrnen der Söhne Joſephs machte; der
Segensſpruch iſt alſo gelehrt ausgemalet. — Er ward
kaum erfüllet, da Ephraim ſich nicht die Ecken des Landes zum Beſitz nahm; und vielleicht trug eben die Stelle, die Moſes ihm und Benjamin gegeben hatte, dazu
bei, daß er nicht ganz erfüllt wurde. Benjamin lagerte ſich zwiſchen zwo ſtarke Schultern, die mächtig-
ſten Stämme Ephraim und Judah. Jenes wählte
ſich frühzeitig auch ſeinen Theil in der Mitte des Landes, der zwar fruchtbar war, nicht aber an dieſe Fülle
von Segnungen reichte.

Zu Sebulon ſprach er:
    Freue dich, Sebulon, deines Handels
    und deiner Hütten, Iſaſchar.
    Die Stämme werden euren Berg ausruffen, i)

und

i) Ich habe hier nur die Ueberſetzung grammatiſch zu
rechtfertigen: und ſie iſt wörtlich. Daß עמים die
Stämme ſind, zeigt der 3. und 21. Vers, daß הר
ein Berg den genannten Stämmen nicht weit entfernt
ſeyn müſſe, zeigen die folgenden Localurſachen, die
aus-

wo sie rechtmäßge Opfer opfern werden:
denn daselbst können sie der Meere Zufluß saugen
und des Sandes verborgnen Schatz.

Da ich zuviel über diese Worte zu sagen habe, verspare ichs zu einem eigenen Anhange dieses Abschnitts, und werfe die Erklärung des folgenden Segens in eine Note: k)

Zu Gad sprach er:

Gelobt sei Gott, der Raum für Gad gemacht! Wie ein Löwe wohnet er und raubte Arm und Scheitel.
Der ausdrücklich mit ב angeführt werden, und sich auf den Hafen bei Acco, so wie auf die Geburtsgegend des Glases beziehen. Fremde Völker zum Berge, zu einem Berge im Stamm Judah zu rufen, um daselbst Schätze des Meers zu saugen; von diesem Allen sagt der Text kein Wort.

k) Der Segen auf Gad enthält Lob und Tadel. Lob der Tapferkeit, da Gad der Erste der drei Stämme war, die zu seinem Trupp gehörten. Deßwegen nennt er ihn מחקק, den Führer, und sagt, daß er sich sein schönes Erbtheil wie ein Löwe geraubt; tadelt ihn aber, daß er sich die erste Beute geraubt habe, und da schon wohlbedeckt (שכן) in stolzer Ruhe wohne, indeß seine Brüder noch unter Zelten umherzögen. Doch rühmt er sein gegebnes Versprechen, auch künftig noch mit und dem Heere voran zu ziehn, bis alle Kriege (die Gerichte Gottes über Kanaan) vollendet seyn. Beim ersten Feldzuge that dieses Gad (Josua 4, 12.) und zog voran dem Heer.

Der Eroberung erste Beut' ersah er sich;
weil da sein Fürsten-Erbtheil sicher liegt;
doch wird er mit noch ziehn, dem Heer voran,
Jehovahs Kriege zu vollenden,
und auszuführen die Gerichte Gottes
mit Israel. —

Zu Dan sprach er:

Auch Dan, ein junger Löwe
springt mit aus Basan auf —

(wo er vermuthlich damals gelagert lag. Moses Absicht ists also, die Stämme aufzufodern und anzufeuren zur Erobrung des Landes.)

Zu Naphthali sprach er:

Gesättiget mit Huld, voll Segens von Jehovah,
besitze Meer und Mittagsland.

(d. i. am See Genezareth die Mittagsseite, gleichfalls nach dem Befehl Jacobs.)

Zu Asser sprach er:

Gesegnet unter den Stämmen wird Asser seyn
und wohlgefällig seinen Brüdern werden:
und tauchen seinen Fuß in Oel.

Erz und Eisen werden deine Riegel!
und wie dein Leben wächst auch deine Kraft. —

(Es mehret sich sein Reichthum, seine Stärke, je mehr er die Producte seines Landes nutzt, und auch wohlgefällig

fällig seinen Brüdern damit dienet. Der Segen Jacobs ist abermals sehr politisch und national verändert. Fremden Königen (wie der Hirtenvater noch meinte) sollte Asser mit seinem Eisen, mit seinem schönen Oel nicht dienen; sondern seinen Brüdern. — So schlang Moses die Stämme zusammen! so wollte er, daß bei den Verschiedenheiten ihres Bodens, in allen Ein Brudertrieb, ein in sich gekehrter Fleiß und Nationalgeist lebte.)

Niemand, o Israel, ist wie der Gott,
der auf den Himmeln dir
wie auf Kriegeswagen zur Hülfe zieht,
auf hohen Wolken zieht in seiner Majestät.

Dein Schutzgott ist der alte Gott, 1)
und du bist unter seinem ewgen Arm.
Er stieß vor deinen Augen die
hinweg den Feind,
und sprach: Vergeh!

Ja! Israel wird wohnen
gesichert und allein.
Das Auge Jacobs siehet

ein

1) Daß מען das stärkste Wort Moses sei, Gottes Dauer und unverbrüchliche Treue anzuzeigen, wissen wir aus Ps. 90, 1. Er erinnert sie mit dem Wort קדם und עולם, mit den Kriegeswagen und Siegszügen Gottes in den Wolken an dessen alte Wunder.

ein Land vor sich voll Korn und Wein,
dem seine Himmel träufeln Thau.

 Beglücktes Israel!
Wo ist ein Volk wie du?
das sein Jehovah schützt —
Er deiner Hülfe Schild!
Er deiner Hoheit Schwert!
Laß auf dich Ränke suchen deine Feinde;
Du wirst auf ihren Höhn,
ein Sieger gehn.

Mit so güldnen Worten nimmt Moses Abschied. Er bauet sein Volk auf Gott, macht ihm sein Land beliebt, auf welches er von den Höhen Basans und Gileads blickte. Hier würde Israel abgeschlossen, sicher, allein wohnen; genährt nicht wie Aegypten vom Strom, sondern unmittelbar vom Thau aus der Hand Jehovahs. Ein tapfres Bergvolk sollte Jeschirun seyn, und ohngeachtet der Ränke seiner Feinde nicht ablassen, bis es auf alle ihre Höhen als Sieger trete! —— Wäre der Wille Moses erfüllt worden! Das Land liegt abgesondert, umkränzt von Bergen, Meeren, Strom und Wüstenein: ein kleiner Gotteswinkel, der durch Fleiß gebauet, durch Eintracht der Stämme beschützt und blühend werden konnte. Allen drei Welttheilen liegt er wie in der Mitte, dem unabsehlichen Asien, diesen reichen Bergen der Urwelt liegt er zu Füßen, und ist sein Ausgang, sein Hafen. Ober- und unterhalb Judda ging der Handel

der

der alten Welt weg: es hätte, blos seiner Lage nach, das glücklichste Volk der Erde seyn können, wenn es diese genutzt, und dem Geist seines Gesetzes treu geblieben wäre. Armes, jetzt kahles Land! in dem man, zum Theil durch heilige Gedichte und Lieder, noch mehr aber durch Unglücksfälle und Thorheit fast jeden Bach und kleinen Berg, jedes Thal und Dorf kennet, du kleines Land, das in der Geschichte der Menschen Jahrtausende hin durch Aberglauben, Blut und Kriege so berühmt worden; wirst du es einst noch auf andre bessere Weise werden? oder sind deine einst so fruchtbaren Prophetenberge auf ewig öde?

Thabor,

Thabor, der Berg des Heiligthums:
eine weise Idee Moses.

Zu Sebulon sprach er:
> Freue dich, Sebulon, deines Handels –
> und deiner Hütten, Isaschar.
> Die Stämme werden Euren Berg ausruffen,
> wo sie rechtmäßge Opfer opfern werden:
> Da werden sie der Meere Zufluß saugen
> und des Sandes verborgenen Schatz.

Warum nimmt hier Moses zwei und zwar contrastirende Stämme zusammen? er erklärt sich selbst, daß er es wegen eines Berges thue, den die Stämme zum Ort des Heiligthums und der rechtmäßigen Opfer ausruffen würden: denn hier, fährt er fort, würden sie den Zufluß der Meere genießen und schöne Seltenheiten, des Sandes verborgene Schätze, das Glas, zu sehen bekommen und einhandeln können. Er lockt sie also, wie Kinder, zum Ort ihrer Nationalversammlung, durch Gewinn und Neugier.

Was war dies für ein Berg, den er ihnen als einem freien Volk, zwar nicht anbefahl, aber mit Gründen vorschlug? Kein anderer als Thabor.

Thabor liegt in der Mitte zwischen Sebulon und Isaschar und ist beiden Stämmen die Grenze. Er liegt

dem

dem Meerbusen Acco gerad gegen über, dem natürlichsten Hafen der ganzen Küste. Der See Cendevia, die natürliche und älteste Mutter des Glases liegt unweit von ihm und der Bach Belus, der wegen dieser Erfindung so bekannt ist, wird durch Gewässer von Thabor her verstärkt. Die angegebnen Ursachen passen also auf keinen, als diesen Berg; ja die Worte sagen es wörtlich und deutlich. Es ist nehmlich gar nicht davon die Rede, daß fremde Völker zu einem Berge, (in der Wüste etwa und diesen zwei Stämmen fern) geruffen werden sollten (oder der Text litte Gewalt;) sondern die Stämme sollten einen Berg zum Ort des Heiligthums ausruffen, bei dem sie die angezeigten Vortheile und Vergnügen haben könnten; und das war Thabor.

Weise Idee Moses! von allen Seiten betrachtet, weise! Thabor hieß seinem Namen nach der Nabel des Landes; er sollte also auch seiner Bestimmung nach Mittelpunkt der Stämme wie das Delphische Orakel werden. Als Zion im untersten Theil des Landes dazu erwählt ward, welch ein Weg wars zu ihm für die obersten Stämme! Sie besuchten ihn also seltner oder mit großer Mühe; und bei der ersten Veranlassung fielen zehn Stämme von diesem Heiligthum ab und erwählten sich bequemere Oerter zu Dan und Bethel.

Wäre nun gar die Einnahme des Landes so weit getrieben, als Jacob und Moses sie wollten, bis in die Engen des Libanus hinauf, so war kein so bequemer Mittelpunct des Landes als Thabor.

Und der Berg war, seiner Natur und Lage nach, zum Ort der Nationalversammlung recht ausgezeichnet. Auf der fruchtbarsten Ebene erhebt er sich und alle Reisende sind über seinen wunderbaren Anblick einig. Abgesondert von allen Bergen liegt er auf seiner schönen Fläche allein da: vollkommen rund, als ob er durch die Hand der Kunst gebildet wäre. Er ist schwer zu ersteigen und also eine natürliche Vestung, wie er denn auch zu den Zeiten der Römer gegen sie bevestigt worden. Unten Stein, sodenn bis an den Gipfel mit dickem Gebüsch, mit Weinstöcken, Oel- und Fruchtbäumen bedeckt, wie wenn er mit einem grünen Kranz umschlungen wäre; und alle Gebüsche sind voll Gesanges der Vögel. Er blickt weit umher und Jeremias sagt von einem Helden: er wird hoch einherziehn, wie Thabor unter den Bergen. Sein Gipfel ist eine runde Fläche, Ein Stadium breit, zwei Stadien lang — welch ein Platz für das heilige Zelt eines Bergvolks! Wie andre Naturscenen würden auf ihm besungen seyn, als dort beym kleinen, dürren Zion! Scenen, in denen die Fruchtbarkeit des Landes, die Aussicht auf einträchprächtige, glücklich verbundne Stämme, aufs Meer und den See und den Jordan geschildert wären. Der Kison und die Kedumim, die von diesem Berge fließen, hätten prächtig gerauscht in diese Lieder, statt jenes kleinen Brünnleins der Psalmen beim dürren Berge Zion.

Das war der Berg nach seiner natürlichen Gestalt, und wie erwählt war er nach seiner politischen Lage! Er lag zwischen zwei Stämmen, die nicht die ehrsüchtigsten, aber die fleißigsten, bewerbsamsten waren, und deren keinem er ausschließend zugehörte; vor allen andern waren diese zu Herbergern der Nationalversammlung tüchtig. Von seinen fruchtbaren Ebnen konnte Isaschar Opfer liefern und damit die Einkünfte seines Landes geltend machen. Sebulon lag am Meer und konnte sich seines Gewerbs mit den benachbarten Handelsstädten freuen, wie der Gesetzgeber deutlich saget. Keine Rivalität der Stämme war hier zu besorgen: denn beide, die Söhne einer rechtmäßigen Mutter, gaben keinem andern an Würde nach; sie stritten aber auch mit keinem um den Vorrang. Sie nutzten ihre Lage durch stillen Fleiß und darauf hatte Moses gerechnet. Wenn wir seinen mit Jakobs Segen vergleichen: so finden wirs deutlich. Der Hirtenvater hatte Isaschar mit einem geduldigen Lastthier verglichen und ihn

P 2   deß-

deßhalb in diese schöne Gegend zum Austheilen des Wassers an die Heerden gelagert. Moses, der auf keine Kananitische Sklaven, auf keine Gibeoniten, die zum Heiligthum Holz und Wasser tragen sollten, rechnen wollte und konnte, sezte also sein Heiligthum in eine Gegend, welcher das Lastthier auf der Einen, der Unterhändler fremder Waaren auf der andern Seite lag; also Bequemlichkeit und Reiz von beiden Seiten. Wo fand dieses in der Wüsten Judah statt? und doch wissen wir, die Feste waren bestimmt zur Nationalergözlichkeit, zum Handel, zur Freude. Ein dem schönsten Hafen der Küste so naher Ort zog zur Zeit der Versammlung auch die Fremden dahin und weckte den Fleiß, beförderte den Vertrieb der Waaren des ganzen Landes: denn hier lag Acco, dort Genezareth, alle blühende Geschlechter lagen rings umher und in der Mitte stand Thabor, die Krone des Landes.

Schöne Krone, du wurdest nicht gewählt! weise Idee des Gesetzgebers, du wurdest nicht befolget. Lässig ließ das rohe Volk die Lade des gemeinschaftlichen Bundes, wo sie zuerst hinsank, und besuchte sie selten. Jeder schnappte nach seinem Besiz und bekümmerte sich nicht um die Einrichtung des Ganzen: denn Moses war todt, Josua alt, Eleasar schwach oder ohne Nachdruck. Bald gerieth das Heiligthum gar den Philistern

stern in die Hände, herbergte hie und da, bis David es —— auf seinen Zion holte.

Nun ists unläugbar, daß seine Regierung dadurch sehr bevestigt und geziert ward, wenn Er und der Nationalgott neben einander auf Einem und zwar von ihm neu eroberten Berge wohnten. Auch machten Privatumstände seines Lebens und des Stammes, aus dem er war, auf den er sich am meisten verlassen konnte, diese Wahl für ihn nothwendig. Indessen ists eben so gewiß und der Erfolg bekräftigte es deutlich, daß Moses großer Plan, alle Stämme durch einen freien Ort der Nationalversammlung als Brüder zu verbinden, auf immer zerrissen war und mit der Wahl Jerusalems zur Residenz Gottes und des Königs der Zankapfel zur völligen Trennung der Stämme ausgeworfen wurde. Ephraim und Judah wetteiferten um den Hauptrang, weil sie im Segen ihres Stammvaters beide mit einer Krone gekrönt waren. Und da Judah unter Davids Geschlecht zu viel Ehre, zu viel Uebermacht bekam, trat Ephraim mit andern Stämmen zusammen, und wählte sich so wie einen eignen König, so auch eigne Oerter der heiligen Versammlung. Nur Judah und Benjamin blieben vereint; offenbar weil der Tempel sie band, der auf ihren gemeinschaftlichen Bergen gebaut war — ein Erweis, daß, wäre dieser anders wohin

gestellt

gestellt gewesen, er die schöne Wirkung auf alle verbreitet hätte, die er jezt nur auf zwei Stämme verbreiten konnte. Das Volk hatte sein Gleichgewicht verlohren; der Mittelpunct einer freiverbündeten Nation lag beinah an der Ecke des Landes.

Forschen wir nach dem Grunde dieser Uebel, so finden wir ihn in der besten Quelle, dem Segen Jakobs. Aus Dankbarkeit gegen Joseph, aus Achtung für die Tapferkeit Judahs hatte er diesen beiden Söhnen Vorzüge eingeräumt, die ihre schwächere Abkunft mißbrauchte. Moses Befehl wars: das Land sollte nicht eher vertheilt werden, bis es ganz eingenommen wäre, und sodenn sollte die Austheilung nach der Volksmenge einzelner Stämme erfolgen. Der Befehl war billig und nothwendig: denn, wenn die stärkern Stämme zuvor ihr Theil wegnahmen, wer stand den schwächern bei? wer half ihnen zum Besitz? und wie war nun Ueberficht und rechtmäßige Austheilung des Ganzen möglich? Indessen ward der Befehl nicht ins Werk gerichtet. Schon Moses ward gezwungen, einigen Stämmen jenseit des Jordans ihr Theil zu geben. Wir wissen, wie ungern ers that und daß er sie mit einem Eidschwur verband, künftig voran zu ziehen und ihren Brüdern die Eroberung vollenden zu helfen. Das lezte geschahe nie. Sobald Josua ein paar glückliche Feldzüge

züge gethan hatte, griffen die zwei mächtigsten Stämme, Judah und Ephraim zu und nahmen für sich mehr als die Hälfte des Landes. Indeß zogen die andern schwächern Stämme umher, fanden sich mit den Kananitern ab, so gut sie konnten: die Theilung mußte dreimal wiederholt werden, damit jeder nur allenfalls ein Besitzthum fände. Einigen reichte das ihre gar nicht hin und sie mußten sich neue Wohnungen suchen. Die von Jakob zurückgesetzten litten dabei augenscheinlich und es ist nicht umsonst, daß Moses es dem Volk so oft einzuschärfen sucht: „Daß Gott nur bis ins dritte „und vierte Glied die Sünden der Väter strafe, bis „ins tausendste Glied hingegen segne.„ Denn was hatten Simeon und Levi Schuld daran, daß ihre Väter ein Bubenstück gethan? was hatte Dan gesündigt, daß er von einem Kebsweibe geboren war und in der Theilung fast leer ausging? Kurz, das Land ward unordentlich und ungleich vertheilt, nördlich nicht ganz erobert und was das Aergste war, die streitbarsten Stämme saßen da, wo der wenigste Angrif seyn konnte, in der Mitte des Landes; das Gefährlichere hingegen war den schwächern, kleinern zu Theil worden. Von Aegypten hatte Kanaan nichts zu befürchten: den Arabischen Horden war jeder Stamm gewachsen; aber nördlich gegen Syrien, Assyrien, Babel — da hatten Jacob und Moses den Ephraim, Manasse, Benjamin hinbestimmt und da war jezt das Land blos. Daher kamen nun alle Ueberfälle, in denen zuerst Israel, dann Judah verlohren ging; ja das Volk war auch gegen die Kananiter schon von Anfang an verlohren, da es sich trennte und nicht mit gewafneter Hand stritt, bis alle Siege volkendet waren. Jezt war keine Uebersicht, keine weise Eintheilung des Ganzen möglich. Ans Heiligthum, das Moses mit ganzem Fleiß mehr nordwärts, als südlich gelegt hatte, ward nicht gedacht; kein Knote der Stämme ward also geknüpft und sie wurden einzeln die Beute der schlechtesten Feinde.

Indessen blieb der schöne Thabor, was er war, und pries auch in seiner Naturpracht, wie jener Psalm singt, die Ehre des Schöpfers. Ja auch politisch ward er (eben seiner einzigen Gestalt und Lage wegen) das erste Siegstheater einer allgemeinen National=Errettung;*) daher er wenigstens als ein Berg der Tapferkeit und Freiheit im Liede der Deborah ewig grünet.

*) Richter 4. 5.

VII. Sieges=

VII.
Siegesgesänge der Israeliten.

Inhalt.

Geschichte Bileams im Licht ihrer Zeit betrachtet. Neigung der alten rohen Völker, zumal in Orient, zum Segensprechen und Weißager=Künsten. Verdienste Moses dagegen. Zweck des Brunnen=Liedes, das er anführt. Träume, Entzückungen, Visionen der Segensprecher und Weißager. Vision Bileams. Zweck derselben. Ihre Wahrscheinlichkeit in der Seele eines Schamanen. Die Segens= und Siegessprüche selbst. Von wem sie gemacht sind? wie sie an Israel gekommen? wie sie wahrscheinlich erhalten worden.

Buch der Kriege Jehovah. Stücke daraus. Paetische Erklärung des Altars Mose. Wer seine Hände zum Thron Gottes erhoben, ob Amalek oder Moses? Siegslied über die Amoriter. Poetische Stellen im Buch Josua und der Richter. Vom Stillstande der Sonne und des Mondes aus dem Heldenbuch. Vom Hall der Trompeten zu Jericho. Poetische Zeiten im Buch der Richter. Unterschied derselben von unsern bürgerlich=geordneten, glücklichern Zeiten. Ton der Erzählung in diesen Helden=Sagen. Lebendig geschilderte Charactere der Abentheurer und Helden. Probe an der Erzählung von Simson. Siegsgesang der Deborah, mit Anmerkungen und einem Anhang begleitet.

Da wir im vorigen Abschnitt zween Segensprüche über Israel aus verschiedener Zeit und in verschiednem Colorit betrachtet haben: so füge ich den stärksten, wie eine Siegeskrone hinzu. Es sind die Sprüche Bileams, da er das gelagerte Volk sah. Nur da die Geschichte, die vorhergeht, so vielen Widersprüchen und Meinungen ausgesezt ist, wird es nöthig seyn, sie in dem Lichte zu zeigen, das mir für Zeit und Ort das natürlichste dünket.

Als Israel gegen Moab rückte und der König dieses Volks sich zum Widerstande zu schwach fühlte: schickte er a) nach einem berühmten Weißager, der durch Verwünschungen thun sollte, was Er selbst durch Heereskraft nicht vermochte. — Der Umstand kann uns nicht sonderbar dünken, wenn wir die Denkart alter und noch jezt sinnlich roher Völker aus Reisen und der Geschichte kennen. Sie halten auf Verwünschungen und Segenssprüche ihrer Weißager viel: sie glauben, ihnen stehe Unglück bevor, wenn sie Einen derselben erzürnt haben, so gar daß sie gewissen Worten und Figuren des Fluchs und Segens eine unwiderstehliche Kraft zuschreiben. Die Geschichte des Aberglaubens unter alten Nationen, selbst die klugen Griechen und Römer nicht

a) 4 Mos. 22, 1.

nicht ausgenommen, b) ist hierüber Zeugin; und Morgenland, dazu hier ein wildes Volk auf den Gebürgen, zumal in so alten Zeiten, sagt damit nichts Besonderes. Es war eins von den unsterblichen Verdiensten Moses, daß Er, von lauter abergläubischen Völkern umgeben, bei seiner Gesetzgebung dem Aberglauben am meisten entgegen trat und Zaubereien, Verwünschungen, Segenssprüche durchaus nicht dulden wollte. Das Lied beim Brunnen, das eben in diese Zeit fällt, c) war vermuthlich auch dazu, um Aberglauben des Volks zu verhüten. d)

> Komm herauf, Brunn!
> Singet ihm entgegen!
> Diesen Brunn entdeckten uns die Fürsten!
> Ihn bezeichneten des Volkes Edlen,
>   mit ihren Sceptern!
>   mit ihren Stäben! —

Wahrscheinlich ließ Moses den Ort durch die Stäbe der Stammesfürsten bezeichnen, damit kein Zauberstab

b) Die letzten hielten bekanntermaaßen incantatores.
c) 4 Mos. 21, 16.
d) Noch jetzt glauben die Araber, Fische beschwören zu können, daß sie haufenweise herankommen, wenn sie ihnen Tal! Tal! (komm! komm!) zuruffen, und gerade ist dies das erste Wort des Liedes. (S. Niebuhrs Reisen Th. 2.) Auch bei andern Völkern habe ich von solchen Zaubertönen gelesen, dadurch sie Wasser aus der Erde hervorzulocken glauben.

stab dazu käme. — Bileam mußte selbst von diesem Volk sagen: „Zauberei hilft nicht gegen Israel, kein Segensprechen gilt gegen Jakob." Also auch in diesem Betracht wird die Geschichte ein Lob Israels: Moses zeigt am Beispiel des berühmtesten Segensprechers, wie leer und Gott-untergeordnet diese von ihm verbotene Kunst sei.

Die Gesandten Balaks kamen mit Geschenken und Bileam hatte Lust zu folgen; als der Schutzgott des Volkes, das er verfluchen sollte, in einem nächtlichen Gesicht ihm die Reise untersagte. — Auch hier sehe ich nichts Fremdes. Waren nicht Träume in dieser alten Zeit bei allen Nationen so verehrt, so wirksam? War nicht die Seele eines Weißagers, der wie er selbst sagt,

> mit eröfnetem Aug' Orakel spricht,
> und Göttersprüche hört,
> der Erscheinungen mächtiger Geister sieht,
> und niederstürzt und sieht mit offnem Blick —

war nicht die Seele eines Menschen, der sich wachend solcher Entzückungen fähig glaubte, noch mehr im ruhigen Schlaf zu Göttergesichten tauglich? Und warum sollte sich Gott des leichtesten Weges zu ihm nicht bedienen, da er dem Abimelech, Nebukadnezar und andern Heiden im Traum Befehle gab oder Gedanken erweckte?

weckte? Kurz, Bileam vom Schußgott dieses Volks geschreckt, will nicht mitreisen.

Andre Gesandten kommen mit größern Geschenken. Das Herz des Weissagers wird lüstern und — Gott erlaubt ihm die Reise. Aber mit dem ausdrücklichen Verbot, nichts zu sagen, als was Er ihm in den Mund legen würde. Ja um den Segenssprecher noch mehr zu schrecken, muß ihm auf dem Wege das furchtbare Gesicht erscheinen, über welches so viel gesagt ist. Stufenweise erscheint es ihm: die Eselin tritt aus, sie drängt ihn an die Wand, sie fällt auf die Knie nieder; und jetzt fängt in der Seele des Weißagers die Vision an. Er hört die Eselin sprechen, er sieht den Boten Jehovahs mit dem blanken Schwert (vermuthlich eine glänzende, vor ihm auflodernde Feuerflamme): er hört endlich Stimme. Der Gesandte von Jehovah, der ihm den Weg vertrat, schilt ihn, daß er sinnloser als seine Eselin, auf die leisern Ahndungen nicht gemerkt habe: er drohet, ihn zu erwürgen und diese zu verschonen; giebt ihm endlich nochmals den geschärften Befehl, nichts zu reden, als was ihm dieses Volkes Gott in die Seele legte. Also geschreckt ziehet er fort: sein Mund ist mit einem furchtbaren Zaum gezäumet. —

Auch in diesem Ereigniß sehe ich nichts, was nicht der Seele eines Schamanen ähnlich wäre. Man lese
Reise-

Reisebeschreibungen aller Länder, wo es noch dergleichen giebt: c) mit Erstaunen sieht man, welcher gewaltsamen Zustände der Einbildung sie fähig sind. Ihre Seele wandert aus dem Körper, der leblos daliegt, bringt Nachrichten, was sie an dem, an jenem Ort, wo sie jetzt gewesen, gesehen habe? Das sind sodenn ihre Weißagungen, die, das Volk verehrt, und bei denen oft die klügsten Reisenden staunten. Alle nehmlich bewunderten die Anstrengung dieser Menschen, einen gewaltsamen Zustand, gegen den diese Vision Bileams ein Kinderspiel ist. Warum sollte also die Gottheit, die sich jetzt der Stimme dieses schlauen Weißagers bemächtigen wollte, der wirklich nicht zu fluchen hinzog, nicht eben des Weges gehen, der ihm der gewöhnlichste, der auf ihn der wirksamste war? Ein fürchterliches Phänomen mußte ihm unterwegs aufstoßen: er hörte und sah in wachender Vision wirklich, was hier erzählt wird; wie klein ists aber für uns zu fragen: Ob die Eselin wirklich gesprochen? und wie sie gesprochen? ob und auf welche Art ihr Gott Vernunft, menschliche Red-Organe gegeben? u. f. Dem Schamanen sprach die Eselin in der Vision, d. i. er hörte Stimme und sah Erscheinung; uns darf und soll sie nicht sprechen, wenn wir nicht auch Schamanen werden wollen.

Von

c) S. Pallas, Gmelins, Carver's, Lafiteaus, Leems
u. f. f. Reisen.

Von einem Mann von dieser Einbildungskraft wird man hohe Sprüche erwarten: und sie sinds auch. Sie haben das höchste משל, Würde, Kürze, Lebendigkeit, Fülle der Bilder; in den spätern Propheten ist wenig, in Moses Reden nichts ihres Gleichen. Sie stehen etwa dem Buch Hiob zur Seite, und die Geschichte, die zu ihnen führt, mit allen diesen Träumen und Visionen, mit dem furchtbar zunehmenden Warnen, den verschiednen Höhen und sieben Altären auf jeder derselben — alles ist so einfach, wiederholend und symmetrisch erzählt, daß man auf lauter Zaubersprossen zu dem, was folgt, zu steigen glaubet:

Bileams Segenssprüche über die gelagerten Israelitischen Zelte.

Aus Aram zog mich Balak her,
vom Ostgebürge rief mich Moabs König:
„komm her! verfluche mir Jakob!
„komm her! verwünsche Israel!„
Wie kann ich fluchen, den Gott nicht verflucht?
wie kann ich verwünschen, den Jehovah nicht verwünscht?

Vom Felsengipfel schau ich an das Volk,
ich überseh' es von der Berge Höhn.
Sieh an! ein Volk, das wohnen wird allein,
das andern Völkern sich nicht rechnet zu.
Wer zählet Jakobs Staub?
wer nennt die Zahl des Viertheils Israels?

O wär mein Schicksal einst, wie dieser Tapfern f)
Schicksal!
o daß mein Letztes, wie das Ihre sei! —

Der König erschrickt, daß Bileam statt zu fluchen,
segne: er führt ihn, als ob dies ein unglücklicher Ort sei,
wo vielleicht kein Opfer gelte oder er nur böse Gesichte
empfange, an eine andre Stelle, auf welcher er das
ganze Volk bis zum letzten Zelt übersehen könne, auf
den Gipfel des Berges Pisga. Sieben Altäre werden
gebaut, sieben Opfer gebracht, Balak mit den Fürsten
Moabs bleibt bei dem Opfer; der Weißager geht wieder in die Einsamkeit, daß ihm Gott begegne. Er
kommt zurück und spricht:

Steh auf, o Balak, und höre zu!
Vernimm mich, Zippors Sohn.
Gott ist kein Mensch, der Lügen spricht,
kein Menschensohn, daß ihn sein Wort gereu'.
Er sprach' etwas und thät' es nicht?
Er redete und sollt' es nicht bewähren?
Sieh! Segen hab' ich empfangen!
Er segnete! ich kann es wenden nicht.

Kein Unglück ist zu schauen über Jacob!
Kein Mißgeschick schwebt über Israel.

Sein

f) ישרים scheint der Ehrenname Israels zu seyn, ohngefähr in dem Sinn wie αγαθος in den ältesten Zeiten. Das Jeschirun kommt oft als Israels Name vor und noch im Hohenliede sinds alle καλοι κ' αγαθοι (ישרים), die den Salomo lieben. (Hohel. 1; 4.)

Sein Gott, Jehovah ist mit ihm,
Triumphgesang des Königs ist in ihm.
Gott hat ihn aus Aegypten ausgeführt,
wie wilden Stieres ist sein starker Lauf.
Wahrsagungskunst gilt gegen Jacob nicht:
kein Zukunft-Ahnden gegen Israel.
Nach Zeitumständen wird es ihm gesagt,
gesagt, was Gott zu thun beschlossen hat. g)

 Sieh an dies Volk! Wie ein Löwe steht es auf!
wie ein junger Löwe hebt es sich,
und legt nicht nieder sich, bis daß es Raub gezehrt,
bis es Erschlagner Blut getrunken hat.

Jetzt bittet Balak, er solle nur nicht segnen, wenn er auch schon nicht fluchen wolle; und führt' ihn an einen dritten Ort, auf die Höhe des Peors, die gegen die Wüste hinausblickt. Nach gebauten Altären, und nach geopferten Opfern geht der Weißager nicht ferner, Augurien zu suchen; er erhebt seine Augen, sieht Israel nach seinen Stämmen gelagert; Begeistrung fasset ihn, er erhebt den Spruch und sagt:

 So spricht Bileam, Beors Sohn!
so spricht der Mann, deß Auge offen ist,
es spricht's der Hörer göttlicher Aussprüche,
der das Gesicht des Mächt'gen sieht,
und niederfällt und sieht mit offnem Blick.
          Wie

---

g) Schöne Bestimmung des Unterschiedes zwischen Wahrsagern und Propheten.

II. Th.   Q

>   Wie schön sind deine Zelte, Jacob?
> und deine Wohnungen Israel.
> Wie Ströme sich ausbreiten,
> wie Gärten an dem Fluß,
> wie Aloen, von Gott gepflanzt,
> wie Cedern am Gewässer:
> Wasser rinnen aus seinen Quellen hervor:
> und viele Ströme werden ihm Söhne seyn.
> Höher als Agag wird sein König werden
> und hochberühmt sein Reich.
> Gott hat ihn aus Aegypten hergeführt,
> wie wilden Stieres ist sein starker Lauf.
> Er frißt die Völker, seine Beängstiger,
> zehrt ihre Pfeil-durchbohrten Knochen aus,
> und wirft sich dann und streckt sich wie ein Löwe,
> wie ein junger Löwe; wer reizt ihn auf?
> Gesegnet wer dir segnet!
> verflucht ist, wer dir flucht!

Erzürnt schlägt Balak die Hände zusammen und sagt: er soll hinziehen an seinen Ort; Bileam zum Abschiede belehret ihn noch, was dies Volk in spätern Zeiten seinem eignen Volk thun werde. Hier ist die Weissagung auf ihrem Gipfel:

>   So spricht Bileam, Beors Sohn:
> so spricht der Mann, deß Auge offen ist.
> Es sprichts der Hörer göttlicher Aussprüche,
> der des Erhabnen Weisheit weiß.
> Er sah des Mächtigen Gesicht
> und fiel danieder und offen ward sein Blick!

Ich sehe ihn: noch ist er nicht!
ich schaue ihn: er ist noch fern!
Da geht ein Stern von Jacob auf! h)
ein Herrscherstab steigt auf aus Israel:
Der schlägt die Ecken Moabs nieder,
zertrümmert alle seine vesten Höhn. i)
Edom ist sein Besitz,
das feindliche Seir erobert er.
Israel thut tapfre Thaten,
ein Ueberwinder kommt aus Jacob auf;
den Rest der Wohnungen vertilget er.

Er blickte über Amalek hinaus, erhub seine Gleichnißrede und sprach:

Erstes unter den Völkern, Amalek,
sein Ende wird seyn — Untergang.

Er blickte über die Keniter, erhub seine Gleichnißrede
und sprach:

Vest ist deine Wohnung,
in Felsen legest du dein Nest,
als wär das Felsennest nur zum Verheeren da —
bis Assur dich auch wegführt.

Q 2

h) David, der Ueberwinder der Moabiter, 2 Sam. 8, 2.
i) Die בני שת stehen offenbar mit den פאתי מואב im Parallelismus. Sind dies die bevestigten Spitzen und Winkel zwischen den Gebürgen: so sind jenes, man möge שת oder שת lesen, etwa die Thürme drauf oder die Leute, die sie vertheidigen. Kinder Seths als Geschlechtsname gehören nicht hieher.

Er nahm wieder seinen Spruch und sprach:
> Ach! wer erlebts, wenn Gott auch dies noch ausführt?
> Schiffe von Italiens Küsten!
> demüthgen Assur,
> demüthgen Eber,
> auch Er ist Untergang.

Und Bileam stand auf und ging fort, daß er hinginge an seinen Ort. Auch Balak stand auf und ging seines Weges.

——————

Welcher Siegskranz für Israel! eine immer reichere Lorbeerkrone. Und dies wäre ein Betrug der Moabiter? sich zum Schaden? Israel zum Ruhm? Ists Betrug, so ists Betrug Moses oder eines spätern Israelitischen Dichters. Und wessen? welches spätern Dichters Bilderrede gleicht dieser? —

„Was lag aber daran, ob ein fremder Weissager Segen oder Fluch über Israel aussprach?„ lasset uns bedenken, daß er sie nicht für uns sprach, sondern für Israel und Moab. Dem Kriegesscheuen Israel hätte es wahrscheinlich seinen Muth noch mehr herabgesetzt, wenn ein so berühmter Segensprecher, wie dieser, ihm Unglück zugewünscht hätte; so wie es jetzt Moabs Muth nicht hob, da es solche Schicksale hörte. Also bequemte sich auch hier Jehovah der Schwachheit des Heers: er ergrif den Anschlag seiner Feinde, der es muthlos machen sollte, ihm Muth zu geben.

„Wie

„Wie erfuhrs aber Israel?„ Erfuhr mans nicht in Moab und lag nicht Israel vor ihm? lebte nicht Bileam auf dem östlichen Gebürge? Kam er nicht selbst durch die Hände Isrpels um? Wahrscheinlich war Geschichte und Segen in das Buch der Kriege Jehovahs verzeichnet, aus dem mehrere poetische Stellen und Lieder eben an diesem Ort angeführt werden, k) Also können wir sogar die Quelle errathen, aus der es ist, und die Art, wie es erhalten worden. Lasset uns diese andre Lieder sehen! —

Als Moses Nothgedrungen den Amalek schlug, fing er ein Buch der Kriege Jehovahs an, das auch späterhin fortgesetzt wurde; nur wenige poetische Stellen sind uns daraus übergeblieben.

Zuerst Eine vom Siege Moses gegen Amalek: l)

Vertilgen will ich, völlig vertilgen
das Gedächtniß Amaleks unter dem Himmel!

Der Altar, den Moses baute, und den er „Jehovah, „mein Siegspanier„ nannte, hat ebenfalls eine poetische Erklärung:

Denn meine Hand war erhoben zum Thron Jehovahs!
Jeho-

---

k) 4 Mos. 21, 14:30.
l) 2 Mos. 17, 14.

Jehovahs Krieg wird gegen Amalek seyn
von Geschlecht zu Geschlecht. —

Nicht Amaleks sondern Moses Hand war während der
Schlacht zum Jehovah erhoben: sie ward durch einen
Stein unterstützt: dies gab also die Idee des Altars,
der "Siegspanier„ genannt wurde. Als Sieger hatte Moses seine Hände erhaben auf den Thron Jehovahs.

Späterhin finden wir andre Lieder aus diesem
Buch: m) das Lied beim Brunnen ist angeführt, ein
Siegslied über die Amoriter folget.

Siegslied über die Amoriter, die Moabs Sieger gewesen waren.

Kommet hinein nach Chesbon!
Baut und bevestet Sichon!
Ein Feuer ging aus Chesbon,
Eine Flamme ging aus Sichon.
Sie fraß die Gebürge Moabs,
die Bewohner der Höhn des Arnon.

Weh dir, Moab!
Du bist hin, du Volk des Chemos!
Flüchtig mußten seine Söhne werden,
seine Töchter Gefangene werden
dem Amoriter Könige Sichon.

Ihr Joch ist nun dahin!
Von Chesbon bis gen Dibon,

---

m) 4 Mos. 21, 14.

wir veröden bis gen Nophach,
wir veröden bis gen Medbah.

Die Israeliten laden ins eroberte Chesbon und Sichon ein: sie prangen damit, daß sie die Eroberer Moabs jetzt auch besiegt haben, und rühmen Spottweise die Thaten ihrer überwundenen Feinde. Solches Spottes waren die alten Siegslieder voll, die für uns wenig Reize mehr haben dörften.

* * *

Im Buch Josua finden wir dergleichen nicht; einige kühne Züge der Erzählung scheinen indeß aus Siegsliedern herzuseyn und beim kühnsten derselben, dem Stillstande der Sonne und des Mondes wird ausdrücklich das Buch der alten Heldengesänge n) angeführt; daher es zu verwundern ist, wie man diese wirklich schöne Stelle so lange habe mißdeuten können. Josua greift die Amoriter frühmorgens an und schlägt sie bis

in

n) Entweder hat dies Buch שיר von שיר (Gesang) den Namen, und wenn es ein Buch Israelitischer Heldenlieder war: so fing es wahrscheinlich mit dem Liede am rothen Meer, also mit dem Wort אשירה an, und bekam vielleicht davon den Namen. Oder שור hieß so viel als das Heldenbuch, weil es der Name des Heldenruhms dieses Volks war, daß sie שורים (αγαθοι) waren, wie wir bei dem Lobe Bileams und sonst gesehen haben. Beides geht auf Eins hinaus, wenn man שור das Buch der Heldenlieder übersetzet: daß es ein solches gewesen, zeigt sein Inhalt.

in die Nacht; einen langen Tag also und der Tag schien
sich zu Vollführung seines Siegs zu verlängern. Sonne und Mond, (denn bis in die Nacht hin verfolgte
er den Feind) waren also Zeugen seltner Thaten: verwundernd scheinen sie am Himmel zu verweilen, bis
er den Sieg vollendet. Die gänze Natur schien diesmal unter des Helden Befehl zu stehn und seiner Feld-
herrn-Stimme zu gehorchen: denn Jehovah selbst gehorchte ihr, nicht nur daß er ein göttliches, d. i. pani-
sches Schrecken auf die Feinde sandte, sondern da sie
flohen, sie auch mit einem Hagelwetter verfolgte, gleichsam als Josuas verbündeter Mitstreiter. Dergleichen
Vorstellungen aus der Geschichte des Tages lagen zum
Grunde, und nun heißts in der Erzählung:

 Und als sie flohn vor Israel,
 den Weg hin, nach Bethhoron zu:
 da warf Jehovah große Steine
 vom Himmel über sie,
 den Weg hin, bis gen Azekah. Sie fielen —
 Mehr fielen von den großen Hagelsteinen,
 als gefallen waren von der Israeliten Schwert.
 Da wars als Josuah zu Jehovah sprach,
 am Tage, da ihm Jehovah den Amoriter gab
 vor allem Israel;
 er sprach vor allem Israel:

 „Steh Sonne still zu Gibeon!
 verweile Mond im Thal!

Es stand die Sonn', es weilete
der Mond: in Ajalons Thal.
Bis daß vollendet war der Sieg,
der Sieg für Israel."
Denn stehts nicht aufgeschrieben im Heldenliederbuch?
„In Mitte der Himmel stand die Sonne still:
ging nicht zur Ruh, obschon der Tag vollendet war.
Wie dieses Sieges Tag war nie ein Tag,
vor ihm und nach ihm her,
darinn Gott selbst des Helden Wort gehorchte,
denn Er Jehovah selbst stritt mit vor Israel."

Wer siehet nicht, daß dies Poesie sei, wenn auch kein Heldenliederbuch angeführt wäre? Der Sprache Israels waren solche Ausdrücke weder kühn noch fremde. Wie oft heißts im gemeinen Styl der Geschichte: „Gott stritt für Israel." Im Liede der Deborah stritten sogar die Sterne. Sonne und Mond und eilf Sterne neigen sich dort im Traum vor einem Hirtenjünglinge: die Sonne hat ihre Schlafkammer und weiß die Zeit, wenn sie zur Ruhe eingehen kann u. f. o)

Q 5   So

o) Es kann seyn, daß Josua den Wunsch laut geäußert, daß sich der Tag verlängern möchte (haben wir nicht solche Wünsche der Helden im Homer? liegen sie nicht so ganz im Feuer des Schlachtgeistes?) und als sich dieser bestätigte, als es ungewöhnlich lang licht blieb und der Himmel selbst noch zuletzt durch ein Hagelwetter

So ists mit mehreren Stellen des Buchs Josua und der Richter. Wenn dort vom heiligen Trommetenhall die Mauern niederstürzen: so lese man die Beschreibung im Geist damaliger Zeit und man wird zu lachen aufhören. Mit dem Hall der Posaunen war das Feldgeschrei, mithin der stürmende Angrif verbunden, und jener war nur ein Zeichen zu diesem. Sechs Tage hatte ihnen der Feldherr den Angrif untersagt, am siebenden, da die Feinde durch das müßige Umherziehn eingeschläfert und die Mauern in der Morgenfrühe wehrlos waren, ließ er das Zeichen zum Feldgeschrei d. i. zum stürmenden Angrif geben, und sie eroberten die Stadt.

Das ganze Buch der Richter lebt in solchen poetischen Heldenzügen: es athmet den Geist seiner Zeit, den jugendlichen Muth einer neugepflanzten Bergnation, die zwar oft unterdrückt wird, weil keine Ordnung, kein Regiment unter ihr herrscht, deren Flamme der Tapfer-

ter Israel zu Hülfe zu kommen schien; was war natürlicher, als daß der Siegsgesang dies Prachtgemälde eines Tages ohne Seines gleichen zusammenstellte, den Helden redend einführte, Jehovah selbst unter seinen Befehl gab, Sonn' und Mond zu Theilnehmerinnen des Siegs, zu Bewunderern seiner Tapferkeit machte, u. f.

Tapferkeit und Freiheit aber hie und da in einzelnen Hel‐
denseelen auflodert. Ich möchte diese Zeit das poeti‐
sche Zeitalter Israels nennen und will mich darüber er‐
klären.

* * *

Eine Zeit bürgerlicher und politischer Ordnung,
friedlicher Sicherheit und moralischer Sitten ist aller‐
dings die glücklichere für eine Nation, nicht aber eben
für die Thatenvolle lebendige Poesie, für den Gesang,
der kühne Begebenheiten, Leidenschaften, Abentheuer
und Freiheit liebet. „Zu der Zeit war kein König in
Israel und jedermann that, was ihm recht däuchte„ —
also sehr oft das roheste, grausamste Unrecht, wie wir
aus vielen Zügen dieser Geschichte sehen; er thats indeß
mit feuriger uneingeschränkter Neigung, und bei allen
kleinen Heldenthaten heißts: „der Geist des Herrn
„d.i. Israelitischer Nationalgeist zog ihn an, der Lan‐
„desgott weckte ihn auf und rüstete ihn, der Geist Je‐
„hovahs fing an ihn zu treiben, dort und da;„ auch
wenn er nichts weniger, als ein moralischguter Mensch
war. Es ist arm zu lesen, was diesem Buch und sei‐
nen Abentheuern für Einwürfe entgegengesetzt werden,
ganz ohne Rücksicht auf die damaligen Zeiten. Jeder‐
mann weiß, daß alle alte Nationen in ihren Kriegen
sich List erlaubten: alle wilden Völker thuns noch jetzt
und ziehn, bei übrigens grossem Muth, die List der
Gewalt

Gewalt vor. Ein ungeordnetes, unterdrücktes Volk, dessen Nationalkraft nur in einzelnen Männern aufgeht, hat dieser Waffen noch mehr nöthig: denn wie kann, wenn man Sinn reden will, ein einzelner auch der stärkste und muthigste Mann gegen eine ganze Horde bestehen, da er über sie auch durch keine Kriegskünste Herr ist? Und sind diese Kriegskünste nicht auch Listen? und giebts wohl eine dummere List, eine Tapferkeitlosere Tapferkeit als die aus dem Schlunde einer Kanone? Da lasset doch den Ehud hingehen und mit seinem Dolch, von Jehovah erweckt, den fremden Tyrannen durchstoßen; es war National-Wort, das er ihm zu sagen hatte, entscheidender, als bei uns mit vielen blutenden Menschen ein unentscheidender Sieg. Auf einzelnen Heroismus im Muth und mit der Faust kam damals alles an und so wenig die wilde Zeltbewohnerin Jael, das Weib Ebers, die, verbündet mit Israel, den Tyrannenfeldherrn eines fremden streifenden Volks in ihrer Hütte durchbohrte, so wenig sie auf unsern Orden des militarischen Verdienstes Ansprüche machte: so sehr gebührte ihr damals das Nationallob im Gesange der Deborah. Erst müßten wir die Horden, die gegen Israel zogen, zu regelmäßigen Völkern und ihre Zeiten zu den unsern umschaffen, wenn wir die Moral unsrer Kriege auf sie anwenden wollten.

Qualem

Qualem ministrum fulminis alitem,
Cui Rex Deorum regnum in aves vagas
permisit, expertus fidelem
Iupiter in Ganymede flavo,
Olim iuuentas et patrius vigor
Nido laborum propulit inscium:
vernique iam nimbis remotis
insolites docuere nisus

Venti pauentem: mox in ouilia
demisit hostem vividus impetus:
nunc in reluctantes dracones
egit amor dapis atque pugnae. —

So male ich mir die Thaten der Deborah, Gideons, Jephthah, Simsons, und ich habe weiter keine langen Rettungen einzelner Umstände aus der Moral oder Naturlehre nöthig. Alles steht auch dem Ton der Erzählung nach in wunderbarem poetischen Lichte, ja einige Geschichten, z. E. die Gefangennehmung Simsons auf der Delilah Schoos, sind selbst mit poetischer Symmetrie geordnet. Einzelne Ausdrücke sind wunderbarkräftig, die Sprache der Helden ist voll Geistes Jehovah, d. i. enthusiastisch, muthig und kühn. Die Ankündigungen einiger derselben vor ihrer Geburt, die Erscheinungen der Engel oder eines Namenlosen Propheten, die sonderbaren Proben theils des Rufs, theils des Muths der Männer, die Räthsel, Wortspiele, der jugendliche Uebermuth z. B., der alle Unternehmungen

Simsons

Simsons bezeichnet — das alles giebt diesen Erzählungen mehr Poesie, als manche Heldengedichte mit dem wunderbarsten Mythus haben möchten. In den kleinsten Zügen ist jedem dieser Helden seine Geschichte so charakteristisch-ähnlich, daß er in seinen paar Kapiteln dasteht und lebet. p)

In diese poetische Zeit also gehört der schönste Heldengesang der Ebräer, das Lied der Deborah. Der
68.

p) Ich wills in wenigen Zügen an Simson zeigen. Jovialität und leichtsinniger Uebermuth geht durch sein ganzes Leben. Wein und stark Getränk war ihm versagt; desto mehr hielt er sich an die Liebe, die ihn mehr als einmal ins Netz, und zuletzt um seinen Muth, seine Freiheit und Augen brachte. Toller Gedanke: „ich will ein Weib unter den Feinden suchen, damit ich eine Ursache zu ihnen finde,„ und doch wie ganz ist er in der Seele eines kecken Jünglings, der seiner Uebermacht sich bewußt, nicht weiß, wie er sie anbringen soll, und sein Herz zwischen Abentheuer und Liebe theilet. Die Räthsel auf der Hochzeit und ihr Erfolg sagen dasselbe. Gegen Männer war er Mann, und ein Weib gegen Weiber, wie mehrere dergleichen Helden in der Geschichte gewesen. Leichtsinnig antwortet er denen, die sein Räthsel durch ihn selbst errathen hatten, geht hin, schlägt dreissig Philister todt, damit seine dreissig Hochzeitfreunde die Räthselbeute bekommen, verläßt sein Weib, kommt wieder mit einem Ziegenböcklein zum Geschenk, als ob nichts vorgefallen sei, will gerade in ihre Kammer; und da er hört, daß
sie

68. Psalm will ihm folgen; aber weit von fern. Bei der Deborah ist alles gegenwärtige, lebendige Handlung;

sie eines andern Weib geworden, sagt er: „nun habe ich einmal eine gerechte Sache gegen die Philister: ich will euch Schaden thun, „als ob er darauf eben gewartet habe. Die Geschichte mit den 300 Schakals und den Bränden zwischen ihren Schwänzen, ist ganz in seiner Weise; was man dagegen gesagt hat, ist nicht werth der Rede. Die Schakals gehn dort in Haufen, sind leicht zu fangen, und einem müßigen, frölichen Abentheurer, wie dieser war, wird es gewiß nicht an lustigen Gesellen gefehlt haben, diesen Streich auf seine Rechnung zu vollführen. Sie hatten den Spaas; Er stand vor die Folgen. So ists mit dem Thor in Gasa, das er zum Spott der Gasiter auf den Berg schleppte: so mit dem Eselskinnbacken, dessen Wortspiel dem Simson ganz recht kam. Der Ort hieß Lechi, Kinnbacke, wo er sie angrif, und wie aus Kap. 15, 13. 14. 19. offenbar erhellet, war dies ein enger Paß, etwa eine Höle, wie ein Kinnbacke gestaltet. Mit seinen Landsleuten hatte er Abrede genommen, daß wenn sie die Pflicht ihrer Feigheit erfüllt hätten, ihn zu binden und den Feinden zu übergeben: so sollten sie sich ruhig halten, weiter hätten sie sich zu nichts anheischig gemacht. Und da er nun an diese krumme Hölung, gen Lehi, kam, durch welche er mußte: so ersah er sich seine Zeit, er ergrif den Eselskinnbacken, der eben da lag: er that seine That, und erfreute sich derselben in einem doppelten Wortspiel, worauf sogleich ein drittes folgt, daß Gott dem schmachtenden Streiter, der nach der hitzigen Abentheuerthat einen kühlen Trunk Wassers begehrte, in eben dem krummen Felsen, Lehi, wo

tung; bei David soll eine alte Helden-Geschichte den
Schmuck eines Staats-Einzugs werden, der immer
doch nur Staats-Einzug bleibet. Vergönne mir du
Heldin

wo der Kampf war, eine Quelle zeigte, die, wie der
Erzähler sagt, noch heutiges Tages Anrufers-Quelle
heißt. (und ja also nicht aus dem Backenzahn des
Kinnbeins in Kr Hand, sondern aus einem Dinge
fliessen mußte, das der Nachwelt blieb; welches hier
offenbar der krumme Fels, Lehi, war, der schon V. 14.
also genannt wird.) Alle dies wird mit einer lebendi=
gen Kürze erzählt, die Simsons Genius zeigt. —
Ein gleiches ists mit seiner traurig-schönen Geschichte
auf der Delilah Schoos. Seine Hauptfehler, Liebe
und Leichtsinn, brachten ihn um sein Geheimniß:
Denn Er wußte nicht anders, als daß er ein Gelob=
ter des Nationalgottes sei, dem nur mit der Bedin=
gung eines ewig zu haltenden Gelübdes seine Stärke
beiwohne. Dies mußte er aus seinem Namen, seiner
Erziehung und Lebensweise, die ihm beschwerlich gnug
seyn mochte. Plötzlich verließ ihn also sein Muth,
da sein Gelübde gebrochen war; den Beistand seines
Gottes fühlte er sich entzogen. Indessen fand sich mit
dem Haar auch seine Frölichkeit und guter Muth wie=
der. Seine Feinde kannten diesen, und da er sie,
vermuthlich, in einem alten, weiten, leichtgebauten
Götzenhause belustigen sollte, belustigte er sich, seine
verjüngte Kraft an den Säulen zu erproben, und mit
einem Wortspiel, leichtsinnig und froh zu sterben. Er
starb, wie er gelebt hatte, ein unversöhnlicher Feind
der Philister, und erfreute sich bei seinem an ihrem
Tode. — Ich will nicht fragen: ob eine so charakte=
ristische, mit sich selbst bestehende Erzählung erdichtet

seyn

Heldin unter den Palmen, daß ich mich in den Jubeltanz deines Volks mische, und deinen Gesang nachhalle in schwachen Tönen:

seyn könne? ich sage nur: sie ist den Zeiten aufs höchste gemäß und schön erzählet. Gerade das, worüber man spottet, oder was man aufs gezwungenste rettet, ist das schönste. Und so sind die sämmtlichen Geschichten des Buchs der Richter.

Siegesgesang
der Deborah und Baraks. a)

Da sang Deborah und Barak, Abinoams Sohn,
am Tage des Sieges sangen sie so.

Daß Rache geübt hat Israel, b)
daß willig sich zum Streite bot das Volk,
preiset darüber den Herrn!

Hört an, ihr Könige! Fürsten, neigt das Ohr!
Ich will Jehovah, Jehovah will ich singen,
will spielen dem Jehovah, Israels Gott!

Jehovah, als du zogst von Seir aus, c)
als du einherzogst von Edoms Gebürg':
da bebete die Erd', der Himmel troff!

---

a) Ich habe diesen Gesang in den Briefen das Studium der Theologie betreffend Th. I. S. III. übersetzt und mit Anmerkungen erläutert, die ich hier nicht wiederhole. Spätere Prüfungen haben mich über einige Stellen mehr belehrt; doch verweise ich auf die Anmerkungen daselbst über die Folge des Gesanges. Ob Chöre in ihm sind? wird sich bald zeigen.

b) Nach dem Syrer, Araber und Einiger Handschriften, die ישראל haben.

c) Der Gesang hebt an mit dem Bilde Moses, 5 Mos. 33, 2. mit dem auch David Pf. 68. und Habakuk Kap. 3. anheben. Es scheint ein gewöhnlicher Anfang Ebräischer Siegslieder gewesen zu seyn, weil sie alle dem Moses wie ihrem Homer folgten.

die Wolken troffen Wasserstrom.
Berge zerflossen vor Jehovahs Antlitz,
der Sinai vor Jehovahs Antlitz,
des Gottes Israel.

In Tagen Samgars, Anath=Sohns,
In Tagen Jaels feierten die Straſſen,
die Straßengänger gingen krumme Pfade,
es feierten die Versammlungen Israels, d)
sie feierten, bis ich aufſtand Deborah,
bis ich aufſtand, die Mutter Israels.

Sie hatten neue Götter gewählt, e)
da ſtürmt' an den Thoren der Krieg!
Und war nicht Schild, nicht Lanze zu ſehn, f)
unter den vierzigtauſenden Israels —
Euch dankt mein Herz, ihr Führer Israels,
und ihr, Freiwilligen unter dem Volk,
preiſet Jehovah mit mir! g)

d) Ueber die חקק siehe die Anmerkungen zu Habakuk 3, 14. im dritten Abschnitt.

e) Das ganze Buch der Richter geht von dieſem Begrif aus und ſchreibt dieſer Urſache, völlig nach dem Geſetz Moſes, allen Verfall des Landes zu. Die Haupter=zählungen des Buchs sind also so ursprünglich, wie dieser Geſang selbst.

f) Nicht, daß kein Schild oder Speer in Israel geweſen wäre; ſondern, es war keiner, der ſie erhob, d. i. der zum Kriege alle 40,000 tapfre Israeliten aufbot.

g) Die geführt haben und die ſich führen ließen, ſollen alle mitpreiſen: ſie haben alle Theil am Siege und

Siegs=

Die ihr auf schimmernden Eselinnen reitet, h)
auf köstlichen Decken sitzt,
und die zu Fuß die Straßen wandeln —
denkt auf ein Lied.

Ein Lied zum Gesange der Hirten, i) die zwischen
den Schöpfebrunnen
Wasser den Heerden theilen aus:
daß man allda Jehovahs Güte preise!

Jeho-

Siegsgesänge. Es ist eine Feinheit im Anfange und
in den Wendungen des Liedes, die man von jenen
Zeiten nicht erwarten sollte.

h) Vornehme. Die auf köstlichen Decken sitzen, Richter
oder Fürsten: die auf den Straßen wandeln, gemeine
Leute. Sie haben alle Theil an den Früchten des
Siegs, der öffentlichen Sicherheit und Freiheit.

i) Das D nehme ich hier als augmentatiuum, wie es
oft, insonderheit bei Gesangwörtern vorkommt. Diese Deutung des dunkeln Verses empfielt sich, dünkt
mich, sehr durch ihre Leichtigkeit und den Zusammenhang des Ganzen. Zwischen Strömen und Gießbä-
chen am Thabor (vergl. V. 21 und Kap. 4, 6. 7.
war die Schlacht vorgefallen: da soll auch das Theater des Siegs ewig gefeiert werden. Der Sieg war
zur Regenzeit erfochten, da die Quellen und Bäche
aufgeschwollen waren und nach dem 21. V. die Kananiter wegschwemmten. Deswegen machte Deborah
den Eingang vom triefenden Himmel und führt die
Regenbringenden Sterne als Streiter mit ein. —
Sogleich wird auch der Engen des Thabors gedacht,
in die sich das Volk stellte; also ist das Siegs-Thea-
ter genau bestimmt.

Jehovahs Güte preise das Landvolk Israels: k)
denn da zog hinab in die Engen Jehovahs Volk!

    Wohlauf! wohlauf Deborah! l)
erwecke den Geist und singe den Sieg!
„Auf, Barak! hole Gefangne dir!
Abinoams Sohn!„
Da zog mit ihm ein Häuflein Starken entgegen,
Jehovahs Volk zog mit mir, entgegen den Mächtigen!
Von Ephraim kam ihr Anfang auf Amalek;
nach dir, kamst, Benjamin du mit deinen Völkern.
Von Machir kamen Kriegesführer über:
von Zebulon, die den Stab der Musterung trugen. m)
Auch Isaschars Fürsten waren mit Deborah:

k) Die Landbewohnerin ist insonderheit darauf bedacht, daß das Landvolk ihren Sieg und die Errettung Israels nie vergesse: wahrscheinlich wurde er dadurch auch erhalten.

l) Eigentlich: „walle auf! walle auf!„ bekehre dich, daß du ein Gemälde des ganzen Feldzugs lieferst, das auch V. 11:15 in Schlachtordnung fortgeht. Ihre Ermunterung an Barak (Kap. 4, 6. 14.) fängt an und der Zug folgt, wie sich die Stämme sammleten und ihr nachzogen. Sie war vom Gebürge Ephraim (Kap. 4, 5.) da war also die Wurzel des Heers und des Sieges. Wahrscheinlich hieß der Berg Amalek, auf dem sie wohnte, wie damals noch viele Berge aus alten Zeiten ihre Namen hatten.

m) Lauter Beschreibungen, daß auch die Vornehmsten und Aeltesten des Stammes mitgezogen, die andre aufboten.

an Kriegesmuth dem Barak gleich n)
sprang Isaschar ins Thal. o)

An Rubens Bächen nur war viel Berathung; p)
was sitzest du da, Ruben, zwischen Hürden?
zu hören etwa das Geblöcke deiner Heerden?
An Rubens Bächen ist gar viel Berathung!

Gilead über dem Jordan blieb ja ruhig.
Auch Dan, warum sollt er sonst in Schiffen wohnen?
Asser an Meeresufer bleibt ja sicher!
an seinen Buchten weilet er.
Nur Sebulons Volk, es wagt dem Tode sein Leben,
und Naphthali, auf der Berge Höhn! q)

Dagegen

n) Eine besondre Ehre, daß dieser Stamm der Tapferkeit des Feldherrn gleichgesezt wird. Zwischen Sebulon und Isaschar lag der Thabor.

o) Das Springen ins Thal erläutert sich aus Kap. 4, 6. 12. 14. 15. Sie hielten auf der breiten Fläche des Thabor.

p) Hier fängt der Spott an über die Zurückgebliebenen bis V. 17.

q) Sie waren die Ersten, die Deborah dem Barak antrug, (Kap. 4, 6.) auf deren Tapferkeit sie sich verließ, die also auch hier das lezte, schönste Lob zieret. Sie waren mit die nördlichsten Stämme Juddas, tapfre Bergvölker. Sebulon, scheints, wird auch deßwegen dem Asser und Dan entgegen gesezt, weil es wie sie an der See wohnte und doch mit erschien.

Dagegen kamen die Könige nun und stritten! r)
Die Könige Kanaans stritten
zu Tanach über den Wassern Megiddo's!
Was sie begehrten, Silber empfingen sie nicht.

Vom Himmel stritten (entgegen ihnen) die Sterne!
Aus ihren Bahnen stritten sie mit Sißra:
der Kison schwemmte sie weg,
die geschlängelten Ströme, der Kison —
Tritt, Seele, mächtig einher! s)

Da stampften die Hufe der Roße
beim Fliehn, beim Fliehen der Helden! —
Flucht Meros, spricht der Bote Jehovahs t)
sprecht Flüche über ihre Bewohner!
Sie kamen nicht mit zur Hülfe Jehovahs,
zur Hülfe Jehovahs in seinem Heldenheer! —

r) In jedem Wort dieser Beschreibung ist spottende Verachtung. Die Siegerin ehrt sie mit Titeln, daß sie sie zunicht mache; dieser Ton geht auch auf die Mutt Sißra's und ihre vornehme Kammerfrauen über.

s) Sie muntert sich auf, im Feuer der Schlacht das übrige zu singen und singt Flucht, Sieg, Spott, Verachtung.

t) Im ganzen Buch der Richter heißt die Stimme Gottes Engel Jehovahs; (S. Kap. 2, 1:4. Kap. 6, 12:22. Kap. 13, 3:21.) aus der ersten Stelle ist wahrscheinlich diese Benennung hier, denn der Engel des Herrn, der da erschien, hatte Eroberung des Landes gebeten. Der Gesang spricht hier also im Namen Gottes, d. i. als Stimme der Nation.

Gesegnet vor den Weibern sey Jael!
des Keniten Hebers Weib!
Vor allen Zeltbewohnerinnen sei sie gesegnet!
Er foderte Wasser: sie gab ihm Milch, u)
in prächtiger Schale geronnene schöne Milch —
und grif mit der Hand zum Nagel,
grif mit der Rechte zum schweren Hammer hin —

Und erschlug den Sißra: durchschlug ihm das Haupt
und durchbohrt', durchbohrt' ihm die Schläfe!
Da lag er ihr unter den Füßen gekrümmt,
er fiel und lag!
Unter den Füßen ihr krümmt' er sich, und sank —
wo er sich krümmte, da sank er nieder — erblaßt.

Durchs Fenster aber schauete, x)
es rief die Mutter Sißra das Gitter hindurch:
„warum säumt sein Wagen zu kommen?
„warum zögern denn die Räder seines Gespanns?"

Die Weisen ihrer Frauen antworteten ihr:
auch sie kehrt schnell das Wort um zu sich selbst:
„Und sollen sie denn nicht Beute finden und theilen?
Ein

u) Auch hier ist Spott und nachahmende Schilderung bis zum lezten Odem des erschlagnen Sißras. Das Gemälde ist in der Poesie schön und characterisirt seine Zeit lebhaft. Daß es berauschende Milch war, wissen wir aus einer Menge morgenländischer Reisebeschreibungen; er hatte sich in das Innere, in das Gynecäum des Zelts verborgen, wo er im Schlummer der Ermattung den Tod fand.

x) Der Contrast dieser Schilderungen vollendet den bittersten Spott.

Ein Mädchen, zwo der Mädchen für jeden Mann,
und bunte Kleider für Sißra! y)
Raub der bunten, gestickten Kleider,
doppeltgestickter, bunter Schmuck zum Siegsaufzuge
der Räubs."

So müssen untergehn all' deine Feinde, Jehovah!
und die dich lieben, seyn wie die Sonn' hervorgeht
in voller Pracht. z)

y) Daß Er Mädchen bekommen sollte, wollen diese weise Frauen seines Harems nicht: sie wünschen bunte Kleider und etwa prächtige Decken zum Siegsaufzuge ihres Herrn und Liebhabers.

z) Dieser kurze Spruch ist wie ein Siegel des Gesanges und zeiget, daß er eben so schön geordnet sei, als er zeitmäßig, national und local ist.

Verbindung der Musik und des Tanzes zum Nationalgesange.

Ein Anhang zum Liede der Deborah.

Der Engländer Brown hat die Hypothese gewagt,*) daß Poesie, Musik und Tanzkunst nie stärker als in Vereinigung wirken, daß sie bei allen Naturvölkern noch in diesem Bande stehen, und daher bei ihnen so viele Gewalt äußern. Hätte er sich mit wahren Thatsachen begnügt und seine Meinung nicht auch auf Zeiten und Gegenstände ausgebreitet, wo sie nicht mehr statt findet, hätte er insonderheit die Gesetzgeber aus dem Spiel gelassen, und nicht Alles in jeder Art der Dichtkunst aus ihr erklären wollen: so müßte ich nicht, was man ihm entgegen setzen könnte? Die Verbindung dieser Künste bei allen rohen Völkern ist ziemlich erwiesen: selbst bei den Griechen ist das Drama nur aus dem Chor, d. i. aus Poesie mit Musik und Tanz begleitet, entstanden. Daß in einem schmalen ersten Umfange alle drei natürlich zusammen gehören, ist unläugbar: denn eine gewisse Poesie ist todt ohne Töne, und die natürlichste Musik ist todt ohne Dichtkunst. Jene giebt nur eine Reihe dunkler, unbestimmter Empfindungen, die aufgehellt, die durch Worte bestimmt werden wollen; oder sie machen zuletzt, wenn sie nicht mit einem bloßen Künstlerohr gehört werden, überdrüßig, schläfrig, traurig. Daß beide Künste zum Tanz führen,

---
*) Brown's Dissertation on the Rise, Union and Power, the Progressions, Separations and Corruptions of Poetry and Music: Lond. 1763.

führen, sieht man an allen Kindern. Musik will Tanz: lebhafte Empfindungen in Worten ausgedrückt, wollen Ausdruck der Gebehrden. Also ists wahr, was Milton sagt:

> Glücklich Syrenen-Paar, Musik und Wort!
> himmelgebohrne Schwestern, Zwillinge
> der reinsten Freude, tanzend Hand in Hand,
> wird Euer Gang und Klang und Götterwort
> dreifach-belebender —

In unsrer Natur sind die mancherlei Sinne vereint und wirken auf Eine Seele; warum müßten sie außer uns getrennt seyn? Warum sollte nicht das innere Auge, das Himmelsgesichte sieht, von dem innern Ohr, das Himmelstöne hört, unterstützt werden? und warum sollten beide zu ihrem lebendigsten Ausdruck, sich nicht der Gebehrden für die Bilder, des Tanzes für den Rhythmus der Töne bedienen dörfen? Sowohl in Poesie als Musik ist der Rhythmus nichts als Tanz: Die Bilder der Ersten sind nichts anders als Gebehrden der großen, allgemein belebten Natur, die sich im Antlitz und in der Seele des Menschen spiegeln. Also sind alle drei Künste so verschlungen in einander, daß selbst eine philosophische Auseinandersetzung ihrer Begriffe nicht möglich ist, ohne daß Eine im Felde der andern sammle.

Und sobald dies nicht geläugnet werden kann, muß es einen Punkt der Zusammentreffung zwischen ihnen geben, der, wenn er meisterhaft erreicht wird, nothwendig von der größesten Gewalt seyn dörfte. Er wirkt nehmlich auf alle sinnliche Kräfte, er schleicht zur Seele oder bestürmt sie durch alle Organe; er trift das sensorium commune, in dem Bilder,

der, Töne, Empfindungen und Bewegungen schlafen, und rührt dasselbe als eine Harmonie überirrdischer Naturen.

Eben hieraus ergiebt sichs aber auch, daß der Punkt der Vereinigung dieser mächtigen Künste sparsam und zart sei. Nicht alle Bilder der Poesie erzeugen Gebehrden, nicht alle Töne der Musik erwecken den Tanz der Empfindung. Geht Eine weit vor sich: so bleiben die andern zurück, und das harmonische Dreieck, das nur durch eine täuschende Uebereinstimmung seiner Seiten schön ward, kann auf vielfache Weise ein Ungeheuer werden; in welchem Fall es ungleich besser ist, daß jede Kunst für sich ihren Gang verfolge. Dies war der Augenblick, da jede dieser Schwestern für sich Kunst ward. Was sie durch Trennung von ihren Gespielinnen verlohr, mußte sie sich nun durch eignen Schmuck ersetzen: sie studirte also sich selbst, bildete sich aus aufs beste daß sie konnte, und wirkte jetzt eigenmächtig, da sie voraus immer auf andre, die doch nicht ganz ihr Wesen waren, hatte Rücksicht nehmen müssen. Unläugbar ists also, daß jede dieser Künste, als Kunst, (obiective) durch die Trennung gewonnen; ob sie wohl eben so unzweifelhaft, (subiective) als Organ der Natur verlohren.

Also wird es auch nur gewisse Zeiten geben, da diese Künste mit Gleichgewicht vereinigt werden können, wenn nehmlich keine derselben noch eigentliche, verfeinte Kunst ist. Alsdenn hat die Poesie noch keine Luftschlösser gemahlt, wo ihr weder Tanz noch Ton nachkann; alsdenn ist die Musik noch nicht so kunstreich, daß es einer Vögelsprache bedörfte, ihre Gänge und Töne mit Worten zu bezeichnen: auch der Tanz ist in diesem Zustande weniger Kunstlabyrinth als ein

natür-

natürlicher, von der Musik geführter Ausdruck der Leidenschaft und Handlung, eine lebhafte Gebehrdensprache. Ist aber einmal die Trennung geschehen, ist Jahrhunderte durch jede Kunst auf ihrem einsamen Gange fortgeschritten und hat das menschliche Organ zu ihrer Feine mit fortgebildet: so ist die Wiedervereinigung schwer und auf Einmal unmöglich. Setzt den künstlichsten Tanz sinnlicher Völker, setzt selbst den griechischen Dithyrambus vor unser Auge; unser Ohr ist entwöhnt, so vielerlei Dinge zu Einer augenblicklichen Empfindung zu binden, es will jedes auf seinem Wege verfolgen. Also verfehlt es das Moment des Eindrucks, die schnelle Association von Ideen, von sinnlichen Regungen und keimenden Gefühlen, in der allein der mächtige Zauber liegt.

Also wird das Zeitalter dieser Verbindung auf Nationen treffen, die noch lebhaften Gefühls in wenigen aber starken Empfindungen leben, und sich von Kindheit auf gewöhnten, mehrere in Vereinigung zu genießen. Bei Völkern, deren Poesie dem engen Kreise ihres Geschlechts, des Vaterlandes, der Thaten ihrer Väter, der Wünsche und Handlungen ihres beschränkten Lebens treu geblieben, und die diese einfachen Gegenstände von Kindheit auf mit aller Wahrheit der Geberden, allen Lieblingsgängen ihres Ohrs, ihrer Musik zu verbinden gewöhnt würden: bei Völkern, deren Muse also frühzeitig Chorgesang war, und sich wenig aus diesem Kreise wagte, deren Geberden endlich von keinen Regeln einer Scienz, sondern vom Wohlstande der Leidenschaft und gewissen Conventionen der Verständlichkeit bestimmt sind; bei ihnen, bei ihnen allein ist der Platz dreier zusammenkommender Wege, auf dem die Zauberschwestern ihre Chöre feiren.

feiren. Sobald die Nation in ihrer Bildung fortrückt, fliehet das schöne Phantom von selbst.

Auch die Ebräische, wie alle poetisch-musikalische Nationen hatte ein solches Zeitalter, das nothwendig nicht der Zeitpunkt der größesten Aufklärung seyn konnte. Im Liede am rothen Meer ist keine genaue Sylbenzahl; aber viel Klang, Chorgesang und hie und da mimische Nachahmung. Die Abuse war das Instrument der tanzenden Weiber, und die dunkeln einsylbigen Endworte sind wahrscheinlich der Männer Nachhall: denn so sehen wir, fängt bei Kindern die Bildung zum Gesang an. Sie stimmen in den haltenden Ton, ins letzte Wort der Reihe, selbst wenn sie dieses auszusprechen noch zu zart sind. Die Zeiten der Richter waren vielleicht der eigentliche Zeitpunkt des Zusammentreffens dieser simpeln Künste, und der Deborah Gesang scheint unter den Ebräern davon das eigentliche Muster. Statt pindarischer Strophen zeichnen sich drei Haupttheile in ihm aus: V. 1 — 11. der Eingang, vermuthlich mit öfterm Zuruf des Volks unterbrochen: V. 12 — 27. das Gemälde der Schlacht, die Hernennung der Stämme mit Lobe und Tadel, hin und wieder ganz mimisch; endlich vom 28 — 30. der Spott auf den Triumph des Sißra, ebenfalls nachahmend, bis der letzte Vers, wahrscheinlich als Hauptchor, alles schließet. Da alle wilde Nationen bei ihren Siegsfesten die vornehmsten Begebenheiten in nachahmendem Gesange feiren: so ist das Aehnliche bei diesem Gesange unverkennbar.

Hiedurch dörfen wir uns auch die Wirkung der Poesie in diesem Zeitpunkt erklären, ohne auf große Kunst derselben zu rechnen: sie war musikalischer Gesang lebendiger Thaten.

ten, leidenschaftvolle nachahmende Dichtkunst. So wirkten jene Prophetenchöre auf Saul: so wirkte mit seiner leisern Harfe David. Auch in unsern Zeiten sind Exempel dieser Art zwar selten, aber nicht unmöglich. Es wird so leicht kein Mensch von Empfindung seyn, auf den nicht einzelne Gänge der Musik, Lieblingslieder seiner Kindheit und Jugend auch im Alter noch wunderbar wirken. In Zeiten der Traurigkeit, der Krankheit wirken sie lebhafter, oft unaushaltbar. Wie manche sonderbare Erscheinungen könnten hierüber angeführt werden!*) Wenn überhaupt Tonkünstler die Lieblingstöne und Gänge einzelner Menschen studirten und nachher zur höchsten Wirkung auf dieselbe anwendeten; welche Wunder könnten sie auf diese einzelne Menschen

---

*) Noch in unsern Tagen ist mir ein Beyspiel glaubwürdig erzählt, das völlig ein Pendant ist zur Geschichte Sauls und Davids. Vom hitzigen Fieber waren einer jungen Person Verirrungen nachgeblieben, die durch keine Arznei weggebannet werden konnten: die Kranke war gesund, nur sie war nicht bei sich, sie träumte in ihrer Welt fort. Da nichts helfen wollte, schlug der verständige Arzt vor, der verirrten Tochter die Lieder vorzusingen, die sie in ihrer Kindheit am meisten geliebt hatte. Die Mutter thats: die Tochter ward aufmerksam, zuletzt gerührt. Jetzt kam man auf den Gedanken, durch einen sanften Tonkünstler dieselben Gänge der Musik, die Lieblingsaccente dieser Seele simpel zu verändern und so rührend zu machen, als es seyn könnte. Das Mittel gelang. Die Kranke brach in Thränen aus und fragte: wo sie so lange gewesen? Sie wuste nichts von ihrem bisherigen Zustande: ihr Dämon war durch Musik verjaget.

schen wirken! — Bei einfachen Nationen sind diese Töne durch Nationalgesänge gegeben, die mit gewissen Lieblingsgegenständen des Stolzes und Väterruhms sich von Kindheit an des Herzens und Gehirns jedes Individuum bemächtigten, und wenn sie nachher unter solchen und andern feierlichen Anlässen wiederkommen, jeden gleichsam verjüngen und die angenehmen Krämpfe des frühesten Enthusiasmus bei ihm erneuren. Jedermann weiß, was die Zusammenkunft, noch mehr die Zusammenstimmung einer grossen Versammlung für magische Kraft hat. Nicht etwa nur daß die conson vereinten Luftwellen auch die Empfindung verstärkt angreifen, und die Seele, die sich nur als Tropfe in diesem Strom fühlt, in denselben fortreißen; der allgemeine Enthusiasmus verwandter Ideen ergreift sie, und so werden die süßen Rasereien daraus, über die der Weltmann spottet und die sich der kalte Philosoph so wenig erkläret.

Man nehme die meisten Begebenheiten dieser frühen Ebräischen Zeiten, welch ein Thema sind sie für die einfachste Poesie mit der einfachsten Musik verbunden, kurz fürs lyrische Gemälde! Die Tochter Jephtha wie sie zum Tode geht und Chöre der Jungfrauen um sie klagen! Sie geht als Opfer zum Altar, als Braut in die Schatten des Todes; sie beweint ihre Jugend, nimmt Abschied von allem, was ihr lieb war im Leben, sie weißagt vielleicht am Altar — welch ein rührendes Gemälde in Worten, Tönen, Geberden! — David vor Saul: mehr als Ein Dichter hat die schöne Situation genutzt; mir ist aber niemand bekannt, der David seine Harfe entwandt und eine Poesie hervor gebracht hätte, wie auch nur Drydens Ode in Händels Composition ist,

ist; da Timotheus vor Alexander spielet. Dem Tonvollen Milton hat Simson zu einem sehr musikalischen Drama Anlaß gegeben und die Israeliten in der Wüste sind uns allen bekannt. Ehuds Schwert könnte wenigstens eben ein solches Lied erschaffen haben, als in Griechenland am Panathendischen Fest schallte: der Gegenstand ist derselbe. Harmodius und Aristogiton hatten ihr Schwert bedeckt getragen, da sie den Tyrannen Hipparchus erlegten und Athen wieder zum Freistaat machten. Ihr Lied ist noch übrig und ihr Andenken lebt in Accenten des Ruhms. Schade, daß wir Deutschen bei diesen alten Wunderbegebenheiten nur auf die Epopee verfielen, die doch für die meisten Gegenstände ein zu langes kraftloses Mährchen wird; andre Nationen haben sie zu lyrischen Gemälden erhoben, wo sie kürzer, andringender, rührender tönen. — Selbst die Meinungen dieses Zeitalters halten viel poetischen Stof. Wer die Aufsoderung des Geistes Darius in Aeschylus Persern gelesen, da der verstorbne glorreiche König mitten unter Chorgesängen erscheint, daß er über das Schicksal des unglücklichen Reichs weißage, der wird bei Sauls Todtenbefragung zu Endor an etwas anders denken, als an bloße Spekulationen über den Betrug der Hexe. Der aus dem Todtenreich aufsteigende Prophetenschatte weißagt, wie Darius, über das Schicksal des zerrütteten Reichs, über den nahen Tod Sauls und seiner Söhne. So manche Altvater, die sterbend weißagten, erinnern sie uns nicht an Hektor, an Patroklus, an Cassandra, die Aeschylus und Homer auch weißagen lassen in den letzten Augenblicken des Lebens? Endlich Jonathans Freundschaft, Davids frühe Begebenheiten — welche Gemälde für die Empfindungsreiche Dicht- und Tonkunst! Kurz in diesem

II. Th. S sem

sem Zeitalter blüht die Jugend der Ebräischen Muse. Die Wunder der Wüste waren so weit fortgerückt, daß sie nicht mehr drücken, wohl aber stolz machen, erfreuen konnten. Sie waren noch keine verlebten Mähren, wie sie in den spätern Zeiten wurden; es war gerade der Zeitpunkt, da sie Nationalbegeistrung weckten: denn jeder Held ward ergriffen vom Geist Jehovah. Dieser Name und die alten Wunder, deren Früchte sie genossen, verbreitet Einheit und Anmuth auch auf manche sonst nicht reizende Thaten. Wenn Kindern alle Geschichten erzählt werden könnten, wie das Buch der Richter und Samuels die ihrigen beschreiben; sie würden sie alle als Poesie lernen. —

VIII. Fer-

VIII.
Fernere Reste aus den poetischen Jugendzeiten Israels.

Inhalt.

Jothams Fabel. Vom Geist der Fabeln Orients überhaupt. Simsons Räthsel. Räthsel Agurs. Liebe der Kinder und sinnlicher Völker zu dieser Dichtungsart. Simsons Wortspiele. Von Namen- und Wort-Anspielungen der Ebräer überhaupt. Ursachen des häufigen Gebrauchs derselben bei diesem Volk und in seiner Sprache. Vom Zweck und Werth derselben fürs Ohr und Gedächtniß. Liebhaberei der Ebräer, neue Ideen in alte geweihte Ausdrücke zu kleiden. Ob die Zeiten der Richter glückliche Zeiten waren? Gesang der Hanna: Ankündigung einer andern Zeit. Samuels Verdienst. Prophetenschulen. Was sie gewesen? Wirkung ihrer Gesänge auf Saul. Davids und Jonathans Freundschaft. Klagegesang Davids um Jonathan.

In die poetische Zeiten der Freyheit Israels gehört auch die schöne Fabel Jothams. Sie ward, wie Aesop und Menenius Agrippa ihre Fabeln machten, über eine lebendige Begebenheit als Lehre ans Volk gesagt; und das ist der Fabel bester Ursprung und bester Endzweck. Bäume reden und handeln in ihr: denn Israel lebte damals unter Bäumen, in einem Hirten- oder Ackerleben. Der jüngste Sohn eines verdienten Va-

ters,

ters, der von allen seinen ermordeten Brüdern allein übrig ist, tritt auf die Höhe des Berges, erhebt seine Stimme und spricht zum Volk, das den Unterdrücker seines Geschlechts, den Mörder aller seiner Brüder zum Könige gemacht hat, also: a)

Ihr Männer! ihr Herrn zu Sichem, höret mich!
und Gott wird euch auch hören!

Es gingen die Bäum' einmal,
zu salben einen König über sich.
Sie kamen zum Oelbaum:
„sei König über uns.„
Da sprach zu ihnen der Oelbaum:
„Soll ich aufgeben meinen fetten Saft,
„ob dem mich Götter und Menschen ehren;
„und hingehn, daß ich über den Bäumen schwebe?

Da sprachen die Bäume zum Feigenbaum:
„Komm du, sei unser König!„
Da sprach zu ihnen der Feigenbaum:
„Soll ich aufgeben meine Süßigkeit
„und schöne Jahresfrucht,
„und hingehn, daß ich über den Bäumen schwebe?

Da sprachen die Bäume zum Weinstock:
komm du, sei unser König.„
Da sprach zu ihnen der Weinstock:
„Soll ich aufgeben meinen süßen Most,
„der Götter und Menschen frölich macht
„und hingehn, daß ich über den Bäumen schwebe?

Da

a) Richter 9, 7.

Da sprachen alle Bäume zum Dornbusch:
„komm du, sei unser König!„
Der Dornbusch sprach zu den Bäumen:
„Wenn es denn wahr ist, daß ihr mich
zu eurem König salbt:
so kommet und vertraut euch meinem Schatten.
Wo aber nicht!
so gehe Feur vom Dornbusch aus
und fresse die Cedern Libanons.

Die Fabel lebt ganz in den wilden Zeiten autonomischer Freiheit. Im Geist und Gefühl dieser stellt sie die ruhige Glückseligkeit einzelner Frucht- und Saftvoller Bäume dar, die alle keine Königshöhe begehren. Sie stellt die Göttergaben ins Licht, durch die eben der Dornbusch zur Königswürde gelangt und die er beim ersten Antrage in sich fühlet. Sie zeigt die innre Art der Königswürde, nehmlich kalt und dürr, ohne Oel und Freude über blühenden Bäumen zu schweben. Endlich erzählt sie auch die ersten Gnadenbezeugungen des Dornbusches, seine Capitulation mit den Cedern auf Libanon, daß sie sich entweder unter seinen, des Dornbusches Schatten begeben oder von ihm, dem Dornbusch, mit Feuer gefressen werden sollten. Schöne Fabel! voll trauriger Wahrheit in mehr als Einer Zeit!

Orient ist voll solcher moralisch-politischen Fabeln. Was die Geschichtschreiber Europäischer Völker in Aphorismen vortragen, kleideten sie in das Gewand der Dichtung oder des Mährchens. Der Tyrann, der ihnen die freie Stimme nahm, mußte ihnen wenigstens die Fabel, das Sprüchwort, das alberne Geschichtchen laßen; das sich denn nicht nur der Seele des Volks empfal, sondern sich gar zuweilen dem Ohr des Monarchen in demüthiger Verkleidung zu nähern wagte. So erzählte Nathan dem Könige nach dem Herzen Gottes, eine kleine Parabel vom einzigen Schaaf des armen Mannes: b) so sang Jesaias seinem geliebten Freunde, dem Volk, ein Fabellied von einem andern geliebten Freunde, c) das nichts anders enthielt, als wie jenes ein unfruchtbarer, unnützer Weinberg sei, dem dieser, der Herr des Weinberges, die schnelleste Verwüstung drohe. Die Propheten mahlen Symbole an die Wand, oder werden selbst zum Symbol, zu einer lebendigen Fabel; und wenn denn die Neugier fragte: was ist das? was will die alberne Figur sagen? so erzählte ihnen der Prophet liebreich die Bedeutung. Oft giebt er ihnen diese auch im Wortspiel.

 Was siehst du Jeremia?
 „Den Stab von einem Mandelbaum!„ (שָׁקֵד)
 Du sahest recht!
 denn wachen will ich auf mein Wort (שֹׁקֵד)
 daß ichs erfülle —

Welcher

b) 2 Sam. 12, 1.   c) Jes. 5, 1.

Welcher Anspielungen auch auf Namen, Denkmale und Begebenheiten die historischen und poetischen Schriften der Ebräer voll sind. —

Und weil nun eben auch die Räthsel- und Wortspiele Simsons in diese Zeit gehören: so wird es vielleicht am besten Ort seyn, sich über beide Dinge, die der morgenländischen Poesie so beliebt sind, näher zu erklären.

* * *

Als Simson seine Hochzeit feierte, wußte er seine Gäste nicht besser zu unterhalten als durch ein Räthsel, das er ihnen in Versen vortrug: d)

 Simson. Ich will mit euch nun Räthsel sprechen:
    errathet ihr.
 Antwort. So sage an dein Räthsel!
    wir hören an.
 Simson. Vom Fressenden kam Speise,
    vom Stark-Grausamen Süßigkeit.
 Antwort. Süßer ist nichts als Honig!
    Stärker ist nichts als der Leu!
 Simson. Hättet ihr nicht gepflügt mit meinem Kalbe,
    so hättet ihr nicht gelöset auf mein Räthsel.

Alle diese Sprüche sind im Original Parallelismus oder gar Reim. Feierlich wird ihnen die Frage vorgelegt und

---

d) Richt. 14, 12-18.

und feierlich die Antwort ertheilet. Sieben Tage war
ihnen Bedenkzeit gegeben und ein grosser Preis auf die
Auflösung gesetzt — lauter Beweise der Achtung, die
man auf diese Spiele des Witzes in damaligen Zeiten
setzte.

Wir finden diese Achtung und Liebhaberei für Räth‑
sel noch in spätern Büchern. Die Königin von Saba
kommt, Salomons Weisheit auch in ihnen zu erpro‑
ben, und das vorletzte Kapitel seiner Sprüche enthält
beinahe nichts als Räthsel e) — freilich in einem an‑
dern höhern Tone.

Worte Agurs, des Sohns Jakeh.

Zu Ithiel sprach der Mann erhabne Sprüche,
Zu Ithiel und Uchal sprach er also:

Von Männern ich der Unverständigste,
was Menschen Klugheit nennen, hab' ich nicht,
ich habe nicht gelernt (der Menschen) Weisheit
und sollte wissen der Heilgen Wissenschaft?

Wer stieg gen Himmel und stieg hinab?
wer fassete den Wind in seine Faust?
wer band die Wasser in ein Kleid?
wer setzt' der Erd' all' ihre Grenzen?
Wie heißt der Mann? und wie sein Sohn? (sein
                                        Schüler)
sag' mir es, wenn du's weißt! —

Ich

---

e) Sprüche Sal. 30.

Ich habe mich schon einmal f) an diese Räthselsprüche gewagt, und wie ich befürchte, ihre Auflösung damals nicht getroffen; sie ist vielleicht simpler als man glaubt, und man findet sie nicht, eben weil man zu tief suchte. Der weise Agur will zu seinen Schülern erhabne Sprüche reden; bescheiden aber fängt er an, daß man bei ihm nicht zu hohe Weisheit suche. Er, der den Männern seines Geschlechts an Verstande und Wissenschaft nachstehe, der es bekennt, Menschen-Weisheit nicht gelernt zu haben; wie sollte er der „Gottvertrauten,, g) Wissenschaft wissen? Offenbar steht hier die Weisheit der Menschen dieser als einer höhern Wissenschaft entgegen; die Gottvertrauten sind also solche, die sich eines höhern Lichts, einer Berathung der Götter rühmen dörfen, wie ers selbst sogleich in Fragen erklärt. Der wahre Weise muß gen Himmel gestiegen und von da wiedergekommen seyn, er muß die Tiefen der Schöpfung kennen und den Verstand des ganzen Weltkreises haben: sonst verdient er diese Namen nicht. h) „Und

wie

---

f) Briefe das Studium der Theologie betreffend Th. I. S. 184.

g) קדשׁים sind Heilige, Himmlische, mit Gott Vertraute. Von Gott selbst kömmt der Name bisweilen vor; (S. Schröders obs. I. Hebr. p. 12.) und er führt immer den Begrif des Abgesonderten, Geweiheten mit sich.

h) Daß dies das Ideal der Weisheit bei den Morgenländern

wie heißt, fragt Agur, der Mann, der dies von sich
rühmen dörfe? wo lebt er und wie heißt der Schüler,
den er erzogen? Nenne mir ihn!„ D. i. Es giebt
keinen solchen auf der Erde. — Augenscheinlich ist
dieser Anfang ein Nachhall jenes Weisheitspruches bei
Hiob, da mit eben den Worten und Gründen gesagt wird,
daß Gott allein der Weise sei, weil Er allein die weite
Schöpfung kenne, den Wind gewogen, die Grenzen
der Erde berechnet habe. Dem Menschen gebühre eine
andre Weisheit und sie ist genau die, die auch Agur an,
giebt. Er fährt fort:

> Was Gott uns anbefahl, das ist Goldlautre Weisheit;
> sein Ausspruch ist ein vester Schild
> für den, der sich ihm traut.
> Zu Gottes Worten füge nichts hinzu,
> daß nicht, wenn er dich scharf durchfrägt,
> er dich unwahr und einen Lügner finde.

Genau, was auch Hiob sagt: „Furcht Gottes sei dem
Menschen die einzige Gottesweisheit.„ — Also in
dieser Einleitung Agurs ist kein Räthsel; einige andre
Sprüche nähern sich ihm mehr.

Zwei Wünsche fürs menschliche Leben.

> Zweierlei begehrt' ich nur von dir:
> versage mir es nicht, so lang' ich lebe.
>
> Abgöt‑

tern sei, sieht man schon aus 1 Mos. 3, 5. Hiob 28.
Sprüchw. 3, 19. 20. Kap. 8, 22‑31. u. f.

Abgötterei und Heuchelei
entferne weit von mir,
Armuth und Reichthum gib mir nicht;
nur meines Brodts bescheiden Theil
gib mir als Raub des Lebens.
Ich möchte sonst, zu satt, ein Lügner werden
und sagen: wer ist Jehovah?
oder zu arm, möcht ich zum Diebstal greifen,
vergreifen mich an meines Gottes Namen
(durch falschen Schwur.)

Wie schön ist die Aufgabe des Zweierlei ins Leben gewandt! vielfach gewandt, und jedesmal so wahr und bescheiden!

Die böse Art.

Eine Art ist, die ihrem Vater flucht,
ihre Mutter selbst nicht segnet!
Eine Art, die immer rein in ihren Augen ist,
und nie gewaschen wird von ihrem Koth!
Eine Art, die hoch die Augen trägt,
und stolz die Augenlieder hebt.
Eine Art, die Dolche zu Zähnen hat,
deren Vorzähne Messer sind —
die Dürftigen des Landes fressen sie weg,
die Armen unter den Menschen. —

Die beiden letzten Zeilen sind die Auflösung des Räthsels; es möge sie der Dichter selbst oder ein andrer sagen.

Das

Das Unersättliche.
Ein Räthsel.

Die Halukah hat zwo Töchter:
"Bring' her! bring' her!„
Drei Dinge sind nicht zu sättigen
vier sprachen nie: "Genug!„
Das Todtenreich,
und das unfruchtbare Weib:
Die Erde, nimmer des Wassers satt,
und die Flamme, die nie gnug Nahrung hat.

Die Halukah ist die Parze der morgenländischen Fabel; wahrscheinlich die Mutter des Todtenreichs und des Abgrunds (שאול ואבדון) die nach Sprüchw. 37, 28. nimmer gesättigt werden. i) Sie ist hier die Einleitung und das Gleichniß zu den vier Dingen, die unersättlich wie sie sind; in dem eben genannten Spruch sinds auch die Augen der Menschen:

Höll und der Abgrund sättigen sich nie
und Augen der Menschen, wer sättigt die?

Vier verborgne Dinge.

Drei Dinge mag ich ausspähn nicht
und auch das Vierte weiß ich nicht.

Des

---

i) Auch in mehrern Poetischen Stellen stehn sie als personificirte Wesen zusammen, z.B. Sprüchw. 15, 11. Hiob 26, 6. Kap. 28, 22. Ueber die Halukah als
Schick

Des Adlers Weg in den Wolken,
der Schlange Weg an dem Felsen,
des Schiffes Weg in den Wellen,
des Mannes Weg bei der Jungfrau. —

Die brei Ersten stehen wahrscheinlich nur des letzten wegen da; es ist die Manier des morgenländischen Räthsels, so vorzubereiten. Da aber das Vierte in unsrer Sprache eine Zweideutigkeit giebt, k) von der das Ebräische nichts weiß: so setze ich nur eine ähnliche Stelle her 1) und die Zweideutigkeit verschwindet:

 Wie du nicht weißt des Windes Weg
 noch wie sich Gebeine bilden im Mutterleibe:
 so kannst du auch nicht einsehn Gottes Werk,
 das er thut überall.

Die Art der Bildung des Menschen im Mutterleibe war den Morgenländern das unerforschbarste Wunder, das tiefste Räthsel; und ist sie es nicht allen Naturweisen

Schicksal der Morgenländer s. Bochart. Hierozoic. T. 2. p. 800.

k) Sie entsteht aus dem Wort „Weg,„ das bei den Morgenländern ganz gewöhnlich Art und Weise bedeutet: Das Räthsel der Generation konnte in diesem vierfachen Wortspiel nicht eigentlicher gesagt werden. Sollte das Schleichen eines Mannes zur Jungfrau Punkt der Vergleichung seyn, so müßte wohl statt לעלמה בעלמה stehen.

l) Predig. 11, 5.

sen noch bis auf diese Stunde? Dahin zielte also die Aufgabe mit ihren weit ausholenden Bildern. — Wahrscheinlich ists jetzt ein andrer, der zu den genannten vier unerforschbaren Dingen noch ein fünftes antwortend hinzusetzt.

Gleich unausspähbar ist die Ehebrecherin;
sie ißt, und wischt den Mund und spricht:
„Ich habe nichts gethan!„

Man siehet das Spiel der Zusammenreihung verschiedner Sachen, die unter Einem Hauptbegrif einander ähnlich werden. Je verschiedener, (schiens den Morgenländern,) desto scharfsinniger, desto besser; insonderheit paarten sie gern Analogie aus dem Reich der Natur und der Sitten.

Aeußerst beschwerliche und unerträgliche Dinge.

Drey Dinge sind der Erde selbst beschwerlich
und auch ein Viertes ist ihr unerträglich.

Der Sklave, wenn er König,
der Narr, wenn er zu satt ist;
die Gehaßte, die nun Frau wird,
und die Magd, die ihre Frau erbt.

Vier kleine und sehr geschäftige Wesen.

Vier Thierchen sind die kleinesten der Erde
und sind doch weiser, als die größten Weisen.

Das

Das Ameis-Völkchen ohne Heldenkräfte,
und sammlet sich im Sommer seine Speise.
Berg-Mäuse, auch ein Volk von keiner Stärke,
und legen doch ihr Haus hin in den Felsen.
Heuschrecken; über sie regiert kein König,
und ziehen aus und theilen Pfeilschnell Alles.
Die Eidechs; man kann sie mit Händen greifen
und wohnet dennoch in des Königs Häusern. —

Vielleicht ward des letzten wegen die ganze Vergleichung gemacht, da ein dergleichen Geschöpf, (die den wärmern Gegenden beschwerlich fallen und in den Mauern wohnen,) selbst in des Königs Pallast zum Vorschein kam: denn die Morgenländer lieben dergleichen Spiele und Aufgaben vorzüglich in der Gesellschaft; wie sie sich denn auch eigentlich bisweilen dazu versammeln.

Dinge von prächtigem Gange.

Drei Dinge haben stolzen Gang
und auch des Vierten Tritt fällt schön ins Auge.

Der Löw', ein Heldenkönig unter den Thieren;
nie kehrt' er um vor Feindes Blick.
Der Hahn, der stolz auf seine Sporen tritt, m)
der Widder, der vor seiner Heerde zieht,
Ein König, der aufbricht mit seinem Volk.

Gnug

m) Das zweite und dritte habe ich aus den alten Uebersetzungen supplirt, da im Hebräischen Text beim zweiten das Subjekt, beim dritten das Prädikat fehlet.

Gnug der Räthsel. Man siehet, wohin ihr Blick gehet? Aehnlichkeiten der Dinge aufzufassen, und sie unter einen moralischen oder künstlichen Gesichtspunkt zu vereinen. Alle Völker auf den ersten Stuffen der Bildung sind Liebhaber von Räthseln; die Kinder sind es auch und aus eben demselben Grunde. Ihr Witz und Scharfsinn, ihre Bemerkungs- und Dichtungsgabe äußert sich damit über einzelne Gegenstände auf die leichteste Weise; und der Preis, den der Erfinder sowohl als der Errather eines guten Räthsels in seinem Kreise davon trägt, ist ihnen gleichsam Kampfpreis, die unschädlichste Siegeskrone. Ich wünschte, daß wir von mehreren sinnlichen Völkern, statt Beschreibungen über den Geist derselben, Proben ihres kindlichen Witzes, ihres sich übenden Scharfsinns in Sprüchwörtern, Scherzen und Räthseln hätten; wir hätten damit die eigensten Gänge ihres Geistes: denn jeder alte Völkerstamm, den ich kenne, hat in Auffindung solcher Aehnlichkeiten bei seinen Lieblingsgegenständen und Lieblingsideen ganz seine eigne Weise. Wir haben sie aber bei wenigen, weil gerade diese Dinge zum Heiligthum jeder einzelnen Sprache gehören, und oft so schwer zu verstehen als unübersetzbar sind.

Wir kommen von Räthseln auf Wortspiele. Der jovialische Simson scheint sie sehr geliebt zu haben;

er

er macht bei Einem Vorfall ihrer drei oder mehrere: mm)

Beim Kinnbein vom Esel (חמור) ein ganzer Haufe!
(חמור)
Ich zerschmiß sie mit dem Kinnbein vom Esel
(בלחי החמור חמרתים)
die tausend Helden da.

Welche vergebliche Mühe machen wir uns, jeden Punkt eines solchen Wortspiels im Munde eines Siegstrunknen frölichen Helden zu retten und zu zergliedern! Auch die Tausend (אלף) gehören dahin. Das Wort heißt Tausend und ein Trupp; wer wird nun die Erschlagnen Mann für Mann nachzählen, ob der scherzende Wortspieler auch zu viel sagte?

Als der arme Blinde mit seinen Feinden zusammen sterben wollte, ergrif er die Säulen des Hauses und sprach: n)

Jehovah Gott! denk' Einmal noch an mich
Ich bitte dich und stärke mich noch diesmal!
Ich bitte dich, daß ich mich rächen kann
mit Einer Rach' um meine beiden Augen! —

Der bitterste Affekt gab ihm hier das ein, was ihm sonst Scherz und Spott eingab, ein Wortspiel. —

Da

mm) Richter 15, 16.
n) Richter 16, 28.
II. Th. T

Da diese in der Poesie der Ebräer so häufig als verschieden sind, und man über sie, des Namens „Wortspiel,, wegen, so verschieden geurtheilt hat: so lasset uns etwas mehr hievon reden. Wortanspielungen durchgehen alle Schriften der Ebräer; Jesaias insonderheit liebt sie sehr, und die Dichter, die ihm nachfolgen, folgen ihm auch hierinn nach; eben deßhalb werden manche ihrer kräftigsten und schönsten Stellen ganz unübersetzbar.

Zuförderst bitte ich, daß man das Wort „Wortspiel,, weglasse, und lieber Namen-Anspielung, Schalles-Aehnlichkeit sage. Unter dem Ersten denkt man sich meistens nur die schlechte Kunst, die der Engländer the art of punning nennt, und von deren Uebermuth der alte Ebräer nichts wußte. Seine Anspielungen beziehen sich auf Namen, Denkmale, Sachen, oder sie liegen im Bedürfniß und im Bau der Sprache; aus allen diesen Quellen gingen sie sehr natürlich ins Reich der Poesie über.

1. Von den ältesten Zeiten an war bei den Ebräern Alles an Namen geheftet; diese waren ihnen Geschichte, Denkmale der Erinnerung, Ueberlieferungen des Segens. Wenn nun einem Mann, aus Umständen seiner Geburt oder aus Begebenheiten seines Lebens, ein Name gegeben war, so folgte draus, wenn man will, ein Wortspiel; ein sehr bedeutendes Wortspiel

aber

aber für die Geschichte. Von Adam an findet dieses statt: alle Stammväter bekamen also ihre Namen.

2. Wenn dieser Name nach Begebenheiten des Lebens verändert oder modificirt ward: so entstand ein neues Wortspiel, eben so angenehm fürs Ohr und das Gedächtniß. So ward der Name Abraham, Sara, Jacob verändert: o) so kann Kain, Noah und so viel andre verändert werden. In Erzählung ihres Lebens wird darauf Rücksicht genommen: so scherzte Isaak mit seinem Weibe Rebekka: p) so wird Ephraim seinem Namen nach bald ein Fruchtreis, bald ein Wilder, q) durch eine leichte Abbiegung des Namens.

3. Insonderheit wurden die Segenssprüche aus Namen der Söhne genommen: Seth, Sem, Japhet, Judah, Gad, Ephraim, Dan r) u. f. empfingen also ihren Segen. Beim Namen des Stammvaters erinnerte sich sein Geschlecht, was über ihn gesagt war; wenn das Geschlecht abwich, verwandte der strafende Prophet durch eine kleine Beugung seinen Glückbringenden Namen. Das Alles war kein Spiel des Witzes, sondern ein Pfeil der Erinnerung für die, die es anging.

T 2   4. Was

o) 1 Mos. 17, 5. 15. Kap. 32, 28.
p) 1 Mos. 26, 28.
q) 1 Mos. 41, 52. Hos. 13, 11.
r) 1 Mos. 4, 25. K. 9, 26. 27. 1 Mos. 49, 8. 16. 19. 22.

4. Was von Namen gilt, gilt auch von Denkmalen, von Städten. Merkwürdige Begebenheiten benannten sie; neue Begebenheiten veränderten so und so ihre Namen. Beth=El, das Gotteshaus, wo Jacob schlief, ward Beth=Aven; s) jener große Stein (1 Sam. 6, 18.) ein Trauerstein, durch eine leichte Inflexion des Namens. So wars mit jenem Haufen, der Zeuge seyn sollte: (1 Mos. 31, 52.) Laban und Jacob nannten ihn anders aus Einem Grunde. Wie verschieden werden die Namen der Städte und Völker von den Propheten angewandt, die über sie weissagen! Babel, Edom, Cananiter, Keniter, Ekron, Gaza u. s.

5. Ein Gleiches geschah mit Begebenheiten, entweder spottend oder zum Lobe. Jene, die auf 30 Eseln ritten, bekamen 30 Städte. t) Nabal war ein Narr, wie sein Name sagte. Samuel ward Gott geschenkt, weil er von ihm erbeten war, u) durch eine leichte Umbildung des Namens. Zu alle diesem half außerordentlich die Sprache, die an so wenige und einander so ähnliche Wurzelwörter zusammen geht und mit ihren einförmigen Veränderungen so viel verändert.

Eine

s) Amos 5, 5.
t) Richt. 10, 4.
u) 1 Sam. 1, 27. 28.

Eine sehr fleißige Abhandlung, die ich unten citire, x) hat nach Buchstaben des Alphabets und nach Hauptvariationen die Namen= und Wortspiele der Ebräer sorgfältig gesammlet.

6. Durch Namen also und durch den Bau der Sprache auf den Weg gebracht, durch Segenssprüche der Väter und den Namenruhm ganzer Geschlechter auf diesem Wege fortgeführet; was konnten die Dichter anders und bessers thun, als auch ihre Lehrsprüche und Sentenzen diesem Genius des Volks und der Sprache anfügen, und was sie dem Verstande sagen wollten, auch dem Gedächtniß und dem Ohr sagen? Von den ältesten Zeiten an findet man daher, so wie die Segenssprüche, so auch Gesetze und Pflichten in ähnliche Worte gefaßt. Wer Menschen erschlug, des Blut sollte durch Menschen vergossen werden: die Götter der Heiden heißen Nichtigkeiten, stumme Götzen u. f. Der glücklichste in Prägung solcher Sentenzen ist Jesaias. Fürsten sind Widerspenstige, das Gesetz Licht: wer glaubt, der bleibt: der Traurige bekomnt Schmuck

für

---

x) Christ. Bened. Michaelis diss. de paronomasia sacra. Es wäre zu wünschen, daß die gelehrten und fleißigen Dissertationen dieses Mannes zusammen gedruckt würden. S. auch Verschuir diss. de paronomasia in der Sammlung seiner Dissertationen.

für Asche: im Volk ist statt Gerechtigkeit Schinderei, statt Rechts Wehklage u. s. f. — lauter treffende Gegensätze, die, was der Prophet sagen will, in Mark und Bein schreiben. Ein Theil der Sprüchwörter Salomons sind ähnliche Schälle, die die Bedeutung gleichsam zuspitzen oder runden.

7. Insonderheit bei Symbolen, die die Propheten sehen oder dem Volk zeigen, bei Worten, die sie ihm aus dem Munde nehmen und gegen dasselbe selbst deuten; — die natürlichsten, die treffendsten Wortspiele hiebei sind meistens unübersetzbar. So ists mit jenem Stabe Sanft und Wehe, mit dem Hammer und der Zerstreuung, mit der Last Jehovahs und der Vergessenheit y) u. s. f. Luther, der große Meister unsrer Sprache, hat Anspielungen der Art bisweilen sehr glücklich ausgedrückt; zu wünschen wäre es, sie könnten, insonderheit in Sinnsprüchen, überall ausgedrückt werden.

Mich dünkt, aus dem, was gesagt ist, erhelle deutlich, daß es mit der Paronomasie der Hebräer nicht eine so verächtliche Sache sei, als man sie sich aus dem Gebrauch der Wortspiele in neuern Sprachen denkt; jene war von einem ganz andern Bau und die Anspielungen hatten in ihr eine andre Absicht. Sie hatten keine Reime; aber Assonanzen, Alliterationen liebten sie sehr,

auf

---

y) Jer. 51, 20:23. Kap. 21, 33:39.

auf die sie der Parallelismus natürlich führte. Was ist nun geistiger, was verständiger? der Reim, der ein Wortspiel blos fürs Ohr ist; oder die veränderte Aehnlichkeit eines Schalles mit dem Sinn, da das neue Wort, wie Pope sagt, echo to the sense wird? Wie schöne Wirkung machts, wenn auch in unsern Reimen oder bei Sprüchwörtern, Gegensätzen, Gleichnissen, Bildern die Aehnlichkeit oder Verschiedenheit der Begriffe sich auch in einem ungesuchten, ähnlichen Wort findet! Selbst in der Philosophie sind dergleichen glückliche Ausdrücke von grossem Nachdruck: sie heften den bemerkten Unterschied oder die Aehnlichkeit auch durchs Wort in die Seele. Im Vortrage des Witzes oder des Scharfsinns sind sie noch mehr an ihrem Ort; und so lang eine Nation sinnlich denkt, so lange sie die Sprache in Mund' und Ohr, nicht in Buchstaben und Augen mit sich trägt, sind ihr dergleichen Schälle, als Stimmen der Erinnerung so angenehm als unentbehrlich. Daher bei allen Völkern, die keine oder wenige Bücher haben, jene Liebhaberei an Assonanzen und Wortwitz: daher bei ihnen insonderheit jene nachdrückliche, richtige Kürze, jener schnelle, unvergeßliche Ausdruck, den die Mahler der Buchstaben nie erreichen. So thöricht und lächerlich es seyn würde, den Geschmack der Ebräischen Sprache in der unsern nachzuahmen, die von einem andern Bau ist und auf einer andern Stufe der Cultur stehet; eben so lächerlich wäre es, jenes Volk nach uns zu beurtheilen und ihnen auch hierinn die Kindheit ihrer Zeit, die Einfalt ihrer Sprache, die Uebereinstimmung ihres Ohrs und ihrer Seele nicht zu gönnen. Kinder machen gern Wortspiele, und wenn sie Sinn haben, höre ich sie gern: sie zeigen, daß der, der sie macht, in und mit der Sprache denket. Poetische Nationen denken nie anders; so daß ich auch hierdurch ein Wortspiel jene Rede Moses (die selbst Wortspiel ist) anwenden möchte:

> Eine Stimme der Antwortenden höre ich:
> sie ruffen nicht Sieg einander sich zu;
> sie ruffen nicht Schlacht einander sich zu;
> sie singen entgegen einander im Jubelreihn.

Bei den Ebräern beruht Geschichte und Dichtkunst grossen Theils auf Paronomasien, wie auf originibus der Sprache; nur durch den Geschmack an jenen kommt unser Ohr in die innere Bekanntschaft mit dem Geist dieser.

Und um so nöthiger ist diese Bekanntschaft, da auch in ganzen Phrasen ihre Schriftsteller gern auf einander baun und solche, jeder in seinem, gern einem neuen Sinn entwickeln. Wenn man will, so sind dies auch Wortspiele; Wortspiele aber, die selbst die feinen Griechen liebten. Es gefiel ihnen sehr, aus Homers und andrer Weisen

Weisen Munde ihre eignen Gedanken zu sagen; und wem würde dies nicht gefallen? Sowohl der Sprechende als der Hörende freut sich; jener weil er erfindet, dieser weil er in einem geliebten Gewande einen neuen Freund bekommt d. i. in einem alten bekannten Ausdruck einen neuen Gedanken. So brauchen die Propheten alte Bilder der Vätersprüche und Psalmen: so brauchen neuere Ebräer die Worte Aller in einem neuen Sinn, aber im schönen Nebel desselben Ausdrucks. Ihre poetische Sprache, die mit Ausdrücken der Bibel redet, ist, wenn man will, nichts als Wortspiel; aber oft wie fein! wie reizend für den, der für die Einfalt ältester Zeit, die auf solche Weise in einem feineren Schmuck erscheint, Sinn hat! Ich wünschte, daß mehrere ihrer Poesien unsrer Sprache bekannt würden, als bisher bekannt sind; meine Meinung würde sich bei vielen bestätigt finden. — Doch gnug hievon; ich komme wieder zum Text der Simsonischen Zeiten.

* * *

Sie waren nichts minder als glückliche Zeiten. Oeftere Streifereien benachbarter Völker beunruhigten das Land; ja zuletzt rottete eine scheußliche Unthat z) in

einem

---

z) Richter 19. 20. Rousseau hat die schauerliche Unthat in ein Poem gebracht: der Levit von Ephraim; auch eine der darstellendsten Predigten von Sterne ist über diese Geschichte.

einem Bürger-Kriege beinah einen ganzen Stamm aus. Oft drückte Hunger das Land; und eine dergleichen Theurung hat uns die schön-erzählte Familiengeschichte der Ruth geschenket. Zu Eli Zeiten kam der Verfall des Volks, das ohne wirksames Haupt war, zur tiefsten Tiefe. Das Heiligthum selbst, die Lade des Gesetzes ward von den Feinden geraubt, und die Familie dieses Hohepriesters ging auf eine traurige Weise zu Ende. — Auch hier indeß ging die Stimme der Poesie nicht aus; sie nahm vielmehr bald eine andre Gestalt an. Heldenlieder schwiegen; aber die prophetische Stimme kam wieder. Jehovah erfüllte sein Wort, und gab dem unterdrückten Volk einen Mann —— einigermaßen im Geist Moses. Samuels Ruf im Tempel, so wie seine Geschichte ist mit stiller Einfalt erzählet, und das Danksagungslied seiner Mutter bringt uns eine neue friedliche, häusliche Deborah wieder:

Mein Herz erjauchzet über Jehovah!
Denn hocherhaben ist mein Glückshorn durch Jehovah!
Weit öfnet sich mein Mund in Siegsgesang:
denn seine Hülfe macht mich hocherfreut. a)

Nein! niemand ist hochherrlich als unser Gott!
Kein Gott ist außer dir! Kein Schutz wie unser Gott! —

Was

a) Ein Gegensatz gegen die alten Siegsgesänge: sie singt ihn über eine stille, häusliche Wohlthat.

Was redet ihr so viel von Höhen! Höhn! b)
Laßt weg aus eurem Munde das stolze Wort;
Gott weiß es; alle Thaten wäget Er!

Des Helden Bogen liegt zerbrochen da, c)
und die da wankten, gürtet' er mit Kraft.
Die Satten betteln Brot,
die Hungrigen, sie feiren jetzt!
Die stets unfruchtbar war, gebieret siebenmal
und die viel Söhne hatt', ist Hülfberaubt.

Jehovah tödtet und belebt,
führt tief ins Todtenreich und führt hinauf.
Jehovah machet arm und machet reich,
läßt fallen und richtet auf.

Er richtet auf vom Staube den Niedrigen,
den Darbenden hebt er vom Feldstein auf,
daß er ihn sitzen lasse mit den Edeln,
ihn erben lasse einen Fürstenstuhl. d)

Denn die Grundvest' der Erde sind Jehovahs,
das Erdenrund hat er darauf gesenkt.

Die

b) Mit denen man sich beveftigte, auf die man stolz that. Assaph hat Ps. 75, 6. so wie den ganzen Gesang, so auch diesen Ausdruck nachgeahmt und schön verändert.

c) Neue friedliche Zeiten fangen an, wo auch Schwache und Arme Glückseligkeit genießen. Sie erläutert es aus ihrer eignen Geschichte.

d) Wie Samuel, da er Richter des Volks war. Auf ihn und die Familie Eli passen die folgenden Strophen sehr; ob ich ihnen gleich damit ihren allgemeinern Sinn nicht nehme.

Die Tritte seiner Treuen sichert er,
der Bösewicht verschwindet im Dunkel stumm:
denn nicht durch Stärke siegt der Held.

Jehovah! Seine Feinde werden beben,
wenn er im Himmel donnert über ihnen!
Jehovah wird des Landes Grenzen richten
und seinem König' Heldenstärke geben,
seines Gesalbten Macht gar hoch erhöhn.

Habe Hannah diesen Gesang gesprochen oder werde er ihr in den Mund gelegt; gnug! sie kündigt andre Zeiten an, als die bisher waren. Die Krieges-Gewitter sind vorüber. Das Pochen auf einzelne Höhen des Landes sind ein verlebtes Wort; Gott giebt jetzt andern Siegsgesang in ihren Mund! — Aus der Schmach der Unfruchtbarkeit errettet, sieht sie aus der Niedrigkeit ihren Sohn aufsteigen, daß er neben den Edeln sitze, als Landesfürst, als Richter des Volks. Eli's Geschlecht verlieret sich im Dunkel: Er kommt dagegen hinauf: durch ihn richtet Jehovah das weite Land bis an die Grenzen, ja durch ihn salbt Gott Israel einen tapfern, glücklichen König. — Dies singt das Lied, und ward Vorbild vieler im Ton und Inhalt ihm ähnlichen Psalmen: denn es war die Ankündigung der Lieblingsmaterie dieses Volks, eines neuen glücklichern Zeitraums.

Samuel hat ihn wenigstens vorbereitend gestiftet: er war der erste Prophet für die Staats-Einrichtung,

nach

nach Moses. Gott rief ihn durch kein Gesicht, sondern durch eine deutliche Stimme, in der er ihm den Untergang des bisher regierenden lasterhaften und trägen Priesterhauses anzeigte. Deutlich und bestimmt waren jederzeit seine Antworten: daher man ihn auch statt Prophet, d. i. eines der Göttersprüche redet, Seher nannte. Der Ausdruck blieb auf einige Zeit im Gebrauche, und auch David hielt sich seine Seher, bis es wieder Propheten gab.

Es ist unläugbar, daß Samuel die ersten friedlichen Zeiten der Staatsverfassung genutzt habe, wie er sie nutzen konnte, auch zum Anfange der Cultur des Landes am Geist: er stiftete Prophetenschulen. e) So ungereimte Dinge man sich an ihnen zuweilen gedacht hat, so war ihre Einrichtung von Samuel ein guter Gedanke. Er suchte die Literatur, die damals in Musik und Dichtkunst vorzüglich bestand, aus den Händen eines Stammes weg, ins Freie, ins Allgemeine zu bringen. "Hügel Gottes„ frohlockten vom Gesange der Propheten, d. i. der Schüler einer freien Nationalweisheit: sie wohnten in einfachen Hütten (נוית) die man sehr unrecht Schulen übersetzt, und sich bei ihnen gar unsre

---

e) נוית S. 2 Sam. 7, 8. Zeph. 2, 6. u. f. sind Hirtenhäuser und Hürden. Man weiß, daß die Propheten die älteste und einfachste Lebensart liebten.

unsre Collegia denket. Eine Versammlung junger oder erwachsner Menschen war es, die sich unter Samuels Anweisung, der ein Richter und Vater des Staats war, in dem übten, was damals zur Nationalklugheit gehörte; also nicht in Rasereien über die Zukunft, noch weniger in bloßen Litaneien des Tempels. Als sie dem Saul begegneten, gaben sie ihm durch den Inhalt und Flug ihrer Gesänge zuerst ein königliches Herz: f) (das aber leider! nur, bis er auf die Höhe kam, bei ihm verweilte.) Der kleinfügige Eselsucher fühlte zuerst in ihren Liedern, die wahrscheinlich sein Königsglück, seine Königswürde sangen, erhabnere Gedanken, freiern Muth; und auch noch später, als er David verfolgte, vergaß er selbst seines Todfeindes und setzte sich nackt, d. i. in der einfachen Prophetenkleidung, von seinem Königsschmuck entladen, unter sie, und begeisterte seine Saiten. — Wären uns von diesen Hügeln Gottes, von diesen freien Höhen voll National- und Naturdichtung noch einige Proben übrig! — Aber sie sind nicht mehr. Die Residenz-, die Hof- und Tempeldichtkunst des Königes Davids machte bald diese Hügel

---

f) Man hat die Stelle lächerlich gemacht, weil man sie mißgedeutet. Nicht durch den Schall der Instrumente gaben sie Saul ein Königsherz, sondern durch den Inhalt ihrer Gesänge mit jenem Schall begleitet.

gel öbe, zog alles in einen engen Kreis um sich her; und jene alten Kriegs- und Siegslieder, jene Fabeln, jene freien Gesänge der Propheten Samuels — gingen verlohren.

Doch auch von Davids Dichtkunst gehört sowohl der Keim, als die erste Blüthe in diese Zeiten. Die Auen seiner Heerde ertönten von Gesängen seiner jugendlichen Muse: er fand durch sie den Zugang zum Könige und Jonathans Freundschaft. Mehr als alle Lieder charakterisirt diese Zeit Davids und Jonathans Freundschaft. Ein Jüngling erscheint vor ihm, nach einer raschen Jünglingsthat, die er selbst nicht vollführen konnte; und statt ihn zu neiden, gefällt er ihm: g) „er verband sein Herz mit dem Herzen Davids und gewann ihn lieb,„ und vertrat ihn (selbst durch Unwahrheiten, die auf seinen Kopf hätten kommen dörfen) bei seinem Vater. Ehre und Leben setzte er in Gefahr: er machte sich nichts draus, daß man glaubte, er gebe aus Schlaffheit den Thron auf, und daß ihn sein Vater einen Niederträchtigen nannte, da er doch wahrlich ein Held war! — Noch sehe ich sie, wie sie unter dem Angesicht des Himmels, unter Küßen und Thränen ihren ewigen Bund beschwören: h) ich sehe Jonathan,
wie

g) 1 Sam. 18, 3. 4.   h) 1 Sam. 20, 41.

wie er nach langer Entfernung zu seinem Freunde in die Wüste kommt und ihm Muth zuspricht und sagt: i) „fürchte dich nicht, David: meines Vaters Hand wird „dich nicht finden. Du wirst König werden über Israel, „so will ich alsdenn der Nächste nach dir seyn;„ —— Heroische Freundschaft! Er opfert seinem Geliebten den Thron auf, um als Freund, der nächste um ihn zu bleiben! Nur poetische Zeiten und seltne, wie Jonathans Seelen, sind eines solchen Bundes der Liebe und Treue fähig. Als Jonathan starb und seinem Freunde den Thron ließ; was konnte ihm dieser für alles, was er ihm erwiesen hatte, geben, als — eine Elegie auf sein Grab: eine Elegie, in der, so schön sie ist, Sauls und Jonathans Andenken so vereint leben, als ob sie beide gleiches Recht auf sein Herz gehabt hätten! Ich weiß wohl, sie war fürs Volk geschrieben; k) aber ich für mich wünschte, daß sie für David allein, für Jonathan allein, und nicht für Saul und das Volk geschrieben wäre. Auch Mephiboseth — ist dirs zu verzeihen, edler König, daß du den einzigen Sohn deines Jugendfreundes der falschen Anklage seines Verräthers schnell aufopfertest und ihm seine Güter nahmst, und ihm, auch da die Anklage sich falsch fand, sie nicht dreifach

i) 1 Sam. 23, 16.
k) 2 Sam. 1, 17. 18.

fach erstattetest, sondern nur halb wiedergabest? l) Und wie traurig wars, daß du die Kinder Sauls, die alle doch Brüder Jonathans waren, der grausamen Bitte einer Stadt zu so schändlichem Tode aufopfern mußtest? m) — Hier ist Davids schöne Elegie; mir bleibt das Herz Jonathans heilig: sein Name ziere ewig den Altar der Freundschaft!

 l) 2 Sam. 16, 4. 2 Sam. 19, 29.
 m) 2 Sam. 21, 8: 10. wo eine schöne That der Rizpa, einer Mutter von zween dieser Söhne erzählt wird. Jedermann fällt dabei natürlich die Antigone des Sophokles bei.

Klagegesang Davids
um Jonathan, seinen Freund.

Israels Reh! so bist du auf deinen Höhen verwundet!

Chor.   Ach gefallen die Helden! wie sind die Helden ge-
                          fallen?

        Sagts nicht an zu Gath! Verkündigets nicht auf
                          den Strassen
Asklons! daß sich nicht freuen die Töchter der Philister,
daß nicht hüpfen vor Freude der Unbeschnittenen Töchter!

        Berge Gilboa! auf euch fall fürder Regen und
                          Thau nicht
mehr! Nicht mehr auf euch, ihr Fluchverbanneten
                          Berge!
denn auf ihnen ward Helden ihr Schild zu Boden ge-
                          schlagen,
Königes Schild, als wär' er nimmer mit Oele ge-
                          heiligt! —

        Jonathans Bogen, er wandte sich nie vom Blut
                          der Erschlagnen
Nie vom Fette des Starken zurück. Auch Königes
                          Schwert kam
Müßig nimmer zurück! (Vom Blut der Erschlagnen
                          trof es!)

Saul und Jonathan, lieblich und hold einander
im Leben,
gingen auch ungetrennt liebend dem Schattenreich zu.
Schneller als Adler, tapfrer als Löwen waren die Helden!

Töchter Israel, weinet um Saul! Er wird euch
nun nicht mehr
kleiden in Purpurgewand, kleiden in goldenen Schmuck.

Chor.   Ach! wie sind die Helden gefallen! In Mitte des
Schlachtfeldes
Jonathan, liebliches Reh, auf deinen Höhen ver-
wundet!
Leid ists mir um dich, mein Bruder Jonathan,
leid mir!
lieblich warest du mir! ja ich liebte dich sehr!
Sonderbar liebt' ich dich, weit über Liebe der Frauen —

Chor.   Ach, wie fielen die Helden! und ihre Waffen des
Krieges
liegen zerschlagen umher —

IX.
Pſalmen.

Inhalt.

Geſchichte Davids als Pſalmendichters. Wie dieſe Dichtungsart durch ihn in Aufnahme gekommen? wie ſie ſich zur ältern Poeſie verhalte? Was der gemeine Gebrauch den Pſalmen ſchade? Eigentlicher und natürlicher Anblick derſelben. Regeln zu ſolchem Gebrauch. Was von der gewöhnlichen Eintheilung der Pſalmen in hohe, mittlere und niedre zu halten? Eintheilung derſelben nach ihrer lyriſchen Weiſe. Pſalmen von Einem Satz oder Gemälde. Proben. Lieder von lyriſcher Darſtellung und Handlung. Proben. Pſalmen mehrerer Gegenſätze und Glieder. Proben. Pſalmen der Empfindung und Lehre. Proben. Verdienſte eines deutſchen Dichters um den Ton der Pſalmen in unſrer Sprache. Nachahmung der alten Ebräiſchen Dichtkunſt. Eine Erſcheinung.

Zu Davids Zeiten gelangte die lyriſche Poeſie der Ebräer zu ihrem Glanz; die zerſtreuete wilde Landblume ward jezt als eine Königsblume auf den Berg Zion gepflanzet. Von Jugend auf war Davids Geiſt muſikaliſch und dichteriſch geweſen. Er hatte ſeine ſchönſten Jahre als ein Hirt der Heerde auf Auen durchlebt und daſelbſt Blumen der Idylle in ſich geſammlet, die oft auch ſeine heroiſchen, auch ſeine traurig-bekümmerten Pſalmen ſchmücken. Durch Muſik, mit der damals

mals nicht nur Gesang, sondern auch die Cultur der
Zeit verbunden war, hatte er zuerst zur Person des Kö‐
nigs Zutritt gefunden; ohne Zweifel trug dieser Um‐
stand bei, daß er die Gaben seiner Muse noch mehr an‐
bauete und stärkte. Bald ward er, als ob ihm Glück
und Unglück durch Gesang kommen sollte, durch den
Triumph der Weiber, die ihn einholten, für Sauls
Nebenbuhler angesehen und einigemal entrann er kaum,
die Harfe in der Hand, des Königes Wurfspieß. Er
gerieth auf die Flucht, zog Jahre lang, einsam oder
begleitet, in der Wüste Judah umher und war wie ein
Vogel auf den Bergen. Hier ward seine Harfe ihm
Trösterin und Freundin: ihr klagte er was er keinem
klagen konnte: sie besänftigte seine Furcht, machte ihn
sein Elend vergessen, wie sie einst bei Saul den bösen
Dämon besänftigt und ihn Neid und Gram vergessen
gemacht hatte. Aus ihr lockte er jezt Töne hervor, die
ein Wiederhall seiner Empfindungen in Leid und Freude
waren, und die zärtesten unter ihnen wurden Gebete:
Gebete, mit denen sich sein Muth beflügelte, seine
Hoffnung stärkte, bis er durch Schicksale Gottes über
Alles siegte. Jezt ward die Harfe in Königshänden
öffentliches Dankgelübde. Nicht nur, daß er selbst,
wie er's oft gelobt hatte, die Gebete seiner Angst und
Errettung öffentlich machte; er ordnete auch in weit
höherm Maas als sie es vorher gewesen war, Musik

und

und Dichtkunst zur Feier des Gottesdienstes, zur Pracht des Tempels. Vier tausend Leviten, mit besondern Kleidungen ausgezeichnet, wurden unter Gesangmeistern (מנצח) in Claſſen und Chöre geordnet; deren berühmteſte drei, Aſſaph, Heman und Jedithun, wie auch in Proben ihrer Kunſt kennen: denn die Kinder Korah gehörten wahrſcheinlich zur mittleren Claſſe. David ſelbſt fuhr fort, auch als König, die Schätze dieſer Tempelmuſik zu vermehren. Gefahren und Siege, zumal die größeſte Gefahr, als Abſalom ſich empörte, weckten die entſchlafne poetiſche Stimme ſeiner Jugend wieder: auch Königsſorgen und Königsgram ſang ſeine Harfe. Jede gute Anſtalt, die er machte, inſonderheit die Heiligung des Berges Zion, ward durch ſeine und ſeiner Dichter Lieder in ein allgemeines Licht geſtellt: ſein ganzes Reich lebt noch in den Pſalmen. Dieſe wurden an den öffentlichen Feſten geſungen; geblendet von der Pracht des Königes und der Hauptſtadt ſang das Volk ſie mit Begeiſterung nach: als königliche Pſalmen wurden ſie aufbewahrt und erhalten: man reihete daran, was man an ſie reihen konnte: man ahmte nach, was irgend nachzuahmen war. Die Dichter Davids folgten dem glänzenden Beiſpiel ihres Königs, nicht nur, daß ſie ſangen, ſondern daß ſie auch wie Er ſangen; und warum ſollten die folgenden Zeiten, in denen David ſchon ein heiliger Name, Vater des ganzen

Königs-

Königsgeschlechts und ewiger Hoffnungen war — warum sollten sie einem so glorreichen Vorbilde nicht folgen? Selbst die Propheten folgen ihm, weil David der Lieblingsname des Volks, weil seine Psalmen das Liederbuch der Nation waren, so fern diese irgend an Gottesdienst, Musik und Poesie Theil nahm. — So ist also die Sammlung Psalmen entstanden, die wir unter dem Namen Davids haben. Nicht alle sind von ihm und aus seinen Zeiten; aus frühern aber ist nur der einzige Gesang Moses und die spätern folgen offenbar seinem Vorbilde, wenn sie nicht gar ihre Gesänge ihm selbst zuschreiben. Die Ueberschrift לדוד wo sie ohne weitere deutlichere Bestimmung stehet, scheint so allgemein zu seyn, als man in Weisheitsprüchen und süßen Liedern alles auf Salomo schrieb, was einigermaaße in seine Zeit und auf seinen Character paßte. Kurz, dem glorreichsten Könige in Israel gelang es, den lyrischen Dichterkranz mit der Siegs- und Königskrone zu vermählen. Wo bei den Ebräern von schönem Gesange die Rede ist, nennet man David.

Nun ists unläugbar, daß David den lyrischen Gesang der Ebräer sehr verfeinet und verschönt hat. Lehrreiche Entwicklungen der Eigenschaften Gottes, der menschlichen Natur, einzelner Tugenden und Laster, des Glücks und Unglücks der Frommen und Bösen fangen mit den Psalmen an, da sie im Gesetz Moses und in den wilden Zeiten der Richter noch nicht Platz fanden. Die kriegerische Tuba ward durch den Gesang der Hirtenflöte und sanftern Trauerharfe zu einem mildern Ton gestimmt: denn so harte Gesinnungen auch noch in einigen kriegerischen Psalmen vorkommen mögen, so ist doch der allgemeine Uebergang ins Sanftere unläugbar. Es wird schon die Pracht eines Königs und einer bürgerlichen Regierung besungen: das milderte und regelte die heilige Wuth der alten Muse. Auch die Geschichte andrer Völker sagt uns, daß zur Glanzreichen Poesie der Glanz eines Königs gehöre, dessen Regierung zwar Thatenreichen Stof zu Liedern giebt; dessen Regierung aber auch Ordnung und Ruhe gewährt, diese erbeuteten Schätze zu gebrauchen und zu ordnen. Davids Regierung macht diese Periode der klaßischen Poesie der Ebräer, welcher Salomo und die Propheten folgten. —

Indessen ist es auch unverkennbar, daß damit die rohe Stärke, der lebendige Tanz und Wohllaut der alten Poesie kaum erreicht ward: Gesänge wie Moses und der Deborah, eine Bildersprache wie Hiobs, Bileams und Jothams sucht man vergebens in den Psalmen. Offenbar herrscht Einförmigkeit in denselben, weil alles um den Berg Zion versammlet war und Alles sich in den Kreis der Gesänge und Denkart Davids ein-

einschränkte. Jene Hügel der Propheten voll freier Naturpoesie wurden leer: die Seher Davids waren keine Dichter; sein verordneter Assaph nur weißagte auf Saiten und erst nach Jahrhunderten fand sich die Poesie der Propheten wieder. So hat alles in der Welt seinen Gang und jede menschliche Einrichtung ihre verschiedne Seiten. Was die Poesie an gottesdienstlicher, politischer, lyrischer Cultur gewann, verlor sie vielleicht an natürlicher Stärke.

2
Kein Buch der Schrift, außer dem Hohenliede, hat das Schicksal so vieler Mißdeutungen und Ablenkungen von seinem ursprünglichen Sinn gehabt, als das Psalmbuch. Wie David zu seiner Zeit seine Empfindungen allgemein und seine Gesangweise zur herrschenden im Tempel machte: so sollte das Buch auch ein Gesangbuch aller Zeiten, aller Völker und Herzen seyn, die weder mit dem Geist noch mit den Geschäften Davids Zusammenhang hatten; und wie nun anders, als daß es einem großen Theil nach im Sinn erweitert, in Gegenständen und Empfindungen von seinem Ursprunge weggeleitet wurde? Jeder Commentator, jeder neue Reimer fand seine Zeit, die Bedürfnisse seiner Seele, sein Haus- und Familienwesen darinn und so gab ers wohl gar seiner Kirche zu singen und zu lesen. Diese sang alle Psalmen Davids, als ob jedes

ihrer

ihrer Mitglieder auf den Bergen Judahs herumirrte, und von Saul verfolgt würde. Sie sang gegen Doeg und Ahitopfel, fluchte den Edomitern und Moabitern; ja wo man nicht weiter konnte, legte man die Verwünschungen dem in den Mund, der nie schalt, da er gescholten ward, nie dräuete, da er litte. Man lese die individuellsten, die characteristisch-schönsten Lieder von David, Assaph, Korah in manchen Reimgebeten; kehre alsdenn zur ersten Situation und Quelle zurück: ist oft noch ein Schatte der alten Gestalt zu finden? —

Um also einigen Anblick der Psalmen als lyrischer Poesie aus Davids Zeit zu geben, sind folgende Stücke durchaus nöthig:

1. Man vergesse alle neuere Nachbildungen und Commentatoren; auch wenn es die gepriesensten, die besten für ihre Zeit wären. Sie lasen ihrem Zweck gemäß für ihre Zeit; mit Anwendung des Psalms in Sprache, Trost und Lehre auf ihre Zeiten; hier aber wollen wir die Urzeit sehen und in ihr das Herz, den Verstand Davids und seiner Dichter.

2. Sonach suche man zuerst die Gegenstände und Situationen, auf welche gedichtet ward. Vor vielen Psalmen sind sie bemerkt; in andern giebts der ähnliche Inhalt; noch in andern lasse mans unentschieden. Für zweierlei aber hüte man sich hiebei. Zuförderst daß man

nicht

nicht über jeden kleinen Umstand im Leben Davids einen Psalm fodre; noch daß man aus jedem kleinen Tropus im Psalm eine Situation seines Lebens dichte. Das erste hat man bei David gethan, wie bei jedem lyrischen Dichter; man wollte alles belegen, man wollte über jeden kleinen Umstand einen Denkpfosten (מכתב) haben. Beim zweiten, aus jedem Psalmwort eine Situation zu finden, hat man gar Gräuel, (Pocken-Psalmen und andre Dinge) gebohren, von denen zwar der Ausleger, nicht aber der Dichter wußte.

3. Man studire die eigne Sprache Davids und seiner Sänger durch Vergleichung verschiedner Psalmen unter sich und mit der Geschichte. Daß der königliche Dichter seine Lieblingsausdrücke habe, bedarf keines Erweises; sie lassen sich alle aus seinen Situationen erklären. „Der Herr ist mein Schild, er ist mir zur „Rechten, er macht mir Raum, er führt mich auf Hö- „hen,„ u. f. sind dergleichen; und eine Reihe andrer, die zum Theil mit ziemlich weggebogner Bedeutung Jahrhunderte durch der Kirchensprache geläufig worden sind. Ein poetisches Idiotikon über diese Lieder wäre also ein nützliches Buch; billig solltens wir über alle Hauptschriftsteller des A. T. haben.

4. Den Empfindungen, die in den Psalmen herrschen, trete man weder als Feind entgegen, noch als

blinder

blinder Vertheidiger vor: sie sind Charakterzüge einzelner Menschen, und müssen als solche erklärt werden, ohne daß man sie sogleich als Muster heiliger Empfindungen in alle Welt verschwemmen dörfte. David hatte seine Affekten und Sorgen als Flüchtling und als König: wir sind keins von beiden, dörfen also weder Feinde verwünschen, die wir nicht haben, noch gegen sie als Sieger großthun; aber verstehen und schätzen müssen wir diese Empfindungen lernen. Die Schrift giebt uns einen reichen Aufschluß darüber: denn sie verheelt Davids Character auch in seinen Fehlern nicht. Der Mann, der gegen Urias und Bathseba sündigte, kann sich auch in Worten übereilen: er war rasch, bedrängt und ein Krieger: er sprach oft nicht in seinem, sondern in seines Volks Namen, als Landesvater. Immer aber war er ein Mensch: die Lieder sind ein Document seiner Geschichte, die Geschichte ein Document seiner Lieder; wer Alles in überirrdischem Glanz sehen will, sieht zuletzt gar nichts.

5. Auch in Absicht der Kunst nehme man kein Beispiel einer andern Nation und Sprache zum Muster; denn die Composition eines Gesanges will aus der eignen Natur der Empfindungen, Gesinnungen und Sprache geschätzt werden, in der sie erwachsen ist. Was will es sagen, wenn man diesen oder jenen Psalm pin-

darisch

barisch nennet? Daß in ihm kühne Uebergänge, große Sentenzen, Züge aus der Geschichte sind? in welchem Lobgesange müßte dasselbe nicht statt finden? Mehreres aber hat David mit Pindar, in Absicht auf Kunstcomposition, nichts gemein. Pindars lyrische Sprache, seine Perioden und Sylbenmaaße, die Behandlung der Materie aus Mythologie und alter Geschichte, die Materie selbst leidet wenig Vergleichung; und es ist Trugschluß, wenn man sich durch das Wort Chöre blenden läßt. Ein Ebräischer und Griechischer Chor sind gar nicht einerlei Sache.

6. Noch weniger also beurtheile man David nach dem Gerüst lyrischer Regeln, das unsre Zeit aufgebaut hat und das nicht einmal auf alle Oden Horaz passet, von dem doch diese Regeln abgezogen seyn wollen. Meistens wars enger Blick des Kunstrichters, der mit den lyrischen Schätzen mehrerer Sprachen bei weitem nicht bekannt, sich an einige seiner Lieblingsstücke hielt, und nach ihnen dies Gerüst aufschlug. Was solls nun für eine ganz andre Zeit? für eine viel einfachere Situation und Sprache? Wo die Regeln wahr sind, fließen sie aus der Natur der Empfindung und Beherzigung des besungenen Gegenstandes; jedesmal aber fließen Characterzüge des Sängers, der Situation und Sprache mit ein. Sie wollen also immer lebendige und doch nur

Theil-

Theil-Anwendung; kurz, wo sie wahr sind, wer wird sie nicht lieber selbst in einem Gesange originell empfinden und sich entwickeln, als sie von fremden Mustern und Poetiken betteln, und die Ureinfalt des alten Gesanges durch die erkünstelte Spitzfündigkeit eines neuern lyrischen Machwerks zerstören? Wer nicht fähig ist, die Schönheit einer musikalischen Poesie durch sich zu fühlen, wird sie durch allen Regelnzwang nicht fühlen lernen.

7. Also entwickle man die Lieder der Ebräer in ihrer ursprünglichen Natur und Schönheit. Der Lehrer mache den Schüler aufmerksam: welcher Gegenstand? mit welchem Interesse? wie er besungen werde? welche Empfindung durch den Gesang herrsche? welchen Gang sie halte? in welche Gesinnungen sie sich ausbreite? wie sie anfange, fortgehe und ende? Je einfacher und anbringender dies dem Jünglinge gezeigt wird, ohne scholastische Kunst und ohne enthusiastische Wärme: desto mehr wird der Gesang in sein Herz übergehen, was in ihm schön ist, wird er ohne schreiendes Lob lieben, originale Gänge der Leidenschaft werden sich ihm von selbst eindrucken, und wenn ein Funke lyrischen Gefühls in ihm ist, wird ihn Jehovah begeistern. Bei den Ebräischen Liedern ist Einfalt der Entwicklung vor andern nöthig, da die wenigsten als Kunstwerke gemacht wurden; aber dafür als wahre Empfindungen aus einem erreg-

erregten Herzen quollen. Hätten wir eine Ausgabe der Psalmen, wo David nur wie Horaz behandelt wäre! wo fern von Casuistereien der Dichter als Dichter gezeigt, seine Schönheit nicht ins Ohr geschrieen, aber auch nicht mit Lappen einer fremden Sprache und Versart entstellt würde. In der höhern Critik über die Poesie der Ebräer sind wir noch Kinder: entweder würgen wir uns mit Lesarten, oder wir verschönern mit modischem Putz neuerer Sprachen.

Ich gehe die Psalmen durch, um einige Hauptarten ihrer lyrischen Weise zu bemerken. Vollkommenes gebe ich hiemit nicht, und niemand wird es erwarten, daß ich in wenigen Zügen einen Ocean von 150 Liedern ausschöpfe. —

* * *

Man pflegt die Psalmen in hohe, mittlere und niedere einzutheilen — recht gut, wenn die Eintheilung nur etwas bestimmtes lehrte. Jede Sache von einigem Umfang' kann man also eintheilen; es bleibt aber immer die Frage, wohin jedes einzelne Stück gehöre? Da ordnet nun jeder wie er will, und bei manchen Stükken wird er doch in Verlegenheit bleiben, wohin sie gehören. Die Leiter lyrischer Höhe ist von so vielen Sprossen, von so dicht an einander liegenden, ja in einander fließenden Zwischentönen, daß es unter 150 Psalmen

schwer

schwer wäre, zu ordnen; und wozu diente das ganze Fachwerk? Also versuchen wirs auf einem andern Wege.

1. Einige Psalmen sind kurz; sie entwickeln nur Ein Bild in Einem Ton der Empfindung, und enden es mit schöner Rundung. Ich möchte sie Lieder des einfachen Satzes, ειδη nennen, wenn das letzte Wort nicht fremde Ideen anknüpfte. Solcher Art ist der schöne 133. Psalm, der wie eine liebliche Rose duftet:

Brüder=Eintracht.

Siehe wie lieblich ists und schön,
wenn Brüder friedlich mit einander wohnen! —
So duftet Wohlgeruch die reiche Salbe
auf Hohepriesters Haupt:
und rinnt hinab zu seinem Bart,
und rinnt zu seines Kleides Saum.
So steiget Hermons Thau hernieder
befruchtend Zions Berge, a)
denn da gebot Jehovah
wohn' ewig ewig Glück.

a) Wie kann Hermons Thau auf Zions Berge niederfließen, da beide von einander so entfernt lagen? Der Text sagt nichts vom Niederfließen, sondern vom Herabsteigen über Zion, also im Thau und Regen. Der waldichte Libanus und Hermon dunstete am meisten: von da und vom Meer kam also der Regen über die dürren Berge Judäas, und so stieg der Thau Hermons auch auf Zion befruchtend nieder. Es scheint ein

Die Eintracht der Brüder, der Stämme und Familien wird mit der heiligsten schönsten Sache verglichen, die ringsum Erquickung duftet. So düftet einträchtiger Familien guter Name umher, ihnen selbst Würde und Zier. So rinnet der Thau Hermons nieder, die dürren Berge Zions zu wässern, daß überall Segen blühe. — Das Nationallied zum Fest, (wie der Schluß offenbar zeigt) ründet sich schön; vom herabfließenden Salböl kommts auf den herabströmenden Thau; von diesem auf die Glückwünschung Zions — der wahre Kreis einer Ode. Aarons Name selbst stellt einen schönen friedlichen Bruder dar, den sein Bruder mit allem Wohlgefallen Gottes und aller Herrlichkeit Israels salbte.

Ein Hirtengesang.

Der 23te Psalm.

Jehovah weidet mich;
nichts fehlt mir je!

Auf ein angenommenes Requisitum der National- und Festgesänge gewesen zu seyn, daß Jerusalem oder Zion gepriesen würde: Dahin also wendet sich der Gesang, und paart, auch einträchtig, die beiden Ecken des Landes, weil Hermon mit zur größten Höhe gehörte. Den Text zu verändern hat man also, dünkt mich, gar nicht nöthig.

Auf grünenden Auen
lagert er mich,
zu stillen Bächen
leitet er mich,
erquickend da mein Leben.

Er führt auf sanftem Pfade mich,
der gute treue Gott.
Und müßt' ich denn auch wandern,
durchs dunkle, dunkle Thal;
noch fürcht' ich mir kein Unglück,
denn du bist ja bei mir.
Dein Hirtenstab, dein starker Stab
ist Tröstung mir und Ruh.

Schon seh ich mir vor Augen,
entgegen meinen Feinden,
bereit mein Ehren=Mahl:
du salbst mein Haupt mit Freuden,
mein Becher überfließt! —

Ja Glück und Gutes folgen mir
all' meine Lebenszeit!
Ich kehre bald zu Gottes Hause wieder,
auf lange Lebenszeit.

Daß das schöne Lied auf einer Flucht gemacht sei, zeigt das Ende. Der Anfang war ruhige Idylle: ihre Empfindung zerriß aber und verließ das Bild des Schaafes. Ein Freudenmal wird angerichtet, ein königlich Mahl, seinen Drängern vor Augen. Die frohe Em=

pfindung

pfindung steigt bis zu der Cäsarischen Ueberzeugung, daß lebenslang ihn das Glück verfolge. — Daß das erste Bild so schnell in ein anderes übergeht, verträgt die morgenländische Ode: im Ganzen herrscht doch nur Eine Empfindung.

Wer mehrere Oden dieses einfachen Ganges lesen will, lese den 15. 29. 61. 67. 87. 101. 150. und andre Psalmen. Ich wünschte, sie alle hersetzen zu können, weil mich ihre simple Schönheit sehr reizet.

2. Sobald sich das lyrische Gemälde, entweder dem Umfange seines Gegenstandes oder der Fülle der Empfindung nach, erweitert; fodert es Abwechslung, Gegensätze, eine Mannichfaltigkeit der Glieder, die wir dort nur in der Knospe, in einer kleinen Wendung des Bildes gewahr wurden. Hier thun nach morgenländischer Weise die veränderten Personen, Fragen und Antworten, schnelle Anreden an todte oder abwesende Gegenstände eine große Wirkung, und wenn in dies also erweiterte Bild eine Art lyrischer Darstellung und Handlung kommen kann, so ist die Ode auf ihrem Gipfel. Sie hat nehmlich sodann Anfang, Mittel und Ende, deren das letzte sich zum ersten kehrt, und das Ganze zu einem lyrischen Kranz macht. Das ist, wie es die Kunstrichter nennen, die schöne Unordnung, der ambitus der Ode, der Flug, der sich irrt, doch nie

verwirret; und was noch schöner ist, sie steht als ein Handlungsvolles Gemälde da. Kein Wort kann weggenommen, keine Strophe verrückt werden: Anfang und Ende dient der schönen Mitte, und diese Mitte bleibt im Gedächtniß. Vollkommene Oden dieser Art giebts in allen Sprachen nur wenige, weil nicht jeder Gegenstand eine solche Behandlung zuläßt; wo sie aber sind, verdienen sie unvergeßlich zu werden. Zur Gattung der Lieder mit mehreren Gliedern zähle ich unter den Psalmen den 8. 20. 21. 48. 50. 76. 96–99. 108. 111–113. 120–129; unter den vollendeten, die nicht nur Abwechslung und Gegensätze, sondern auch fortgehende lyrische Handlung haben, wage ichs den 2. 24. 45–47. 80. 110. 114. 137. Psalm zu nennen. Einige rechnen den 29. und 68. Psalm auch hieher, weil sie dort bei der Stimme Gottes, hier bei dem Tragen der Bundeslade einen localfortgang des Bildes annehmen; wozu ich aber keinen Grund sehe. Aus dem Innern muß die Fortleitung des Gesanges folgen, aus der lebendigen Quelle erregter Empfindung; von außen durch Geographie kann sie nicht hineingebracht werden. —— Wer giebt mir Raum, aus dieser Fülle schöner lyrischer Kränze nur einige empor zu heben? und welche wähl' ich?

Einzug

Einzug Gottes auf Zion.

Der 24te Psalm.

Alle. Jehovahs ist die Erd' und ihre Fülle!
Der Weltkreis und was ihn bewohnt:
denn Er ists, der ihn über Meere gründet,
ihn über Fluthen bevestiget hat.

1. Doch wer darf gehen auf Jehovahs Berg?
wer darf da stehn, wo er hochheilig wohnt?

2. Wer rein von Hand und rein von Herzen ist,
wer seine Seele nicht treulos verbürgt,
und nie schwur listgen Eid.
Der wird empfangen Segen von Jehovah,
der darf hinzunahn seinem Helfersgott. b)

3. Hier ist ein Volk, das nach ihm fragt,
das vor dein Antlitz gern, Gott Jakobs, will —

(Veränderung der Tonart.)

Chor. Erhebt ihr Thore das Haupt! —
erhebt euch, Thüren der Urwelt!
denn der König der Ehre will einziehn.

---

b) Sehr treffend wurden lauter politische Laster genannt, von denen der frei seyn sollte, der sich zum Landesgott nahete; das Gute, das er empfangen soll, ist eben so wohl bürgerlich. צדק heißt eigentlich Gerechtigkeit d. i. bürgerliche Gerechtsame, und weil solche das Gesetz Jehovahs enthielt, weil man solche beim Zutritt zu ihm genoß, so wird es in den Psalmen das Synonymum der Glückseligkeit, der Gnade.

1. Wer ist der König der Ehre?
2. Der starke, tapfre Jehovah,
Jehovah, der Kriegesgott! —

Chor. Erhebt ihr Thore das Haupt!
erhebt euch Thüren der Urwelt!
denn der König der Ehre will einziehn!

1. Wer ist der König der Ehre?

Chor. Jehovah, der Götter Gott! Er ist der König der Ehre.

Daß Abwechslung der Stimmen in diesem Psalm sind, hört ein jeder; daß aber auch ein Handlungsvoller Fortgang der Ideen in seiner Oekonomie herrsche, ist eben so unverkennbar. Prächtig fängt die Gnome an: „daß Jehovahs die Erde sei!„ Er soll hier auf dem kleinen Zion wohnen, und so wird zuerst die ganze Erde vor ihm geweitet. Schön ist der Uebergang zu diesem kleinen Berge. Es wird ein heilger Berg, weil Jehovah darauf wohnet, moralisch und bürgerlich heilig: denn so wie sich nichts unreines in Opfern zu Gott nahen dorfte, so soll auch kein unreiner Anbeter vor ihm erscheinen. Sehr schön werden nur Laster gerügt, die die Wohlfart des gemeinen Wesens stören; denn Jehovah wohnt hier als Nationalgott, als Schutzherr und Urheber des Jüdischen Staats. c) — Handlungsvoll schreitet der

fest-

c) Dieser Theil des Gesanges, weil er mit dem Uebrigen, blos Casuellen, nicht immer in Verbindung gesungen feſtliche Pſalm weiter. Eine Schaar iſt da, die an die Pforten klopft, die das Angeſicht des Monarchen zu ſehen wünſchet; und ſiehe! es iſt Jehovah ſelbſt, die Lade des Geſetzes, auf der der alte Kriegsgott wohnet. Er, der vor Zeiten ſo viel Siege erfochten: ein glorreicher König, voll Kriegsruhm und erprobter Heldenſtärke — ſo kündigt ihn der antwortende Chor an: ſo wird er auch auf dieſem neueroberten Berge einem Heldenkönige zur Seite wohnen. Die alten Thüren ſeines Gezelts ſollten alſo ihr Haupt heben, daß ein ſolcher Monarch einziehn könne! wie maleriſch und darſtellend! Gott zog in ein kleines Zelt, und wollte ſich von David keinen Pallaſt erbaut haben; die alten engen Thüren machten hier alſo eine kleine Anſicht. Um dem Geſang Würde und Majeſtät zu geben, wird alles übergangen, was ſonſt bei dem Einzuge vorfiel, und was der 68ſte Pſalm hiſtoriſch ſchildert. Man vergleiche beide; und man wird den Unterſchied zweener Geſänge inne werden, deren Eins ein Handlungsvolles Gemälde, das andre eine lyriſch-erzählte Geſchichte iſt. — Laſſet uns jetzt einen Pſalm dieſer Gattung von ſanfter Art betrachten: das ſchönſte Epithalamium aus ſo frühen Zeiten.

ſungen werden konnte, iſt ein eigner Nationalgeſang worden (Pſ. 15.) welches zu ſeyn er auch ſehr verdiente.

Königes Braut.

Ein Lied der Liebenden. d)

Mein Herz, es wallt Glückwünschungsworte auf!
Dem Könige weih' ich mein künstlich Werk:
Meine Zunge spricht, wie ein leichter Griffel schreibt.

Schön bist du! vor den Söhnen der Menschen schön!
Auf deinen Lippen ist ausgegossen die Huld:
darum beglückt dich Gott mit ewgem Glück.

Gürt' an um deine Hüfte dein Heldenschwert,
leg' an es, Mächtger, deinen Ruhm und Schmuck;
dein Schmuck beglückt! Zeuch hin ins Feld
um Wahrheit willen, um der Unterdrückten Recht.

Und deine Rechte wird furchtbare Thaten thun!
Die scharfen Pfeile deines Köchers — (schon
seh' ich die Völker fallen dir zu Fuß! —)
sie dringen, König, in der Feinde Herz.

Dein Thron, Herr, ist ein ewger, ewger Thron!
dein Königs-Scepter ein gerader Stab!
du liebest Recht, das Unrecht hassest du.
Drum hat dein Gott, o König, dich gesalbt

Vor deinen Brüdern mit dem Freuden-Oel
des Königreichs. Von Myrrhen, Aloe
und Casia duftet all dein Gewand.

d) Pſ. 45.

Aus Elfenbein-Palläſten Armeniens
erfreuen dich in deinem prächtgen Schmuck
viel Königstöchter.
     Aber dein Gemahl
ſteht dir zur Seite, ganz in Ophirs Gold.

Hör' an, o Jungfrau, ſchau, neig' her dein Ohr!
vergiß itzt deines Volks und Vaterlands:
ſo wird der König ſich nach deinen Reizen ſehnen,
denn Er iſt jetzt dein Herr, neig' dich vor ihm! —

 Und Tyrus Töchter werden mit Geſchenk
vor dir erſcheinen: flehen werden dir
die Reichen ihres Volks. —
     Des Königs Braut
iſt Schönheit ganz! iſt im Verborgenen
viel glänzender, als ihrer Kleider Gold,
als alle Edelſtein' auf ihrem Schmuck.

Die Reichgeſchmückte, jetzt wird ſie geführt
zum Könige! die Jungfraun folgen ihr,
Begleiterinnen ihr, Geſpielinnen.
Sie werden eingeführt mit Freudenſchall,
mit Jubeltanz: ſie gehen jetzt hinein
in Königes Pallaſt —
     Statt deiner Väter werden
o Königin, dir deine Söhne ſeyn!
Zu Fürſten wirſt du ſetzen ſie
im weiten Land' umher.
     Ich aber breite
dein Lob hin von Geſchlechte zu Geſchlecht,

durch meine Lieder singen dich die Völker
in Ewigkeit! in Ewigkeit!

Ich habe dem Gesange die liebliche Einfalt seiner Zeit durch neuern Putz nicht zerstören mögen: auf ihr beruhet, nach Sitten Orients, der Fortgang und die ganze darstellende Handlung der Ode. Mit einer Ankündigung des Inhalts, gleichsam einer Debication an den König beginnet das Lied, das sodenn zuerst den Bräutigam in allem Schmuck der Schönheit, Grazie, Helden- und Königstracht kleidet und ihn also zuförderst Ehrfurchts- und liebenswerth macht, ehe es ihm die Braut zur Seite stellet. Aus Salomonischen Zeiten ist das Lied, wie die geschilderte Pracht des Pallasts, der fremden Königstöchter, am meisten das Bild des Königes selbst zeiget, auf den alle Segnungen, die Gott Davids Geschlecht versprach, in vollem Maas gelegt werden. Als Held und König wird er in seine Waffen, den goldnen Scepter in der Hand, das reiche Salböl auf dem Haupt, seine Kleider von Wohlgerüchen duftend gekleidet; und alle diese Blumen sprießen, theils aus der Geschichte Salomons, der vor seinen Brüdern zur Krone kam, theils aus dem Segen über ihn, daß sein Reich ein friedliches ewiges Reich der Gerechtigkeit und des Beistandes der Unterdrückten seyn sollte. — Jezt wendet sich der Gesang zu seiner Geliebten. Viel Königstöchter erfreuen ihn in seinem

Pallast;

Pallaſt; aber Eine iſt ſeine Liebe, ſeine Schöne: als Braut und Gemalin ſtehet ſie ihm zur Seite, gekleidet ins feinſte Gold. Kindlich-ſchön wendet ſich der Geſang an die beſchämte furchtſame Braut, daß ſie aus ihrem Schleier blicke und auf ihn merke. Vergeſſen müſſe ſie jezt ihres Vaterlands und ſich ihrem Könige neigen; er werde ſie dafür lieben und ſich nach ihren Reizen ſehnen — alles in morgenländiſcher Sitte, wo die Braut beinahe noch ein Kind und die Uebermacht des Mannes über ſie ſo groß war. Bald ſollen ihr die Töchter Tyrus, der Handelſtadt aller Koſtbarkeiten, mit ſchönen Braut-Geſchenken aufwarten, reiche Fürſten würden bald um ihre Vorſprache bitten. Schmeichelnd tritt der Geſang näher, daß ſie nicht nur im Puz ſchön, daß ihre größte Lieblichkeit ihr verborgenes Selbſt ſei, mit dem ſie alle ihre Edelſteine überglänze; der Dichter aber läßt, (das wollte die keuſche Sitte Orients) dem Bilde keinen Zügel. Sogleich wieder reich bekleidet, wird ſie in den Pallaſt geführt: der Zug geht mit Jubel und Geſang ihm aus dem Blick, und er wünſcht ihr nur, ebenfalls verſchwiegen und ſittſam angedeutet, er wünſcht ihr den ehelichen Segen nach. Der Geſang ſchließt prächtig, wie er fein und künſtlich anfing; ganz Beſcheidenheit, Pracht und Anmuth. Ungenannter Korahite, der du ihn ſangſt, eine Roſe der Liebe blühe auf deinem Grabe!

Wir

Wir steigen zu andern Psalmen nieder, die zwar nicht von einem so weiten Umfange einer ausgezeichneten Handlung, doch aber von einem schönen Ganzen mehrerer Absätze und Glieder sind:

Befreiung aus Gefahren.

Ein Nationalgesang. e)

Wäre Jehovah nicht mit uns gewesen,
(sage nun Israel!)
Wäre Jehovah nicht mit uns gewesen,
als Menschen stunden gegen uns auf:
verschlungen hätten sie uns lebendig
in ihrem wütenden Grimm auf uns.
Ueberschwemmet hätten uns die Wasser,
hinüber wären gegangen die Wellen über unser Leben:
über unser Leben hin gegangen die schwellende Flut! —

Gelobt sei Gott! er gab uns nicht
zur Beute ihrem Zahn.
Entkommen ist unser Leben,
wie ein Vogel des Voglers Strick.
Der Strick ist zerrissen, und wir sind los.

Unsre Hülfe ist im Namen Jehovah,
der Himmel und Erde schuf.

Offenbar nach eben der schönen lyrischen Weise ist der 129. Psalm, der mit einem hohen Gleichniß der Ode ausgeht:

e) Psalm 124.

Befreiung aus Gefahren.

Ein Nationalgesang.

Oft haben sie mich gedrängt von meiner Jugend an,
(sage nun Israel.)
Oft haben sie mich gedrängt von meiner Jugend an,
und doch nicht übermocht!
Auf meinem Rücken pflügten die Ackerleute
und zogen ihre Furchen lang.
Der gerechte Gott zerhieb die Seile der Bösewichter:
Beschämt zurücke weichen müssen die Hässer Zions.
Wie Gras auf Dächern müssen sie seyn,
das eh es reift, verdorrt;
mit dem kein Schnitter seinen Arm,
kein Garbenbinder seine Hände füllt,
wo kein Vorübergehender spricht:
„Segen Gottes auf Euch!
Im Namen Jehovah segnen wir Gutes euch zu!„

Und das schöne Lied der Rückkehr aus der Gefangenschaft, wo die erste Befreiung, die durch Moses geschah, mit der zweiten, die sie hoffeten, in Vergleichung gestellt wird, dadurch sich also der Zunder ihres Vertrauens anfacht:

Befreiung aus der Gefangenschaft.

Ein Nationalgesang.

Als Gott die Gefangnen Zions zurücke kehren
ließ: f)
wie

---

f) Aus Aegypten.

wie Träumende waren wir da:
da war voll Lachen unser Mund,
und unsre Zunge voll Freudegesang. g)
Da sprach man unter den Völkern:
„Der Herr hat Grosses an ihnen gethan!„ h)
Der Herr hat Grosses an uns gethan,
deß freun wir uns! —

So wende denn auch jezt, Herr, unsre Gefangen=
schaft
wie du die Wasser dort in Süden wandtest. i)

Der Säemann säet in Thränen;
und erntet mit Freudegesang.
Er geht dahin und weint und trägt hinweg den Samen,
er kommt zurück und singt und bringet volle Garben.

Könnte man ein Volk barbarisch nennen, das nur eini=
ge solcher Nationalgesänge hatte? und wie viele dergleichen hatte dies? — Ich kann nicht umhin, diese schöne Classe der Psalmen mit einer Elegie zu beschließen, die offenbar aus späten Zeiten, deßhalb aber nicht minder schön ist:

Gesan=

g) 2 Mos. 15.

h) 2 Mos. 15, 14. Die Worte nehmen einen schönen und deutlichen Sinn, wenn man sie von der ersten Befreiung auslegt; die Anwendung davon macht eben das schöne Ganze des Liedes.

i) Im Schilfmeer nehmlich, 2 Mos. 14.

Gefangenschaft in Babel.

Der 137. Psalm.

An Babels Strömen saßen wir
und weineten, wenn wir an Zion dachten:
An ihren Weiden hingen unsre Harfen.

Zwar foderten daselbst, die uns gefangen hielten,
Lieder von uns;
unsre Dränger heischten von uns Freude:
"Der Zions-Lieder singet uns doch Eins!„ —
Wie sollen wir singen Jehovahs Lied
in einem fremden Lande! —

Vergäß' ich dein, o Jerusalem,
so vergesse meiner die Rechte!
Es hange meine Zung' an meinem Gaum,
wenn ich nicht dein gedenke! —
wenn nicht Jerusalem allein
meine höchste Freude bleibt!

Gedenk o Herr, gedenk der Töchter Edoms
am Unglücks-Tage Jerusalems,
da sie ausriefen: Reißet ein!
reißt ein bis auf den Grund!

Tochter Babels! Verwüstete! k)
Heil ihm, der dir vergilt!

der

---

k) (Verwüstete) die gleichsam nur um verwüstet zu werden da ist. Wir haben im ersten Theile gesehen, daß vom Ursprunge und Namen Babels her es den Ebräern

> der dir vergilt, was du an uns gethan,
> Heil ihm, der deine Säuglinge ergreift,
> und wirft sie an den Fels.

Ich nehme am letzten Fluche keinen Theil; das Lied sei aber in oder unmittelbar nach der Gefangenschaft gemacht: so ist der Gang desselben in seinen rührenden Accenten sehr schön. Sein liebes Vaterland wird dem Sänger über alles heilig.

3. Jede Empfindung hat ihr Ganzes. Die Trauer, die sich zur Freude hebt, der Schmerz, der sich zur Ruhe senket, die Ruhe, die freudiges Zutraun wird, die Betrachtung, die sich zuletzt in Entzücken verlieret, das Entzücken, das sich zur ruhigen Betrachtung mildert — jeder Affect hat seinen eignen Gang, er giebt mithin einen ambitum des lyrischen Gesanges, wobei man am Ende Vollendung fühlet. Ich müßte den größesten Theil der übrigen Psalmen durchgehen, wenn ich hier ordnen wollte, denn alle sind von Empfindung belebet: hier stehen einige wenige Proben:

Psalmen, die von der Klage zum Trost sich heben: Ps. 6. 22. 60. 62. 85. 143. und viel andre.

Psalmen, in denen der Eifer- und Heldengeist anhebt, bis er sich im Andenken Gottes zur Ruhe senket: Ps.

ern beinah Synonymum blieb, sie als eine Verwüsterin und Verwüstete, als eine Verwirrerin und Verwirrte zu bezeichnen. S. Th. I. S. 258:265.

Pf. 7. 10. 13. 17. 26. 35. 36. 52—59. 61. 64.
69 — 71. 86. 88. 94. 109. 140—142. auch dieser
sind viele.

Psalmen, in denen ruhiges Zutrauen spricht von
Anfang bis zu Ende: Pf. 3 — 5. 11. 17. 21. 25. 27.
28. 30. 37. 41. 44. 63. 65. 131. 132. u. f.

Andre, ganz Triumphgesang; von denen ich außer
den vorangeführten hohen Oden nur Pf. 9. 18. 33. 34.
66. 116 — 118. 138. und die letzten Hallelujah-Psalmen nenne. — Es wäre zu weitläuftig, von jeder
Art eine Probe zu durchgehen: der Lehrer bemerke sie
seinen Zuhörern, und auch die einförmigsten Lieder werden, psychologisch betrachtet, schön werden. Hier stehe von allen angeführten nur Einer:

Trauer und Hoffnung.

Der 6te Psalm.

Jehovah! in deinem Zorne schilt mich nicht!
An deinem wallenden Grimme straf mich nicht:
Erbarme dich mein, Jehovah, denn ich bin schwach,
heile, Jehovah, mich, denn meine Gebeine zittern.
Mein ganzes Leben zittert sehr —
Und du Jehovah? — o wie so lange!

Kehr um, Jehovah, rette mein Leben
erhalt' mich noch, Barmherziger!

II. Th.   Y   denn

denn in dem Tode denkt man dein ja nicht!
im Schattenreich; wer singt dir Lieder da?

 Matt hab' ich mich geseufzet,
die lange Nacht mein Bett mit Thränen überschwemmt,
mein Lager floß von Thränen.
Mein Auge dunkelt schon vor Gram;
es blicket alt und matt auf alle meine Dränger —

 Hinweg von mir, ihr Bösewichter alle!
denn Gott erhört die Stimme meines Weinens,
Jehovah hört mein klagendes Gebet,
und nimmt es an.
Beschämt, bestürzt muß, wer mein Feind ist, werden,
zurücke weichen, eröthen, in Einem Nu! —

So unpassend das Lied als ein gemeines Bußgebet seyn möchte: so ausgezeichnet schön ist der Gang seiner Empfindung, als individuelles Lied Davids betrachtet. Der abgehärmte, alternde, kranke König, der sein Unglück als Strafe Gottes fühlet, seufzet sich bis ans dunkle Todesthor hinab, und da ihm das Wort „Feinde,„ nur auf die Lippen kommt, fasset er Muth und Hoffnung wieder. Da die meisten Psalmen eine ungekünstelte Darstellung individueller wahrer Situationen sind: so ist von ihnen für den lyrischen Gang einer Empfindungs-Ode- oder Elegie noch viel zu lernen.

4. Auch in vielen Gesängen moralischen Inhalts herrscht eine schöne Oekonomie der Lehre, wovon ich

den

den 14. 19. 32. 39. 49. 91. 103. 115. 139. und sämmtliche Lehrpsalmen Assaphs mit grosser Hochachtung nenne. Im 19. Psalm haben einige ein doppeltes Thema finden wollen; ich sehe es nicht. Von der grossen allgemeinen Haushaltung Gottes in der Natur, da Alles ihn preiset, Alles seine Befehle ausrichtet, kommt der Sänger auf die vertraulichere mit seinem Volk, die er in eben dem Maas sichrer und liebenswerth schildert, als sie eingeschränkter und vertraulicher wird. Der Gang des Liedes ist also Contrast. Das erste Bild wird zur größesten Pracht geführet: sodenn brichts und die sanfte Rede geht enger und enger bis zur genauesten Freundschaft Gottes, zu seiner Vertraulichkeit mit einer Menschenseele. Auch die geheimsten verborgensten Fehler seines Freundes merkt Gott und läßt sich den stillen Zuspruch des Herzens als ein Freundesgespräch gefallen. Schöne Oekonomie des Psalms!¹) schöner Inhalt! Ueberhaupt muß man bei Lehrgesängen keinen fortreißenden Schwung, wie bei Siegs- oder Kriegsliedern erwarten. Die Lehre liebt ebnen Boden und geht desto unverrückter zum Ziel. In den alphabeti-

schen

---

1) Der Grund von vielen Mißdeutungen in den Psalmen ist, daß man Gesetz, Wort, Recht, Zeugniß in einem neuern und nicht dem alten politischen Sinn nimmt, den diese Worte in der Verfassung der Juden hatten. Auf diese beziehen sich Pflichten und Wohlthaten, die die Gesänge preisen.

schen Psalmen endlich muß man gar keinen künstlichen Obenplan suchen. Sie sind eine Blumenlese ausgesuchter Sentenzen und des Gedächtnisses, des Auswendiglernens wegen also geordnet. Der lange 119. Psalm bearbeitet meistens nur Einen Hauptsatz, und ist also eine Sammlung moralischer Variationen. Ich darf hier nicht viel Proben geben: da einige schon angeführt und die meisten derselben in Sprüchen und Stellen jedem Kinde im Gedächtniß sind. Es ist das schönste Kennzeichen einer Lehre, wenn sie auch ein Kind unterrichtet.

Ein lyrisches Gespräch von der göttlichen Fürsorge.

Der 91. Psalm.

1. Wer unter dem Schutz des Höchsten sitzt,
   wer unter dem Schatten des Mächtigen wohnt:
   der spricht zu Jehovah: „dir trau ich mich! — m)
   meine Zuflucht und mein Gott bist du!"

2. Er wird dich erretten von Todes Strick,
   befrein von der mordenden Pest.
   Mit seinen Flügeln decket er dich:
   du traust dich seinen Fittigen an,
   und seine Treu ist dir ein doppelt Schild.

Du

m) Im Original heißts: „ich sprach zu Jehovah:" wie auch V. 9. wiederholt wird, welches nicht wohl ausgedrückt werden konnte.

Du darfst nicht beben vorm Graun der Nacht,
nicht vor dem Pfeil, der am Tage fliegt,
nicht vor der Pest, die im Finstern schleicht,
nicht vor der Seuche, die den Mittag schwärzt.

Und fielen tausend zur Seite dir,
zehn tausend dir zur Rechten noch;
an dich gelangets nicht.
Mit deinen Augen wirst du schaun,
wirst Strafe der Bösen sehn.

1. „Auf dich, Jehovah, hoffe ich!„

2. So wohnst du sicher und hoch!
Da reicht an dich kein Unfall nicht:
da nahet keine Plag' hin an dein Zelt.

Er stellt an seine Diener Befehl für dich,
dich zu bewahren wo du gehst.
Auf Flügeln tragen sie dich fort,
daß ja kein Stein beschädge deinen Fuß.

Auf Löwen und Schlangen trittst du kühn,
zertrittst den Löwen und Drachen unter dir.
„Weil er auf mich vertraut, errett' ich ihn:
„weil er mich ehrte, ehr' ich ihn gar hoch.

„Er rief mich an, ich erhöre ihn.
„Ist er in Engen; auch ich bin da! —
„Ich rett' ihn, bringe zu Ehren ihn,
„mit langem Leben sättig' ich ihn
„und laß ihn sehn, was ich für Glück verleih!„

Kann die Vorsehung Gottes zutraulicher, zärtlicher gelehrt werden? Chöre sind in dem Gesange nicht; aber die Veränderung der Sprechenden thut die schönste Wirkung. Sie macht die Lehre zum fortgehenden bis ans Ende wachsenden Vatergespräch, wo zuletzt der höchste Vater selbst drein spricht und seine Treue bewähret.

Gnug der Proben! Das Schöne der schönsten Psalmen zu fühlen, wird Versetzung in die damalige Zeit erfordert, also Einfalt. Da die meisten derselben Gebete sind: so gehört jene kindliche sanfte Ergebung des Herzens zu ihrem Gebrauch, die die Morgenländer bei ihren Religionsübungen und Gebeten fodern: jenes stille Anstaunen Gottes und seiner Werke, das sich bald zur Entzückung hebt, bald zur tiefsten Unterwerfung herabsenket. Der Gesang eilt von Spruch zu Spruch, wie von Geburge zu Geburge: er berührt schnell, aber tief, und wiederholt die Berührung lieber: er mahlt seine Gegenstände im Fluge. Alle Lieder voll Hirtenunschuld und Schäfer=Empfindung wollen eine stille und ruhige Seele; auf ein verkünsteltes, spottendes Gemüth kann keine seiner Schönheiten wirken. So mahlt der Himmel sich nur im hellen Meer: so sieht man jede kleine Welle der Empfindung im ruhigen See sich kreisen.

Es

Es wäre unbillig, hier den Namen des Mannes zu verschweigen, der uns Deutschen zuerst den wahren Ton des Ebräischen Psalms näher gebracht hat, Klopstock. Die simpelsten seiner Oden, insonderheit in aufgelösten Zeilen, sind Töne aus Davids Harfe: viele seiner Lieder und die kunstlosesten Gesänge der Empfindung in seinem Meßias haben unsrer Sprache eine Einfalt und Wahrheit des lyrischen Gesanges eigen gemacht, die wir bei unsern glänzenden Nachbarn vergeblich suchen dörften. Dein Gesang erfreue dich selbst, du Assaph unsers Volks! Dein lyrischer Genius überlebt dich und bringe für unsre Nation, wenn es seyn kann, bald einen königlichen Sänger voll That und Anstalt Davids aus alten Gräbern wieder!

Nachahmung der alten Ebräischen Dichtkunst.

Eine Erscheinung.

Ich saß im alten Deutschen Barden=Hain
und lauschte der Vorwelt Lied.
Der Druiden Chöre waren verhallt:
die Eichen standen stumm.

Ich rief dem Nachhall: „hast du keinen Gesang?"
Der Nachhall murmelte: „verstummt!
in Klüften und auf Höhen verstummet ist
das unschreibbar=heilige Wort. a)

O Schicksal, warst du immer, immer schon
unhold auf Deutschlands Geist?
Am Hekla, auf den wilden Hebriden tönts, b)
und unsre Haine sind stumm!

Der Deutschen Ossian, Orpheus, (seyd ihr gu
wesen) kommt!
Erscheint ihr Geister der Vorwelt mir.
Laßt tönen die Harfen im Nebelgewand',
einfältig=stark und schön.

Sie schwebten um mich! sie gingen daher,
die Geister der alten Zeit!
Mit Harfegetön' und Hornesklang
und kriegerischem Schall.

Die

---

a) Die Verse der Druiden dorften nicht aufgeschrieben,
sondern nur gelernt werden.

b) Der Skalder und der Caledonischen Barden Reste.

Die Tön' erstarben! sie starben um mich
in leisem weinenden Laut. —
Und ein Engel des Aufgangs stand vor mir,
gekleidet in Morgenroth.

Mit der Harfe des Aufgangs sprach er mir:
„Laß sterben die Töne! laß sie verwehn!
Ist nicht zu höherm heiligen Gesang'
gebildet die Sprache dir?„

Er schwand im Schimmer des Abendroths,
und neue Stimmen erwachten um mich,
von Ottfrieds rauhen Tönen an, c)
bis der mächtige Luther kam. d)

Und Kleist! und wer den Gottesgesang
aus Davids Harf' ergriff;
Ich hörte singen Allvaters Lied
in Klopstocks Herzenston.

Und singen: „wie bei Sternenklang
„Gott wog der Heere Sieg:
„Er wog und Eine Schaale sank
„und eine Schaale stieg,„ e)

c) Die ältesten Gedichte der Deutschen, die wir haben, sind Commentare der Bibel. Auch der älteste Hexameter unsrer Sprache ist der 104te Psalm: eine Umschreibung voll kräftiger Ausdrücke, von der wir vielleicht zu andrer Zeit eine Probe geben.

d) Luthers Liedersprache und Bibel-Uebersetzung hat mehr auf die Bildung unsrer Sprache gewirkt, als ähnliche Werke bei andern Nationen.

e) Gleim.

Es tönten der Lieder noch viel mehr,
Voll Assaphs Geist und Korahs Pracht;
die stille Thräne floß im Christenlied'
erquickend wie der Thau, wie die Unschuld schön!

O Engel des Aufgangs, hätten wir
ein heiliges Gesetz und Vaterland!
der Freiheit Tempel und des unsterblichen Väterruhms
und unsern alten Gott! —

Der Wurm, der kriechend im Staube schleicht,
flög' er des Adlers Flug?
Singet der Fisch, der im Netze keucht,
wie Lerch' und Nachtigall?

Der Schwan noch etwa singet im goldnen Traum
von alter Jugendkraft, sein säkularisch Lied:
Die Geister der Schwän' empfangen ihn —
Er stirbt im süßen Gesang'!

X.
Charactere der Psalmendichter.

Inhalt.

I. Vom Character Davids. Seine zart empfindende Seele in Leid und Freude. Sein Zutrauen auf Gott, woher es entstanden? Wem daher insonderheit seine Psalmen sehr lieb gewesen? Die Aufrichtigkeit und Herzenssprache in denselben. Lob Davids auf Abner bei dessen Grabe. Sein heftiges Gefühl bei Verfolgungen der Feinde. Stellen von der Wiedervergeltung in den Psalmen. Eigenheit Davids, daß er Gott Gesänge verspricht, als das Beste, was er ihm zu geben habe. Ueber die Stellen, da er vom Gesetz Gottes als einer Landes-Constitution redet. Wie wir das Charakteristische dieser Psalmen anzuwenden haben?

II. Assaphs Character. Eine Theodicee über das Glück der Bösen. Wettgesang über dieselbe Materie von David und den Korahiten.

III. Gesänge der Kinder Korah. Sehnsucht nach Jerusalem, eine rührende Elegie.

IV. Gesänge einiger Ungenannten. Was die Stuffen- oder Aufsteige-Psalmen wahrscheinlich gewesen? Proben und Beweise davon aus ihrem Inhalt. — Ueberblick des ganzen Psalmbuchs.

V. Von der Musik der Hebräer. Ihre mancherlei herrschende und begleitende Instrumente. Einfluß des Instruments auf die mancherlei Lieder. Was das Wort Selah bedeute? — Ueber die Musik; ein Anhang.

Wir gingen bisher nur am Rande der Psalmen umher; lasset uns jetzt dem Charakter ihrer Sänger näher treten.

I. **Charakter Davids, als Psalmendichters.**

Der Hauptzug seines Charakters ist Wahrheit: seine Gesänge sind ein treuer Spiegel seines Lebens, seiner Empfindungen, seiner Zeit. Daher nannte sie Luther a) einen Garten, wo alle schönen Blumen und Früchte blühen, wo aber auch zu andrer Zeit die stürmendsten Winde rasen. Wäre seine Sprache nicht aufrichtig, sondern nur poetische Schminke: so hätte man nichts zu thun, als die schöne Farbe zu loben. Jetzt können wir in Gutem und Bösem von und an ihm lernen. b)

1. Ueberall zeigt sich bei David ein zartes Herz, eine äußerst empfindbare Seele. Leid und Freude schöpft er aus; und es sind Zustände des Schmerzes in seinen Psalmen, für die wir fast keine Worte haben. Der 22. 38. 39. und viele andre zeigens. Er werde von Gott oder von seinen Feinden geängstigt: (die spätern Unglücksfälle seines Reichs sah er auch als Strafgerichte Jehovahs an) wie krümmet sich sein Geist! wie wim-

---

a) S. Vorrede zu den Psalmen.
b) S. die starken Bezeugungen seiner Wahrheit Ps. 5. 17. 26. 32. 34. 36. 63. u. f.

wimmert seine Harfe! Er schmilzt unter Schmerz und
Thränen —

2. Zu Gott wurden diese Thränen aber bald Zu‍-
trauen, Muth oder kindliche Ergebung. Gott hatte
ihn vom Hirten der Schaafe zum Hirten der Völker ge‍-
salbet, aus so viel Gefahren ihn errettet, in so vielen
Nöthen ihm beigestanden; das alles mußte ihm indi‍-
viduelles Zutrauen auf seinen treuesten, besten Freund
geben, und dies Zutrauen singen seine Psalmen. Sie
sind Stimme einer persönlichen Gottes-Freundschaft: c)
daher sie auch allen Seelen von großer Gemüthsart und
individuellem Gottvertrauen so werth waren: denn alle
fanden ihre eigenste Sprache des Herzens darinnen,
und wußten sich nicht besser auszureden als mit des al‍-
ten Helden Worten. Vielleicht übertrift niemand hier‍-
inn unsern Luther, der im Psalmbuch sein ganzes Herz
fand und es daher auf seine Zeit wandte, wie und wo
er nur konnte. Es ist ein großes und gutes Zeichen
von einem Menschen, wenn er individuelle Providenz
glaubt: alle vielgeprüfte, wohlbestandene Männer
glaubten sie: sie kannten Gott nicht nur aus Buchsta‍-
ben, sondern aus Wahrheiten ihres Herzens, aus Er‍-
fahrungen ihres Lebens. Kein locus von Gott wird in
den Psalmen der Scienz wegen entwickelt: Gott ists,
der den Sänger allgegenwärtig durchblickt, der die
Wahr‍-

c) S. Ps. 11. 18. 21. 27. 31. 40. u. f.

Wahrheit und Unschuld seines Herzens, so wie seine geheime Wunden und Noth kennet: das macht ihm leid und Freude! das macht ihn Trostreich und betrübt —

3. Also werden seine Lieder auch Ausdrücke der innersten, der individuelsten Herzenssprache. Was bei uns ruhmredig scheint, wenn wirs kalt und allgemein singen, war bei ihm Gefühl der Wahrheit in einzelnen Situationen. Seine Feinde verläumbeten und verfolgten ihn; er dagegen wusch seine Hände in Unschuld: kein Blut seiner Verfolger entweihete dieselbe; dies hält er Gott vor in seinen Liedern. d) Wenn wir aufrichtig seyn wollten, müßten wir dieselbe Gelindigkeit und Biederherzigkeit Davids auch in seiner Regierung finden. Sein Joab war wilder und strenger als er: denn selbst gegen Ueberwundne handelte er so großmüthig als es die Zeit zuließ, und gegen seine häusliche Feinde wünschte er nie grausam seyn zu dörfen. Wie weh that ihm Absaloms Tod! wie schonte er den Simei! Den durch Hinterlist ermordeten Anführer seiner Gegenpartei, Abner, ehrte er auch nach seinem Tode mit dem Trauerliede über einen biedern Helden: e)

 Und David sprach zu Joab
 und allem Volk bei ihm:
 „Zerreißet eure Kleider;
        umhül-

d) Ps. 7. 26. u. f.
e) 2 Sam. 3, 33. u. f.

umhüllet euch mit Säcken
und weinet Abnern nach.„
Der König selbst ging hinterm Todtenbett.
Und da sie ihn begruben,
erhob er seine Stimme
und weinete an Abners Grabe
und alles Volk mit ihm.
Laut klagete der König über Abnern
und sprach:
„Nicht wie ein feiger Mann fiel Abner!
Nicht gebunden wurden deine Hände,
nicht gefesselt waren deine Füße;
wie man vor Bösewichtern fällt,
so fielst du! —„
Und alles Volk, es weinte lauter noch —

Die Regierung des friedseligen Salomo war in Manchem viel härter und despotischer, als des kriegenden und siegenden Davids.

4. Nothwendig also, da er unschuldig und ein Mensch war, that ihm die Verfolgung seiner Feinde um so weher. Diese fraßen sich mit Gram in seine Seele und kommen, auch wo es nicht seyn sollte, selbst in allgemeinen Lob- und Dankgebeten wieder. Jedermann weiß, was frühe Unfälle und Schicksale der Seele für eine Farbe geben! Frühzeitiges Unglück, treulose Freunde, unverschuldete Nachstellungen machen endlich düster, wo nicht bitter. Die meisten solcher Gesänge Davids

vids sind in der Noth gemacht, da sein Herz an der Harfe Tröstung suchte; und wir wissen alle, wie freier die Seele in der ersten lebhaften Stunde des erlittenen Unrechts sich ausgießt! Ob ich also gleich die Erinnerung an seine Feinde aus Psalmen, wie der 8. 19. 23. 104. 139te sind, für mich und den heutigen Gebrauch wegwünsche; so gehören sie doch auch da zum Spiegel der Denkart Davids. Er hätte seine Seele verfälschen müssen, wenn er sie nicht auch in diesem Zuge Gott dargestellt hätte; dadurch aber verband er uns nicht, daß wir diese Wünsche zur Unzeit, gar ohne Veranlassung ihm nachsingen sollten. Vollends im Geist der christlichen Religion liegt das Fluchen über die Feinde gar nicht.

Eben diese harten Zustände geben David Gelegenheit, Züge der Wiedervergeltung und der Gerechtigkeit Gottes zu entwickeln, wie es jetzt der Drang seines Herzens foderte, und in frühern Zeiten so ausführlich nicht geschehen dorfte. Dem Gesetzgeber Moses war Gott ein Nationalgott, der über das ganze Volk in allgemeinen Schicksalen Vergeltung übte; David und seine Mitgenossen entwickeln schon feinere Züge der Regierung Gottes über einzelne Menschen und über die Welt. Assaph thuts als Weiser: David als ein vielerfahrner Held; viele Ausdrücke von ihnen sind noch
jetzt,

jetzt, dreitausend Jahr später, die treffendsten, um eine moralische Aufsicht Gottes über den Zusammenhang der Dinge zu bezeichnen. In manchen Psalmen scheints, als ob Hiob ihr Vorbild gewesen; überall aber geht alles von eignen kleinen Veranlassungen aus — —.

5. Merkwürdig ists von David, daß er Gott so oft Gesänge verspricht, und in sie, statt Opfer und Brandopfer, die größeste Pracht, das Gott-wohlgefälligste Gelübde des Heiligthums setzet. Das waren die „Farren der Lippen,„ die auch die Propheten rühmen; sie lassen sich aus dem Character Davids und aus seiner Zeit erklären; auf unsern Lippen aber sind sie sehr oft gemißbrauchte Worte. Bei David war das Eigenste und Beste, was Er Gott zu geben wußte, Lieder: sie waren die Blüthe seiner Kräfte, der Psalter war seine Ehre. Ochsen aus den Ställen zu geben, war dem Könige viel leichter, er verschmähete aber diese geringere Gabe, und wollte Gott mit dem eignen, schönsten Bekenntniß seiner Muse ehren. Auf wen von uns passen nun diese Stellen der Psalmen? Ochsen sollen wir Gott nicht geben: neue, eigne Gesänge wie David können wir ihm nicht geben; von wem fodert Gott auch solche poetische Bußen? also sind diese Worte bei uns todt und erfroren — —

6. David regierte in einem theokratischen Staat, in dem er eigentlich Gottes Stelle vertrat, und sich also

II. Th.   3   auch

auch nach deſſen alten Verfügungen, der veſtgeſtellten
Landesconſtitution richten mußte; dies giebt ſeinen Liedern durchaus eine geiſtliche Sprache, auch wo er von
lauter weltlichen Geſetzen und Verfaſſungen redet. Er
ſaß als Gottes Fürſt auf dem Zion: in Gerechtigkeit
und Gericht ſein Prieſter, in Siegen ſein Werkzeug,
in der Beobachtung der National-Geſetze ſein Diener,
wie der geringſte Iſraelit. Wenn alſo alle Thaten und
Siege Davids Gott zugeſchrieben werden, wenn ſich
der König in ſeinem Gott freuet, auf deſſen Stärke
ſtolz iſt, deſſen Geſetzen neue Treue ſchwöret: ſo ſind
alle dieſe Ausdrücke reelle eigentliche Landes-Sprache.
Wenn er die Wunder d. i. die treffende Schönheit und
Vortreflichkeit der Moſaiſchen Geſetze rühmt, und ſich
ſo oft anheiſchig macht, nach ihnen zu regieren: ſo war
er damit kein müßiger Frömmling, der nur mit ſeiner
Harfe knieen wollte, wie er gemahlt wird; eben in denen Pſalmen, wo er von ſeiner Liebe zum Geſetz Gottes redet, redet er von ſeinem Fleiß in Geſchäften, von
der Bewahrung ſeines Herzens, ſich nicht für eigenmächtig und zügellos zu halten, kurz von ſeiner Hochachtung gegen Landesgeſetze und Landesgebräuche. Daß
er dies zu thun ſchuldig war, fühlte er ſehr gut; am
meiſten wenn er abwich und ihn Gott ſtrafte. „Ich
„habe geſündiget gegen Jehovah, den Landesgott;
„was haben aber dieſe Schaafe gethan„?

Mögen

Mögen diese wenigen Züge zeigen, mit welchem freien und verständigen Geist die Psalmen Davids gebraucht werden müssen, wenn sie für uns seyn sollen, was sie für ihren Urheber waren. Auch hier ist Youngs Regel anzuwenden, daß man den Alten oft am nächsten komme, wenn man sich am weitsten von ihnen zu entfernen scheinet. Die Blüthe allgemeiner Lehre und Zierde soll in uns übergehen: alle süßen Worte und Gesangesweisen können, wenn unser Herz ihnen zuspricht, auch die unsrigen werden; jede blinde Nachahmung ist aber auch hier Baalsdienst, Farren und Kälber der Lippen, d. i. unvernünftige Worte. — Nur denn werden uns einzelne Psalmen lieb, wenn wir sie in einzelnen Fällen des Lebens als die eigenste Sprache unsres Herzens, schön, edel und uns treu finden; also die alte Davidsharfe nur als den Vor- oder Nachklang unsrer Seele liebgewinnen lernen. —

II. **Assaphs Character, als Psalmendichters.**

In Lehrpsalmen übertrift Assaph den David: seine Seele war nicht so zart, aber leidenschaftloser, freier. Die besten seiner Psalmen sind nach einem schönen Entwurf angelegt und auch seine Nationallieder sind vortreflich; kurz er verdient den Namen eines Weißagers d. i. eines Gottesweisen auf der Harfe. Eine einzige Probe seines Lehrgesanges möge hier gnug seyn:

Der 73. Psalm,
eine Theodicee über das Glück der Bösen.

Dennoch ist dem Rechtschaffnen, Gott f)
ein guter Gott!
wer reines Herzens nur vest an ihm bleibt.

Zwar hätt' ich fast geglitten,
mein Fußtritt wich schon aus:
denn eifernd zürnt' ich auf die stolzen Thoren, g)
mit Neid sah ich der Bösewichter Glück.

Kein Todesnetz ist für sie da; h)
fett und gesund sind sie:
sie wissen nichts von Menschenlebens Müh;
des Unglücks Geißel trift sie nicht,
wie andre Sterbliche.

Drum brüsten sie sich in Halsketten stolz;
ihr Unrecht schmückt mit prächtgen Kleidern sie. i)

Aus

---

f) In mehrern Stellen wird das Wort Israel bedeutungsvoll genommen und das ישר in ihm entwickelt.

g) Die הוללים, רשעים machen oft solche Nebenbedeutungen zur Hauptbedeutung.

h) Der Tod wird hier als Jäger vorgestellt, wie er immer auf die Schritte der Sterblichen lauret. Diese haben mit ihm einen Bund und mit dem Grabe einen Vertrag gemacht: ihnen stellt er keine Netze —

i) Nicht nur, daß sie reich und stolz sind; ihren Reichthum hat ihnen auch die Unterdrückung andrer gegeben.

Aus fetter Wange geht hervor ihr Blick, k)
was sie sich dichten, strömt ihr Herz hinaus!

Sie spotten, reden Böses auf den Freund, l)
redens mit hoher Brust.
Als Himmelsgötter sprechen sie,
und was sie sprechen, muß die Erde thun. m)

Sie trinken satt sich aus dem harten Stein, n)
sie pressen reiche Wasser sich hervor;
Und sagen: wie? das merkte Gott?
von uns hätt' der Erhabne Wissenschaft?

k) Will man mit den 70. עננמו lesen, so habe ich nichts dagegen, aber auch עינמו giebt ein treffendes Bild, Was ihr Auge hervorblickt, muß gethan werden; so wie was ihr Herz dichtet.

l) בְּרֵעַ: S. den andern Psalm Assaphs Ps. 50, 20.

m) Himmel und Erde werden hier entgegen gesetzt. Bis zu jenem recken sie ihr Haupt, als ob sie Götter des Olymps wären; auf der Erde wandelt ihr Wort d. i. es wird überall schnell vollführet. Vgl. Ps. 147, 15.

n) Daß nach den gewöhnlichen Uebersetzungen und Conjekturen die beiden Glieder des Parallelismus mit einander nicht bestehen, siehet ein jeder. Der zweite Satz ist klar; also muß es am ersten liegen. Ich setze die Buchstaben nur anders ab: ישיבע מימלם und es wird nicht nur Sinn und Parallelismus, sondern jeder bemerkt auch das Wortspiel mit dem gleich folgenden ימי סלא, so daß dies wohl die wahre Lesart gewesen seyn dörfte. Es ist ein Bild der größten und glücklichsten Unterdrückung, das die Folge schön einleitet. Auch der masorethische Text hat schon die Stelle als mangelhaft bezeichnet.

So denken die Verruchten
und sind die Glücklichen der Zeit o)
und nehmen zu an Gut.

Umsonst ist's also, daß ich rein mein Herz
und meine Hände rein bewahrt!
Tagtäglich trift mich neuer Geißelstreich,
und jeden Morgen schilt das Glück mich aus. p)

Wohl, sprach ich, ich will sagen, wie dem ist?
„das sind Sie, deine Lieblinge!" —
Treuloses Wort! —
Ich glaubt' es zu verstehen,
und war in eitlem Wahn,

Bis ich eintrat in Gottes heilgen Rath,
und da ihr End' erfuhr.
Wie hast du sie aufs Schlüpfrige gestellt!
Zu Fallen fallen sie.

Erschrocken wird man staunen über sie:
„Ein Augenblick! sie sind nicht mehr!
sind wie/hinweggeschreckt! q)
Wie ein Traum, wenn man erwacht:

so

o) Die שלוי עולם sind Leute, die glücklich und ruhig
leben, die Seligsten des Zeitalters, beati.

p) Das Glück fährt ihn jeden Morgen neu an: tagtäglich ein neuer Unfall.

q) Die Worte des Originals mahlen das Bild sehr lebhaft.

so haſt du Herr erwachend r)
ihr Bildniß weggeſcheucht.

Wie ſtach es nun mein Herz!
wie ſchmerzte michs im Innerſten,
daß ich ſo thöricht das nicht erſt erkannt,
daß ich vor dir geurtheilt wie ein Thier. s)

Nun hält' ich immer mich an dich,
der, da ich wankte, bei der Rechte mich ergrif;
führ' immer mich, wie du nur willt,
zuletzt nimmſt du mich Ehrenvoll doch auf. t)

Denn wen in allen Himmeln? wen auf Erden
hätt' ich mir ohne dich?
Verlangend zehret ſich mein Leib ab und mein Herz. —
Du meines Herzens Fels, mein Theil biſt du
o Gott auf ewig hin. —

Z 4   Die

---

r) Daß בעיר im Erwachen, nicht in der Stadt heiße, zeigt die ganze Compoſition des Bildes.

s) Die Folge zeigt gnugſam, was das יסד hier bedeute. Er war zuerſt in Abſicht Gottes wie ein Thier d. i. er verſtand nichts von ſeiner Abſicht, urtheilte unvernünftig, und wollte ſchon ausſchlagen und abweichen. (Vgl. Pſ. 32, 8.) Nun denkt er auf eine andre Weiſe an Gott, und bleibt bei ihm, wie der folgende Vers mit Wiederholung des Worts ſinget.

t) Vielleicht könnte man auch grammatiſcher leſen:
Nach Müh und Laſten bin ich doch bei dir.
Die Umſchreibung des Worts יסד geht nemlich immer fort.

Die sich von dir entfernen, gehn zu Grunde:
wer Fremden nachbuhlt, den vertilgest du!
Ich aber! — nah bei Gott, wie wohl ist mir!
Auf Gott Jehovah setz' ich mein Vertraun,
noch will ich singen alle deine Thaten —

Wie schön ist der Psalm! Eine kurze Gnome fängt an, u) das Resultat vieler Betrachtungen, womit er auch endigt. Schnell und unmerklich kommt er x) auf seine schwere Situation, schildert woran er sich irrte, und da er dies Gemählde zum vollesten Licht gebracht hat, wendet sich der Gesang. y) Er wird in den Rath der Schicksale eingeführt und kommt sich selbst als Thier vor in seinem vorigen Urtheil. Neue Gelübde an Gott (immer noch dem ersten Bilde des Wankens angemessen) steigen zur wärmsten Empfindung, z) bis wieder eine Gnome schließt. a) Schöner Lehrpsalm in Materie und Ordnung.

Nur erweitre man jene nicht über ihre Grenzen. Assaph sieht das Glück der Bösewichter und sieht es verschwinden: das Glück der Guten bleibt treu und vest: — so weit geht sein Blick. Weder die Rache an jenen, noch eine Exposition des ewigen Glücks dieser war der Zweck seines Liedes.

Irre

u) V. 1,   x) V. 2. 3.
y) V. 12 — 16. z) V. 23 — 26.
a) V. 27 — 28.

Irre ich nicht, so ist über diese Materie in mehrern Psalmen ein löblicher Wettstreit. Einen Gesang dieses Inhalts hatten wir schon; b) er behandelte die Aufgabe als ein Räthsel der Weisheit, lyrisch und schön, wie alle Psalmen der Kinder Korah. Hier ist der Wettgesang Davids über eben diesen Inhalt:

Das Glück der Bösen.

Der 39. Psalm.

Ich sprach: ich will mich hüten Lebenslang,
daß meine Zunge sich nicht übereile,
gebieten will ich meinem Munde, daß er schweige,
so lang ein Böser vor mir lebt.

Ich schwieg der Rede; und schwieg auch der Freude, c)
der Schmerz empörte sich in mir:
Mein Herz erglühte mir im Innersten:
Wenn ich nachdacht', entbrannte Feur in mir;
und — meine Zunge sprach. d)

Jehovah, lehr bedenken mich mein Ende,
wie kurz mein Leben sei!

---

b) S. Theil I. S. 228. u. f.

c) Eine feine Empfindung und wie wahr! — Das ist kein Mittel, Gedanken abzubrechen, daß man sie in sich verbirgt. Sie müssen heraus, sie müssen entwikkelt werden oder sie nagen das Herz um so mehr.

d). Murrend nehmlich. Es ist fein und schön, daß er die Worte des Murrens nicht anführet; der Gesang wendet sich sogleich weiter.

wie bald ich muß davon.
Sieh, eine Spanne ist mein Leben nur,
all' meine Zeit ist wie ein Nichts vor dir,
ein leerer Schatte nur ist Menschenleben,
das sich so bleibend dünkt. e)

Ja wohl! im Schattenbilde geht
der Mensch, als wär' er Held, daher!
ereifert sich und giebt sich Müh' umsonst,
sammlet und weiß doch nicht für wen?

Worauf denn hoffe ich?

Du, Herr, bist meine Hoffnung!
Befreie du mich nur von meinem Fehlen
und mach mich nur dem Narren nicht zum Spott;
So schweig' ich, und will meinen Mund nicht öffnen,
du Herr wirst alles thun! f)

Nimm deine Plage nur von mir!
In Ohnmacht lieg' ich Herr! weil deine Hand mich traf;
denn sprichst du auch dem Stärksten
Ein hartes Wort nur über sein Vergehen zu:
so schwindet er, als zehrten ihn die Motten;
nichts ist, was Mensch nur heißt.

Hör' also mein Gebet, Jehovah,
vernimm mein Angstgeschrei,
und schweige, wenn ich weine, nicht.

Ein

e) Das דבר im Original ist kurz und schön.

f) Du wirst's besser ausführen, als ich dir vorzeichnen könnte.

Ein Fremdling bin ich hier vor dir,
ein Wanderer, wie alle meine Väter.
Sieh ab von mir, daß ich mich wieder stärke,
eh ich hingeh, und bin nicht mehr. —

Ein zartes Lied, vermuthlich in Krankheit gemacht, und ganz in Davids Weise, voll seiner individueller Empfindung. Wer diese liebt, wird Davids Gesang, wer Lehre liebt, Assaphs Psalm, wer lyrische Fiktion liebt, wird das Gedicht der Kinder Korah vorziehen, das sich über das Schicksal der Bösen bis ins Todtenreich wagte. Noch einen andern lehrenden Psalm (Pf. 37.) hat David über dieselbe Materie: es giebt mehrere solcher lyrischer Wettstreite in den Psalmen, insonderheit in Nationalliedern. (Vergl. Pf. 46. und 76. 80. 85. 44. 78. u. f.) Sie gegen einander zu halten, ist eine angenehme Mühe, die sowohl den Charakter des Dichters, als seine Gesangweise erläutert.

III. Gesänge der Kinder Korah.

Wären diese Gesänge von David? warum sollte er bei ihnen nicht genannt seyn? da ihm und auch Assaph vielleicht Gesänge zugeschrieben sind, die wahrscheinlich in spätere Zeiten gehören. Wahrscheinlich sind sie von einem aus Hemans Chor — und ihr Verfasser ist vielleicht der prächtigste Liederdichter dieser Sammlung. Seine Nationalgesänge sind kurz, rund, feurig; Der

45te Pſalm iſt Eins der ſchönſten Epithalamien, der 42te eine der ſchönſten Elegien — wir merken uns den letzten zum Beiſpiel:

Sehnſucht nach Jeruſalem.

Der 42. 43. Pſalm.

Wie der Hirſch ſich ſehnet nach Waſſerquellen;
ſo ſchmachtet meine Seele, Gott, nach dir;
es durſtet meine Seele hin nach Gott,
nach dem lebendgen Gott: g)
wenn werd' ich wieder kommen
und Gottes Antlitz ſchaun!

Längſt waren meine Thränen mir
Morgen- und Abendbrot;
da Tag für Tag man zu mir ſprach:
wo hilft dir nun dein Gott?
Da dacht ich denn: (und floß in Thränen über)
wie ich einſt auch zu Gottes Tempel ging,
mitging im Haufen Jubelnder,
Dankſingender, im lauten tanzenden Chor.

Was grämſt du dich, mein Herz, in mir,
und pochſt unruhig auf?
Erwarte Gott! auch ich werd' ihm noch danken,
ihm meinem Retter, meinem Gott!

— Und

---

g) Der lebendige Gott wird ſonſt todten Götzenbildern entgegen geſetzt; hier wird der Ausdruck ſchön verwandt auf die lebendige Quelle, nach der von dieſen Quellen der Sänger ſich ſehnet.

— Und dennoch grämt sich meine Seele noch! —
So will ich denn auch hier an dich gedenken,
hier zwischen Berg und Strom,
am Jordan und den Hügeln Libanus! —

— Wie Woge dort in Woge rauscht! —
sie rauschen mir wie deine Ströme zu! —
Denn alle deine Wogen, deine Ströme
gingen über mich hin! — —

Und doch hält mich am Tage noch
aufrecht Jehovah's Huld
und in der Nacht ist noch sein Lied mit mir,
Gebet zu meinem, dem lebendgen Gott! —

Ich singe zu Gott, meinem Schutz:
„warum vergissest du mein?
„warum muß ich so traurig gehn,
„bedrängt vor meinem Feind'?„

Es schmettert mir durch mein Gebein,
wenn mich mein Feind verhöhnt,
wenn Tag für Tag' er zu mir spricht:
wo hilft dir nun dein Gott?

Was grämst du dich, mein Herz, in mir,
und pochst unruhig auf?
Erwarte Gott! ich werd' ihm doch noch danken,
ihm meinem Retter, meinem Gott!

Ja richte mich, Gott, führe aus mein Recht! —
Von einem unbarmherzgen Volk,
von einem Mann voll Trug und Bosheit rette mich!

Denn

Denn du bist ja der Gott, dem ich verttau;
warum entfern'st du mich?
warum muß ich so traurig gehn,
bedrängt von meinem Feind'? —

O sende mir, Herr, deinen sichern Rath, h)
daß er mich leite, daß er mich hinführe
zum Berge deiner Majestät
zu deinem Zelt.

Hinein will ich denn gehn zum Altar Gottes,
zum Gott, der meine Freud', mein Jubel ist!
will mit Gesang der Harfe dir denn danken,
o Gott, mein Gott! —

Was grämst du dich in mir, mein Herz,
und pochst unruhig auf?
Erwarte Gott! ich werd' ihm doch noch danken,
Ihm meinem Retter, meinem Gott.

Zergliedern mag ich das vortrefliche lyrische Gemälde
nicht: denn wer die schöne Abwechslung, den sanften
Gang und Traum der sich beruhigenden Gedanken, in
sonderheit das Bild der Gegenden am Libanus und Jordan nicht selbst fühle, wird sie durch die weitläuftigste
Exposition nicht fühlen lernen. Wie jemand, der Trost
sucht, den ersten Gegenstand zu Hülfe nimmt: so fällt
das Auge des Betrübten eben auf die rauschenden Wogen der Ströme, die aus dem Phiala stürzen. Sie
rau-

h) Dein Urimm und Thummim: Die Stelle zeigt, wofür es David ansah.

rauschen ihm traurigen Schall, sie bringen ihm das Bild der Trübsal, die Jehovah auf ihn goß, in die Seele; i) bis er daran denkt, daß ihm noch seine Freundin, die Harfe, treu geblieben sei, und er sich mit ihr voll von Vertrauen, das schon zur sichern Gegenwart wird, in die frohlockenden Chöre Jerusalems wieder zurückzaubert. — k)

IV. Gesänge einiger Ungenannten.

Wir haben eine ziemliche Anzahl ungenannter Psalmen, deren viele wahrscheinlich aus spätern Zeiten und darum nicht schlechter sind. In einigen siehet man schon eine verfeintere Lehre, als sie zu Davids Zeit seyn mochte; wir werden mit manchen von diesen unsern dritten Theil zieren; hier stehe nur noch ein Wort über die sogenannten Stuffen- oder Aufsteige-Psalmen.

Man hat die Aufsteigepsalmen für Reiselieder bei der Rückkehr aus Babel gehalten, weil diese Esra 7, 9. das Aufsteigen heißt; der Inhalt der Meisten bestätigt kaum diese Meinung. Viele sind allerdings aus spätern

i) Es ist nicht nur gewohnte Ideen-Verbindung der Ebräischen Sprache, sondern auch eine gemeine Bemerkung, daß ein rauschender Strom den Betrübten zuerst anlockt, als ob er seinen Schmerz auf den Wogen mitnehmen wolle, bald aber ihn nur trauriger mache.

k) Th. 1. S. 272. Th. 2. S. 122. 123.

tern Zeiten, und der 137. Pfalm besingt die Gefangenschaft in Babel deutlich; gerade aber auf die Reise nach Judäa scheinen sich die wenigsten zu beziehen. Bedeutet das Aufsteigen im Ebräischen nichts anders? wars nicht der gewöhnliche Ausdruck von denen, die nach Jerusalem insonderheit zu den Nationalfesten zogen? Wie also, wenn diese Pfalmen nichts als dies? wenn sie solche Reise= Fest= und Nationalgesänge wären, wie wir von David, Assaph, den Kindern Korah schon eine Menge sahen? Und offenbar sind sies! mit diesem erweiterten Begrif erklärt sich in ihnen das meiste.

Nur fange ich ungern vom 124. Pfalm an; er hat gerade das wenigste, das die Situation bezeichnet, in der er gemacht ist, und ist vielleicht eine ganz individuelle Klage:

Klage über unfriedliche Mitwohner.

Der 120. Pfalm.

Zu Jehovah ruffe ich in meiner Bedrängniß!
ich ruff' und Er erhöret mich.
Errette mich, Jehovah, von den Verläumder=Lippen,
von der Betrüger=Zung' errette mich!

„Was thut sie dir, die trügerische Zunge?
„was thut sie dir?„

Sie sticht wie scharfe Pfeile des Kriegers:
sie brennt wie brennende Kohlen von spitzem Holz.

O daß ich hier herberg' in Räuber-Zelten! 1)
es ist als ob ich mit Arabischen Mördern reiste.
Lang' hab' ichs satt, mit Menschen zusammen zu wohnen,
die Frieden haffen und Verträglichkeit.
Ich bin so ruhig; und sprech' ich ein Wort,
so wird es Krieg.

Ein Reisender ists, der über die Unverträglichkeit seiner Mitwohner klagt: in Zelten wohnt er und vergleicht sie also mit den Arabischen Räubern: kurz ist die Zeit, die er mit ihnen wohnen darf; er wünscht also, daß sie zu Ende gehe. Weiter sagt uns der Text nichts —

Und ich mag auch nichts weiter behaupten. Zogen diese Zelte nach Jerusalem? campirten sie außer Jerusalem, wie es so oft, während des Fests, der Volksmenge wegen seyn mußte? Ich weiß nicht.

Der 121. Psalm erklärt sich deutlicher. Von Babel kein Wort: es ist ein Zug nach Jerusalem, nach den heiligen Bergen:

Glück-

---

1) משך heißt ein Fell, eine grobe Zeltdecke, von der das wilde Zeltenvolk wahrscheinlich den Namen hatte. Der Klagende sagt also: „es sei ihm, als ob er mit rohen Wilden zusammenlebe." In Mesech und Kedar sind die Israeliten nie gefangen gewesen, auch lagen diese Gegenden weit auseinander, und sind in diesem Psalm offenbar nur tropisch, wie der Parallelismus deutlich zeiget.

II. Th.   Aa

Glückwünschungs-Lied zum Zuge nach Jerusalem.

Der 121. Psalm.

Ich schau, ich schau hinaus nach jenen Bergen,
von denen Hülfe mir kommt:
meine Hülfe kommt mir vom Jehovah,
der Himmel und Erde schuf.

„Er wird deinen Fuß nicht laßen gleiten!
Er wird nicht schlummern, der dein Hüter ist:
denn sieh, es schläft und schlummert nie
der Hüter Israels.

Jehovah wird dein Hüter seyn,
Jehovah wird dein Schatte seyn,
der mit dir zieht (als Freund) zur Seite dir:]
Daß Tages dir der Stral der Sonne,
daß Nachts des Mondes Stral nie schade dir.
Der Herr behüte dich vor allem Unglück:
er nehme deines Lebens wahr!
Der Herr wird dich behüten, wenn du ausziehst,
und wenn du einziehst, jetzt und künftig hin —„

Man denke sich einen jungen Israeliten, der wie ein zarter Vogel aus seinem Nest nach den Hülfebringenden Bergen hinausblickt: er will auf die Reise, will Jerusalem sehn, und sein alter Vater etwa giebt ihm diesen Segen auf den Weg: so ist Wort für Wort erklärt. Es ist kein Auszug aus Babel: denn wer sollte da so segnen?

segnen? es ist die Stimme eines zärtlichen Abschiedes, die sich nicht satt reden, nicht satt segnen kann. Auch auf der Reise konnte der Psalm einzeln und in Chören gesungen werden: man wünschte einander zur Reise Glück — —

Daß der folgende 122. Psalm ein Lied des Verlangens eines jungen Israeliten sei, der schon Einmal in Jerusalem gewesen und sich jetzt wieder auf den angekündigten Zug freuet, haben wir schon bemerkt: m) der 123. 125. 134. zeigen ihren hieher gehörigen ähnlichen Inhalt offenbar. Der 124. 129. sind Danklieder über die Errettung Israels, wie man sie etwa bei Nationalfesten sang, und wie wir andre unter den Gesängen Assaphs und der Kinder Korah finden. n) Der 126. ist dergleichen, wahrscheinlich in der Gefangenschaft gemacht und nachher zum Andenken des Zutrauens und der Freude als Nationalgesang beibehalten. Der 133. preiset Eintracht der Stämme und Familien, der 128. das Glück des häuslichen Lebens, der 127. das Glück einer zahlreichen Familie, wenn gleich ihre Erziehung Mühe und Sorgen kostet — die schönsten Materien für ein versammletes Volk. Hätten wir viele derselben auch für unsre Sitten und Lebensweise! so rein, so kurz, so voll Gesanges wie diese für Israel waren. Der 130. ist ein Bekänntnißpsalm der Sünden, eine Zubereitung

m) S. 126.   n) Ps. 46. 48. 74. 85.

tung etwa zu Opfern, wenn jemand sich derselben schuldig fühlte. Der 132. empfielt Gott des Königs Haus, den Zion, die Priester; also genau dieselbe Bestimmung. Endlich werden diese 15 kleine schöne Lieder von Lobgesängen beschlossen, die offenbar Tempel- und Festpsalmen waren. o)

Wenn man auf diese Weise das Psalmbuch überblickt, so wird man sich dasselbe leicht ordnen können, zumal wenn man die Jüdische Eintheilung in 5 Bücher zu Hülf nimmt. Die Nationalpsalmen stehen meistens auch zwischen andern, nicht einzeln, sondern in Sammlungen bei einander. Hier ist ein kurzer Anblick:

Ps. 1. Vorrede des Buchs:

Ps. 2. Ein Königspsalm, des Buchs Krone.

Ps. 3-40. meistens individuelle Psalmen Davids. Hier schließt das erste Buch der Jüdischen Sammlung.

Ps. 41-49. Lieder der Kinder Korah, mancherlei Inhalts: die meisten sind National-Lieder und der 50., der schöne Lehrpsalm Assaphs beschließet diese erste Sammlung der Korahiten.

Ps. 51-64. Individuelle Lebensgesänge Davids.

Ps. 65-68. Nationalpsalmen: vielleicht die folgenden

o) Wahrscheinlich ist das Psalmbuch aus einzelnen kleinen Sammlungen erwachsen, und diese wäre denn von einem, der sein Reisegesangbuch Lieder des Aufsteigens genannt hätte.

ben auch), bis der 72. Psalm aufs Salomonische Reich das zweite Buch schließet.

Pf. 73-83. folgen Psalmen Assaphs, und der schönste derselben fängt das neue Buch an.

Pf. 84-89. Lieder der Korahiten und andrer Gesangmeister: ein großer Theil abermals Nationalpsalmen. Hier schließt das dritte Buch, das ganz von Dichtern der Tempelmusik ist und wahrscheinlich denen mit dem zweiten Buch geschlossenen Davids-Psalmen später hinzugefügt ward.

Pf. 90. Der Gesang Moses. Pf. 91-107. und also bis zu Ende des Buchs lauter allgemeine Psalmen: offenbar eine Zugabe aus dem Tempel und zu Nationalfesten. Das fünfte Buch endlich hält die vermischteste, späteste Sammlung:

Pf. 108-110. Lieder Davids oder auf David. Psalm 111-118. Tempel- und Festpsalmen. Der 119. ein Spruchbuch. Pf. 120-134. die Aufsteigepsalmen, die mit Lobgesängen, und Pf. 138-145. Davidische Psalmen, die abermals mit Lobgesängen beschlossen werden. Man siehet, wie sich alles in Gruppen sammlet und ein Herausgeber, der die Psalmen nur als Lieder betrachtete, könnte unserm Blick und Gedächtniß durch Anordnung hiernach sehr helfen.

V. Von der Musik der Psalmen.

Ohngeachtet der fleißigen Abhandlungen, p) die wir über sie haben, gewinnt man aus ihnen wenig Resultate für die Dichtkunst und Oekonomie der Psalmen. Nichts folgt so sehr den Zeiten und Sitten, als Sprache und Tonkunst: sie schwebt auf den Lüften und fliegt auch mit den Lüften vorüber. Die alte und neue Musik, die Musik Orients und Occidents scheidet sich so sehr, daß, wenn wir auch mehr wüsten, wenig davon für unser Ohr wäre. Ich bemerke nur Weniges:

1. Die Instrumente, die in den Psalmen genannt werden, sind entweder herrschend oder blos begleitend. Begleitende sind offenbar die lauten, die daher in keiner Ueberschrift vorkommen: sie gehörten zur vollstimmigen Musik der Freudenrüffe und Tempelpsalmen. Da das Volk nur im Vorhofe blieb und die Musik ihm aus dem Heiligthum oder gar unter freiem Himmel zuschallte: so wird damit die Menge der Sänger und lauten Instrumente begreiflich. Hieher gehören z. B. die Castagnetten, die Abufe, manche Arten der Posaune und Pfeiffen: es war eine Art kriegerischer Musik, weil der Gott Zions, ein Herr der Zebaoth, d. i. der Schlacht-

---

p) Die beste ist Pfeifers über die Musik der Ebräer. Erlangen 1779.

Schlachtheere war; wozu auch der Inhalt vieler Psalmen augenscheinlich eingerichtet worden. Wenn es heißt, daß Assaph die Castagnetten geschlagen: so werden diese damit nicht als sein einziges Instrument genannt, sondern er lenkte mit ihnen das Chor, er schlug den Takt; bei einzelnen Gesängen aber weißagte d. i. dichtete auch er auf Saiten.

2. Die sanftere Musik der Dichtkunst waren einzelne Instrumente; daher wird dieser Gesang der Flöte, jener der Citter und Harfe, ein andrer dem Horn zugeschrieben. Es scheint, daß die Alten, bei denen Ton- und Dichtkunst inniger verbunden waren, sich mehr darauf gelegt, jedem Instrument seinen eigentlichen Affekt abzugewinnen und eben damit auch die Poesie zu bezeichnen: denn es braucht keines Erweises, daß Jedes Instrument mit seinem eignen Ton auch gleichsam eine eigne Region der Empfindungen habe: daher man frappante Beispiele hat, was gewisse Töne auf diesem oder jenem Instrument, die eben dieses Hörenden Lieblingsgänge waren, auf ihn wirkten. Da alle Kraft der Musik auf Simplicität beruhet: so hat mit einfachen Tönen Eines geliebten Instruments der Tonkünstler das Herz des Liebhabers in seiner Gewalt und spielt gleichsam unmittelbar auf demselben; indeß das harmonische Geschrei aller Instrumente, der künstlichste

Luftbau, der je die Wolken berührte, zwar das Ohr des Kenners ergötzt, aber ein wahres Babel in den Empfindungen dessen wird, der nur gerührt zu werden wünschet. Sollten die durch Kunst getrennten Schwestern, Musik und Dichtkunst, sich einmal wieder inniger lieben lernen, so wirds abermals heißen: „ein Lied zur Harfe, ein Lied zur Flöthe;„ wie bei den Gesängen Asaphs und Davids. Durch das Studium eines einzelnen Instruments lernt man die Gattung der Leidenschaft, die es weckt, den Ton des Herzens, den es regt, tiefer kennen; und wer dies in der lyrischen Poesie glücklich ausdrücken könnte, käme damit weiter als durch alle kritische Regeln —

3. Da die alte Zeit und noch jetzt der Orient nichts vom Lehrgebäu unsrer Harmonie weiß, da die Poesie der Psalmen offenbar nur freie Sylbenmaaße hat und wenig oder keine eigentliche Scansion nach unsrer Weise kennet: so sind wohl alle Versuche vergebens, unsre Sprache nach jener, oder jene nach unsrer zu modeln. Freie metrische Regionen schweben in der Luft: Melodie und Affekt bestimmen das Gleichmaas oder die Abwechselung derselben nur im Allgemeinen. Das sagen in den Psalmen die so oft vorkommenden „Sela.„ Wenn man die entscheidendsten Stellen vergleicht, so wollen sie offenbar weder Pause, noch da Capo, noch

Intermezzo; sondern Veränderung der Tonart sagen, die sich entweder wachsend oder durch Uebergang in einen andern Takt und modum äußern konnte. q) Der Inhalt des Liedes, sein Affekt veränderte sich nehmlich, und da die Melodie für Sänger und Tonkünstler noch nicht so genau bezeichnet war: so stand im Liederbuch bei den Hauptstellen dies Nota bene. Affektvolle Lieder haben es am meisten, insonderheit wo der Inhalt des Gesangs sich sehr verändert: einförmiglehrende und eintönige Prachtpsalmen haben es gar nicht. Wo es am Ende des Gesanges steht, zeigt es etwa an, daß man dem Psalm noch einen andern beizufügen gewohnt gewesen, wie es denn unläugbar ist, daß man solche Verkettungen und Ineinanderfügungen mehrerer Psalmen geliebt habe. r) Der Grieche übersetzt Sela durch διαψαλμα, das Svidas u. a. durch μελωδιας εναλλαγη, concentus mutatio erklären. Es zeigt also

Aa 5

an,

q) Aus allen Reisebeschreibungen weiß man, daß die Morgenländer eine sehr einförmige, und wie es den Europäern vorkommt, traurige Musik lieben; daß sie aber bei gewissen Stellen plötzlich den Takt verändern und in eine andre Melodie übergehen. Da wars nun wahrscheinlich, wo in den Psalmen steht, Sela.

r) 1 Chron. 16. sind Theile aus vier Psalmen zusammengesetzt. Ps. 32. 33. sind wahrscheinlich auch zusammengesungen worden. So mehrere.

an, daß dergleichen Lieder ganz durchcomponirt gewesen; nur freilich auf die den Morgenländern gewöhnliche sehr simple Weise, die sich dem veränderten Gesange hier neu anschloß. —— Mit allem sehen wir, daß wir zwar das Wort dieser alten Lieder haben, daß uns aber, zumal in unsern Nachahmungen, der lebendige Geist, der vom Vortrage abhängt, ziemlich fern ist.

Ueber

Ueber die Musik. *)

Ein Anhang.

Der Mann, der zuerst beym Gottesdienst Musik hören ließ, hatte wohl nicht die Absicht, sich dem Publiko als Komponisten zu empfehlen; so wenig der Prophet Nathan durch seine Fiktion von dem einzigen Schaaf des armen Mannes, den Namen eines guten Fabeldichters verdienen wollte. Er war ohne Zweifel ein Mann von hoher Einsicht und Gesinnung, und ein Freund und Vater seines Volks.

Die ersten Dichter jeder Nation sollen ihre Priester gewesen seyn; vielleicht geriethen diese auch zuerst auf die Erfindung, ihren Gesängen durch Saitenspiel mehr Eingang und Kraft zu geben. Die Musik mag indeß am Altar entsprungen, oder in die Tempel eingeführt worden seyn; so muß man hier den Zeitpunkt annehmen, darin sie ohne alle eigne Gerechtigkeit war, und in Knechtsgestalt Wunder that.

Im Tempel zu Jerusalem ward nicht allein des Herrn Gnade des Morgens und des Nachts seine Wahrheit verkündigt auf den zehen Saiten, und mit Spielen auf der Harfe; es ward nicht allein nach einem Sieg wider die Philister Gott hoch gepriesen mit Posaunen, Psalter und Harfen, mit Pauken und Reigen, mit Pfeifen und Saiten, mit hellen Cymbeln und mit wohlklingenden Cymbeln; sondern der König David ließ auch sein Angstgebet in sehr traurigen und kritischen Situationen, und auch die Bußsoliloquia seiner sehr erschrockenen Seele, die er glaubte, auf acht Saiten

von

*) Asmus sämtliche Werke, Th. I. S. 87.

verſingen. Wie ſolche Nachrichten uns über die Endzwecke der Muſik überhaupt klug machen können, ſo laſſen ſie uns zugleich auf ihre Geſtalt in den Morgenländern, und auf die Idee ſchlieſſen, die man von ihr hatte.

Der Anekbote zufolge, daß die Muſik anfänglich in Griechenland allein beym Lobe der Götter und Helden, und bey Erziehung der Jugend gebraucht worden, iſt ſie vermuthlich in dieſer göttlichen Einfalt und unerkannten Schönheit aus Orient zu den Griechen gekommen, die auch in dieſem Stück ασι παιδες waren, und ſo lange daran feinerten und feilten, bis ſie eine ſchöne Kunſt daraus gemacht hatten.

In dem Lande, wo die Dichter in Nachahmer und Schmeichler der herrſchenden Neigungen, und Weiſe in Proſeſſores der Dialectik ausarteten, ward die Muſik, aus einer heiligen Nonne, eine verzärtelte Dirne, welche die Vermahnungen Plato's und anderer verſtändigen Männer in den Wind ſchlug, ſich bey aller Gelegenheit ſehen ließ, und um öffentliche Preiſe und den Beifall des wollüſtigen griechiſchen Ohrs buhlte. Sie war nun gar nicht mehr, was ſie geweſen war, der ſchlechte Zauberſtab in der Hand des Götterboten:

— — hac animas ille euocat Orco,
Pallentes, alias ſub triſtia Tartara mittit,
Dat ſomnos adimitque et lumina morte reſignat.

Die Muſik eines griechiſchen Virtuoſen, der in den Pythiſchen und andern Spielen mehr als einmal den Preis erhalten hatte, verhält ſich zu einem Pſalm Davids ohngefähr
wie

wie ein Solo eines leichtfüßigen Gecken, der aber ein grosser
Tänzer ist; zu dem Tanz des Mannes Gottes vor der Bundeslade her. Plutarch sagt, daß man sich zu seiner Zeit gar
nicht einmal einen Begrif mehr von der alten Musik machen
konnte, die Jünglinge zu guten Bürgern bildete, und schiebt
die Schuld aufs Theater. Zwar gab es auch Musiker, die
zu Delphis nicht zur Wette mitspielen wollten, weil sie beßre Absichten hatten; und gemeiniglich waren diese Dichter
und Musikus zugleich. In Lycurgs Leben wird von einem
Thales, (einem Lyrischen Dichter und Musikus aus Creta)
erzählt, wie folget: „Seine Gesänge waren durch ihren
„sanftgeordneten wohlklingenden Gang sehr einnehmend, und
„munterten auf zum herzlichen Gehorsam und zur Eintracht.
„Wer sie hörte, ward wider sein Wissen und Willen gerührt
„und sanfter gemacht; sein Herz ward ihm warm für die Tu-
„gend, und vergaß des Neides schier, der es bisher besessen
„hatte; daß man auf gewisse Weise sagen kann, dieser Tha-
„les habe dem Lycurg vorgearbeitet, und die Bahn gebro-
„chen, die Spartaner auf bessern Weg zu bringen.„

Die Römer sind in Absicht auf die Musik weniger an-
zuklagen als die Griechen; zu ihnen kam sie aus Griechenland, und die Griechen hatten sie aus Orient.

Bey den übrigen Abendländern und nordischen Völkern
gieng die Musik noch lange nach Christi Geburt, unter Aufsicht der Priester, mit in den Krieg, und gewann Schlachten fürs Vaterland. In den folgenden Jahrhunderten nach
Christi Geburt muß sie auch als Tonkunst verfallen seyn.
Es ist sehr wahrscheinlich, daß sie in den unruhigen Zeiten,
wie die Gelehrsamkeit, in die Klöster geflüchtet sey, wo sie
auch

auch itzo noch vielleicht die besten Dienste thut, wenn sie da einen unzufriedenen traurigen Mönch, der lange mit seinem Gram heimlich kämpfte, und auf dem Wege war, seinen Vater und den Tag seiner Geburt zu verfluchen, wenn sie den besänftigen, und seine Seele zu dem grossen Entschluß: sich selbst zu überwinden, empor streben hilft.

Beym Gottesdienst in Rom versuchte die Musik von Zeit zu Zeit muthwillig zu werden, daß auch verschiedene Päbste sich gemüßigt fanden, ihrem Muthwillen Schranken zu setzen. Pabst Marcellus II. wollte sie aus der Ursache gar vom Altar verbannen, aber Palestrina versöhnte ihn noch durch eine Messe wieder, die ohne allen Muthwillen langsam und andächtig einher geht, ihr Auge unbeweglich gen Himmel richtet, und in jedem Schritt das Herz trift.

Heut zu Tage empfehlen sich besonders die Deutsche und Italienische Musik durch hervorragende Eigenschaften. In beyden haben wir trefliche Meisterstücke, und grosse Meister, die den Ruhm verdienen, daß sie durch ihre Harmonie und Melodie den Vogel auf der Spitze des Scepters in der hohen Hand Jupiters einschläfern können. Wem es aber von den Göttern aufbehalten ist, die Musik in Einfalt und Kraft wieder einzuführen, der bedarf eines solchen Ruhmes nicht u. s.

XI.
Königs = Psalmen.

Inhalt.

Einige Nationalgesichtspunkte der Psalmen. Von Gott, als dem Richter und Nationalgott im Tempel. Eingänge und Ausdrücke der Psalmen hierüber. Von Siegesliedern gegen andre Völker in religiösem Ton. Proben. Friedliche und religiöse Scenen in kriegerischen Psalmen, Proben. Vom Könige, als dem Stellvertreter Jehovahs in einem theokratischen Staat. Der zweite Psalm mit Anmerkungen begleitet. — Vom Könige als einem Verbündeten Jehovahs, der ihm zur Seite wohnet. Der 110te Psalm mit Anmerkungen begleitet. Von den Verheißungen über das Geschlecht Davids. Einfluß derselben in die Psalmen. Davids letzter Gesang. Salomonische Zeiten, ein Psalm. Feier des Berges Zion in den Psalmen und Propheten. Der Krieg, ein heiliger Gesang: Anthologie aus Ausdrücken der Psalmen.

Ich fühle es wohl, daß ich die innre Art der Psalmen noch wenig erschöpft habe; hiezu aber würde eine ausführliche Durchsicht ihres Inholts gehören, und zu solcher fehlet mir Raum. Die schönsten Sprüche über Gott, seine Eigenschaften und Werke, seine Regierung und Vergeltung, über den Beistand, den er den Guten leistet und den Werth des Gebets und der Aufrichtigkeit in seinen Augen, sind uns durch Lieder und Anwendungen

dungen so bekannt, daß die schönste Anthologie hierüber unnöthig scheinen würde. Ich darf also abermals nichts, als einige Hauptgesichtspunkte auszeichnen, die den Inhalt einiger Lieder Zeitmäßig zeigen.

1. So erhabne Aussprüche von Gott in den Psalmen vorkommen: so siehet man doch, daß insonderheit in denen aus Davids Zeiten Jehovah noch eigentlich als Nationalgott dargestellt werde, den man als den König und Richter des Landes im Tempel anbete. Dies giebt den Gesängen im Ganzen so viel Kraft, als einzelnen Ausdrücken positive Bedeutung. David sah Gott als den Privatfreund seiner Person und seines individuellen Schicksals an; in den Tempel aber tritt er mit seinen Bekenntnissen und Liedern als vor das Angesicht des Richters. Daher erklären sich die Herzählungen seiner Sünden als Krankheiten oder als Verbrechen, weil über beides im Tempel gesprochen ward: daher darf er sich seiner Unschuld gegen Feinde so laut rühmen, weil er hier vor Gericht stand. So manche Eingänge der Lieder: a)

    Hör' an Jehovah! Gerechter! merk' auf mein Geschrei!
Hör' mein Gebet an, das von reinen Lippen geht!
Vor deinem Angesicht such' ich mein Recht!
dein Auge siehet auf Rechtschaffenheit.

Du

a) Ps. 17.

Du prüfetest mein Herz, durchsuchst es in der Nacht
und läuterst mich und findst nicht Schlacken in mir;
denn ich sann drauf, daß nie mein Mund abwiche.
Wenn ich an deiner Stelle redete:
In jedes Sache, hütete ich mich
für schnell durchfahrendem Wort b) —
Ich rief dich an; und du erhörtest mich;
so neig' auch jetzt dein Ohr und hör mich an —

Ja ich Unschuldiger, ich werde
des Richters Antlitz schaun;
gesättigt werd' ich meiner Wünsche werden,
so bald sein Bild erwacht c) —

b. i. so bald er sich als Richter zeiget; alle diese Ausdrücke und Eingänge sind gerichtlich. In Orient kam man vor den Richter mit lautem Wort und Geschrei; und

b) Das, dünkt mich, heißen die Worte: Zu Geschäften der Menschen (meiner Unterthanen) beim Wort deiner Lippen (den Urtheilen und Verordnungen, die ich als König im Namen Gottes gab) hütete ich mich vor den Pfaden des Gewaltthätigen (des eigenmächtigen Tyrannen.) Der Betende erwartet von Gott Recht, da er nie Einem wissentlich Unrecht gesprochen oder gethan habe.

c) Der Zusammenhang und Parallelismus fodert, daß das בהקיץ תמונה auf Gott gehe, und dem ערב correspondire. Gestalt, Bild; Erscheinungszeichen heißt תמונה, auch wenn es von Gott gebraucht wird. 5 Mos. 4, 15. 16.

H. Th.   B b

und wenn er sich zeigte, wenn sein Bild öffentlich, dazu leutselig, (glänzend) erwachte, half er dem Bedrängten. Das hieß nun:

Laß auf uns nur dein Antlitz wieder glänzen,
so ist geholfen uns!
— Du sprachst ja, Herr: ihr sollt mein Antlitz suchen.
Ich such' es, Herr! Verbirg' es nicht vor mir.

und so viel andre Redarten dieser öffentlichen Landesbitten und Klagen vor ihrem Gott.

2. Wenn daher auch in den Siegs- und Nationalpsalmen Jehovah den Göttern andrer Völker entgegen gesetzt wird: ists meistens in diesem speciellen, andringenden National-Sinn: d)

Nicht uns, Jehovah, nicht uns! Nur deinem
Namen sei Ehre!
der Gnade, der Treue wegen, die du an uns gethan.
Laß jetzt die Völker sagen: „wo ist denn nun ihr Gott?"
Im Himmel ist unser Gott! und was er will, geschieht.
Aber ihre Götzen, Silber und Gold,
sind Menschen-Hände-Werk.
Sie haben einen Mund und reden nicht,
sie haben Augen und sehen nicht,
sie haben Ohren und hören nicht,
sie haben Nasen und riechen nicht,
sie haben Händ' und greifen nicht,
sie haben Füß' und gehen nicht —
Nicht murmeln können sie in ihrer Kehle.

d) Ps. 115.

Wie sie, sind die, die sie gemacht,
und jeder, der auf sie traut!

Israel trau auf Gott! er ist dir Hülf und Schild!
Haus Arons trau auf Gott! er ist dir Hülf' und
Schild!
Ihr Frommen, traut auf Gott! er ist euch Hülf und
Schild! —

Nimmt man diesen Psalmen ihr enges Volks-Gefühl, sogar nach Ständen geordnet, so entgeht ihnen ein grosser Theil ihrer Kraft und ersten Bedeutung.

Gott ist in Judah hoch bekannt! e)
In Israel ist sein Name groß.
Denn in Salem ist sein Zelt,
in Zion seine Wohnung.
Daselbst zerbrach er Pfeile des Bogens,
Schild und Schwert und Krieg. — (Veränderung
der Tonart.)

Berühmt bist du o Berg,
mächtiger als die Gebirge des Raubs. f)
Sie standen ihrer selbst beraubt,
die Muthigen! und schliefen ihren Schlaf.
Sie fanden ihre Hände nicht,
die Mächtigen von Hand.
Von deinem Schelten, Jakobs Gott,
entschlummerte der Reuter auf seinem Roß.

e) Pf. 76.
f) Worauf sich die Feinde rotteten und das Land umher beraubten.

Furchtbarer du!
Wer kann vor dir bestehn?
wenn dein mächtiger Zornhauch schnaubt.
Vom Himmel donnerst du Gericht!
die Erd' erschrickt und schweigt,
wenn du aufstehst zu richten, Gott,
zu retten die Bedrängeten der Erde. (Aendrung der
Tonart.)

Der Menschen Grimm giebt dir nur Siegespreis,
den Rest von ihrem Grimme gürtest du
als Siegsgewand dir um.
Gelobt und bringet Triumphgeschenk
Jehovah, eurem Gott!
Bringt Siegsgeschenk dem Schrecklichen,
ihr seines Landes Grenzen.
Er bändigte der Helden Stolz,
den Erde-Kön'gen war er fürchterlich. —

Wir wissen nicht, welche Begebenheit dies Siegslied
feiert; Zug für Zug ists aber so national, als den Ebräern Salem, Zion, Jehovah, und diesem sein Land,
seine Grenze eigen war. In unsern Kriegs- und Siegsliedern sind die treffendsten Psalmausdrücke dieser Art
welke Lorbeern.

Der 108te, ein Morgengesang Davids.

Bereitet ist mein Herz, o Gott
    zum Spiel und Siegsgesang'!
Erwache meine Seel', erwach'
    Citter und Saitenspiel.

Erwa-

Erwecken will ich mit Gesang'
die Morgenröthe früh,
will preisen, will dir singen, Gott,
vor Volk und Nation.

Denn deine Güte steiget hoch, g)
hoch übern Himmel hin!
Es reicht, so weit die Wolken gehn,
Herr, deine Bundestreu.

Erhebe dich über die Himmel, Gott!
Laß leuchten deinen Glanz über die weite Welt. h)
Rette deine Geliebten! hilf
mit deiner rechten Hand und höre mich.

Gott hört! Gott sprach im Heiligthum: i)
drum bin ich frohen Muths.
Denn Sichem theil' ich schon, als mein;
und messe Succoths Thal. k)

g) Anspielungen auf den sich erhebenden, entwölkenden Morgenhimmel.
h) Anspielung auf den Morgen.
i) In mehrern Psalmen ist dies ein gewöhnlicher Ausdruck der Gnade und zustimmenden Huld Jehovahs. (S. Pf. 85, 9.) Die folgenden Worte sind also nicht eine Stimme Gottes, sondern Davids Worte.
k) Dies sind nicht eroberte Länder, sondern Davids Eigenthum im Jüdischen Lande, so fern er König war. Er fängt mit frohem Herzen das ganze Erbtheil zu erzählen an, das ihm Gott gegeben. Sichem und das
Thal

Mein ist Gilead, mein ist Manasse,
Ephraim ist mein Helm! Judah führt mein Heer! —
Moab ist mein Waschgefäß: 1)
auf Edom werf' ich meinen Schuh,
die Philister zisch' ich aus.

Wer führt' uns in die veste Stadt?
Wer leitet' uns nach Edom?
Warst du es nicht, o Gott? der uns auch einst verstieß,
der einst auch nicht mit unsern Heeren zog.

Hilf ferner uns in Dranges Noth,
denn Menschenhülf' ist Trug!

Mit Gott noch wollen wir Thaten thun! —
er tritt die Feind' uns unter'n Fuß.

Ich wußte kein Volk, bei dem der Kriegsgesang mit so sanften Ideen vermischt wäre, als dies; die zärteste Bitte und Klage kann an die tapferste, auch wohl härteste Gesinnung grenzen. Offenbar wars die feinere moralische Volksverfassung Moses, die selbst den Kriegsgesängen so früher Zeiten diesen sanften Ton gab; das Harte in ihnen ist Schuld der Zeit: das Zärtere, Feinere, Religionswirkung.

3. Da-

Thal Succoth nennt er zuerst, weil dies die Wohnung und der Aufenthalt Jakobs war, also das älteste Erbtheil des Jüdischen Volks in seinem Stammvater.

1) Jetzt fängt die Erzählung der Eroberungen und Siege an.

3. Daher sehen wir auch, daß die sanftesten Stellen vom häuslichen Wohl mit kriegerischen Beschreibungen wechseln, und oft die tapfersten Gesinnungen zur Elegie werden. Jenes kommt bisweilen daher, weil mehrere Psalmen zusammen geschoben sind, wie z. B. der 144. zeiget. V. 1-8. ist ein eigner Gesang; mit dem 9ten V. geht ein neues Lied an, das sich plötzlich von den Feinden auf die Wohlfart Judäa's also wendet:

> Daß unsre Söhne blühn wie junge Bäume,
> aufwachsend in der Jugend Zier:
> und unsre Töchter seyn wie schöne Säulen,
> Bildsäulen im Pallast.
> Und unsre Vorrathskammern voll von Vorrath
> in jeder Art:
> Und unsre Heerden tausende gebährend,
> zehntausende gebährend auf unsern Auen.
> Und unsre Stiere stark; und keine Wehklag',
> kein Schade, kein Verlust auf unsern Auen sei.
> Wohl ist dem Volk, dems also geht!
> Wohl ist dem Volk, das sein Jehovah segnet! —

Mit dem 65ten Psalm ists ein gleiches; von kriegerischen geht er zu ländlichen Wünschen über. Welch ein schönes Bild ists, wie der Hirte Israels, der zu Kriegen aufgerufen wird, sein Volk weidet:

> Israels Hirt! vernimm! m)
> der Joseph leitet, wie ein Hirt die Heerde.

m) Ps. 80.

du Gott, der über den Cherubim thront,
glänz' auf dein Angesicht vor Ephraim
und Benjamin und Manasse:
Erwecke deine Macht und komm zu Hülfe uns.
O Gott! erquick' uns wieder,
glänz' auf dein Angesicht: so ist uns Hülfe da.

Jehovah, Herr der Zebaoth!
wie lange raucht dein Grimm bei deines Volkes Flehn?
Du hast uns essen lassen Thränenbrodt;
von Thränen uns den Becher voll gereicht;
Hast unsern Nachbarn uns zur Schmach gesetzt,
zum Hohn der Feinde, um uns her.
Gott Zebaoth, erquick' uns wieder,
glänz' auf dein Angesicht: so ist uns Hülfe da.

Aus Aegypten holtest du den Weinstock dir,
und triebst die Völker aus und pflanztest ihn;
Jätetest aus vor ihm und wurzeltest ihn ein,
daß er das Land erfüllte —
Sein Schatte deckte rings die Berg' umher;
und Cedern Gottes waren seine Zweige.
Du senktest seine Reben bis ans Meer,
bis an den Euphrat seine Reiserchen;
warum zerreißest du nun seine Mauer?
daß ihn beraubet, wer vorübergeht.
Zerwühlt hat ihn die wilde Sau,
das wilde Thier ihn abgemäht.
Gott Zebaoth, o kehre zu uns wieder,
schau von den Himmeln her und sieh;
besuche deinen Weinstock wieder,

schütz'

schütz' ihn, den du gepflanzt mit eigner Hand. mm)
Verzehrt vom Feuer, abgemäht
vom Hauche deines Zorns vergehet er sonst gar. n)

 Halt deine Hand auf unserm Helden,
die Rechte überm Mann, den du mit Kraft gestärkt;
so weichen nimmer wir von dir,
und neubelebt frohlocken wir vor dir.

 Jehovah, Gott der Zebaoth,
erquick' uns wieder,
glänz' auf dein Angesicht: so ist uns Hülfe da!

Die schöne Elegie mit ihrem wiederkommenden sanften Chor ist ganz theokratisch: sie beruhet auf der Geschichte des Volks, und gegen das Ende erst (V. 18.) wird die fortgesetzte Allegorie auf den Mann und Helden gedeutet, der jetzt in Jehovahs Namen wirken sollte.

mm) Die Worte על־בן אמצתה לך lasse ich aus, weil sie hier keinen Sinn geben: so mühsam und fein man ihn auch darinn gesucht hat. Offenbar sind sie aus dem 18. V. herüber gekommen, da bei dem Wort ימינך, das dort und hier steht, das Auge des Abschreibers sich verirrte. Auch der Parallelismus will, daß sie wegbleiben: denn dieser hat zusammengezwungen werden müssen, damit sie nur Raum finden. Das erste Glied des 15. Verses hört mit נא auf: das zweite mit וראה. Der 16. V. fängt mit פקד an, und endigt mit ימינך.

n) Ich lese יאבד; das ו gehört wahrscheinlich zum folgenden Vers.

4. Da Israel ein theokratischer Staat war, und jeder Held und Regent also die Stelle Jehovahs vertrat: so nimmt die Sprache, wenn von ihnen geredet wird, einen besondern Flug und feierliche Würde. Schon im historischen Styl konnte es von David heissen, o) daß er auf dem Thron Jehovahs sitze; in der Poesie kann er also gar ein Sohn Gottes d. i. der Vertreter seiner Stelle auf Erden, heißen. Jedermann kennet den vielfachen Gebrauch des Wortes Sohn in der Ebräischen Sprache: die alte Familien-Einfalt ihres Baues machte ihn zu einem Lieblihgsausdruck. Von Königen als Göttersöhnen p) ist er allen alten Sprachen gemein, und andre morgenländische Völker haben ihn in tausend Titeln und Namen sehr übertrieben. q) Es findet also kein Zweifeln statt, wenn wir folgende Stelle lesen: r)

> Ich fand den David, meinen Knecht
> und salbte ihn mit meiner Hoheit Oel;
> und meine Hand soll mächtig mit ihm seyn,
> mein Arm soll stärken ihn, daß ihn kein Feind anscheuche,
> daß kein Muthwilliger beleidig' ihn.

Zer=

o) 1 Chron. 30, 23. Sein Königreich heißt das Reich des Jehovah 1 Chron. 29, 5.

p) Die διογενεις des Homer sind jedem bekannt.

q) Sie nennen sich Söhne des Himmels, der Sonne und des Mondes u. s.

r) Ps. 89.

Zerstoßen will ich die Feinde vor ihm her,
und die ihn hassen, schlage ich.
Mein treues Wort und meine Huld
soll mit ihm seyn:
von meinetwegen soll sein Horn sich heben hoch,
daß seine Hand sich strecke bis ans Meer,
und seine Rechte bis zum Euphrat hin.
Er wird mich nennen: Du mein Vater! du
mein Gott bist du und meines Glückes Fels.
Auch setz' ich ihn zu meinem Erstgebohrnen,
erhaben über alle Könige u. s.

Die letzten Worte erklären den Ausdruck: **Sohn Jehovahs, Jehovahs Erstgebohrner** so deutlich, daß ich sogleich den 2ten Psalm hinzufügen darf, und er ist durch dieses Lied Hemans authentisch erläutert:

Der zweite, ein Königspsalm.

Welch wild Geräusch der Völker ertönt! —
Was brausen sie leeren Schall? s)
Die Könige der Erde stehen auf! —

die

---

s) Ich bleibe in diesem Vers bei der Simplicität aller alten Ausleger, die רִיק für „eitel, vergeblich," genommen haben, welches auch seine gewöhnliche Bedeutung ist. Das הָגָה, das Murmeln, Brausen, Keuchen, Seufzen bedeutet, schicket sich sehr wohl dazu; es ist nehmlich ohnmächtiger, leerer Schall, den die wilde brausende Menge murmelt. Mit dem Einen Wort hat der Dichter den Inhalt der ganzen Ode geschildert; die Oekonomie derselben entwickelt

nichts

die Fürsten baun Anschläge mit einander t)
entgegen Jehovah,
entgegen dem, den Er gesalbt. u)

"Brechen laßt uns ihre Bande,
"von uns werfen ihre Fesseln!"

Der im Himmel thronet, lacht.
Jehovah spottet ihrer.

Schon spricht er sie an in seinem Grimm,
in seinem Zorn scheucht er sie aus einander: x)

"Ich

nichts als diese prächtige Gnome des Anfangs. Eine
sonderbare Schönheit der kühnen morgenländischen
Ode.

Semper ad eventum festinat et in medias res
— — auditorem rapit.

t) Ich habe dem Wort seine ursprüngliche Metapher, die
hier freilich nur Nebenbedeutung ist, gelassen, weil
die Idee des schönen Ganzen dieser Ode mit der Geschichte 1 Mos. 11. Aehnlichkeit hat; hier freilich den
Zeiten und dem Gegenstande gemäß. Wie dort, lacht
auch hier Jehovah und treibt sie durch ein Wort aus
einander.

u) Jehovah und sein irdischer Stellvertreter stehn im
ganzen Gedicht neben einander und gleichsam als Eine
Person da. Dieser ist nur im Namen jenes da, und
hat von ihm seine Hoheit.

x) Im Donner spricht er zu ihnen; im Blitz scheucht er
sie aus einander. Jener ist bei den Ebräern Symbol der Zornsprache Gottes, so wie dieser seines schnaubenden Othems. Der Parallelismus setzt also das
Bild

„Ich habe meinen König eingesetzt y)
auf Zions Berge, meiner Hoheit Sitz!„ a)

Aus:

Bild schön fort, und die Worte des folgenden Verses sind eben die kurze, erhabne Donnersprache Jehovahs.

y) Ich bleibe hier beim Ebräischen Text und glaube, daß der Grieche, nur um die Sprache fortgehender zu machen, die erste in die dritte Person verwandelt habe. Nicht nur giebt die Einführung der Rede Gottes dem ganzen Spruch einen hohen Gang, da er im Munde Davids eher pralend als erhaben wäre; sondern 1) auch in den übrigen, dieser ähnlichen, Stellen wird immer Rede Gottes angeführt, und David bezeigt sich gegen dieselbe sehr demüthig. S. Pf. 89, 4. 20. u. f. Pf. 110, 1. Pf. 132, 11. 12. 2) Abgebrochen kann uns diese Rede nicht scheinen, da im vorigen Vers ausdrücklich ein Wort Gottes angeführt wird, das er zu den Feinden spricht und das man hier erwartet. Der vorige Vers bliebe also unvollständig und dieser eben so unvollständig ohne jenen. Ja wenn die Rede Gottes auch gar nicht vorbereitet wäre, so weiß man aus so vielen Stellen der Ebräischen Poesie (z. B. Pf. 89, 4. u. a.) daß schnelle Anführungen ihr gar nicht frembe sind und die lyrische Würde sehr vermehren. 3) Auch der folgende Vers bezeugt ein Gleiches, da David nun das Gotterwort mehr ausredet, und was Gott, seiner Hoheit gemäß, nur kurz und erhaben sprach, erkläret. Das אספרה oder מספרה hätte einen schlaffen Sinn, wenn David in der Rede fortführe; da es jetzt offenbar heißt: „was der König des Himmels kurz sprach, will ich weiter entwickeln." 4) Im ganzen Psalm sind Gott und der König gleichsam Parallelismus.

(S.

Aussprechen will ich also den Gottesspruch: b)
Jehovah sprach zu mir:
„mein Sohn bist du!
„sei es von heute an! c)

Fodre von mir!
Und Völker sollen dein Erbtheil seyn:
der

(S. V. 2. 3. 4. 11. 12.) Dieser Oekonomie würde ihre schönste Mitte, die eigentliche Handlung der Ode, genommen, wenn hier nicht Gott spräche. Setzt man sie aber hin, wie sie V. 5. angekündigt war, V. 6. folgt, V. 7:9. erklärt, V. 10:12. angewandt wird: so bekommt der Psalm seine beneidenswürdige Disposition und Ründe. Kein Glied fehlt: der Ober- und Unterkönig stehn immer in gemeinschaftlicher Wirkung. Man verzeihe die Länge dieser Anmerkung, weil ich dem schönen Gange dieser Ode nicht gern seine schönste Wendung geraubt sehen möchte.

a) Auch dieser Vers zeigt, daß Gott der Sprechende sei. „Ich selbst, sagt Gott, habe ihn eingesetzt und zwar auf meinem Berge, dem Sitz meiner königlichen Hoheit. Was wollet ihr ihm entgegen?„

b) Eigentlich das Reichsgesetz, die neue Landesconstitution. Im theokratischen Staat will Gott von jetzt an nur durch diesen König herrschen. Dies ist חק, wie es oft vorkommt.

c) Das בני אתה uud ילדתיך sind Parallelismus. In welchem Verstande jenes vorkommt: so auch dieses: d. i. heute stelle ich dich als König, als meinen Sohn und Stellvertreter dar. Jes. 9, 6. ist derselbe Parallelismus, und Apost. 13, 34. wird die Stelle auch als Darstellung eines neuen Königs angeführt.

der Erde Grenzen dein Besitz. d)
Zerschlagen sollt du sie mit eiserm Scepter,
wie die Töpferscherbe zerschmettern sie:

Und nun, ihr Könige, vernehmts!
laßt weisen euch, ihr Richter der Erde!
Gehorcht Jehovah fürchtend,
verehret zitternd ihn: e)

und

d) Ich lasse dem Psalm seinen Pracht=Umfang und ver=
ändere die Erden=Könige, die Grenzen und Richter
der Erde nicht; er gehört zur Vorstellung damaliger
Zeiten. Der Sänger dieses Psalms wollte geogra=
phisch nicht bestimmen, wie klein oder groß Judäa
war? es ist ihm hier Mittelpunkt der Erde, wo Gott
und der König regieret. Ps. 89. wo die Grenze vom
Meer bis an den Strom angegeben wird, setzt Gott
dennoch den König zum Erstgebohrnen über alle Kö=
nige der Erde. Jede Poesie der Alten muß uns in
dem Licht erscheinen, in welchem ihre Zeit sie ansah.

e) Das גילו oder גילו לו nehme ich ganz wörtlich für
circuire. Die Vasallen und Diener der morgenlän=
dischen Könige standen im Kreise um den Thron: die
Religionsverehrungen waren gewöhnlich Umgänge
um den Altar oder die heiligen Oerter, wie sie die Ara=
ber noch feiren. Daß גיל oder גנ einen Rund= und
Freudentanz bedeute, kommt eben hievon nur her.
Das Wort macht also eigentlichen Parallelismus. Die
Vasallen kommen heran und unterwerfen sich Jehovah
und seinem Sohn. Sie bezeugen ihm Ehrerbietung
durch das gewöhnliche προσκυνειν (עבד) die Anbe=
tung zur Erde: sie stellen sich sodenn als Vasallen im
Kreise

und huldiget dem Sohn, daß er nicht zürne
und raff euch auf dem Wege weg: f)
denn augenblicklich wird sein Zorn entbrennen;
und wohl denn allen, die ihm hold und treu sind. — g)
Den schönen lyrischen Fortgang des Psalms bemerkt
ein jeder. h) Kühn und abgebrochen fängt er mit einem quo? quo scelesti ruitis? an, und entwirft in
wenig Worten das ganze Gemählde ihres Geräusches, ihres Zusammentretens, ihrer vergeblichen Unternehmung.

Ein

Kreise um seinen Thron: (חיה) er läßt sie zur Hul-
digung und sie küssen sein Knie. (פוש) Das Bild
gehet fort und kein Wort ist vergebens.

f) Der Zweck des Gedichts ist, ihnen zu sagen: „hier
gelte keine lange Bedenkzeit. Sie sollten eilen oder
mitten auf dem Wege könnten sie weggerafft werden.„
Das Bild ist genommen von einer Carawane, die
mitten auf dem Wege der erstickende Samun tödtet.
(Vergl. V. 5. und die unmittelbare folgende Reihe.)

g) Es ist mehrmals gesagt, daß das trauen, glauben in den
Psalmen so viel heiße, als hold und treu seyn; kurz
die Pflicht der Unterthanen gegen ihren Oberherrn.

h) Chöre finde ich in diesem Psalm nicht: es spricht auch
nur Eine Person, der königliche Dichter. Wenn er
Gott redend einführt, citirt er jedesmal seine Worte.
Das angebliche Dramatische dreier Personen fällt also weg; mit ihm würde der Fortgang der Ode zerstö-
ret. Man vergleiche sie mit der ähnlichen Ode des
Horaz: quo, quo scelesti? mich dünkt, die Ebräische ist reicher, kürzer und wohlgeordneter in ihren
Gliedern.

Ein Blick vom Himmel, Ein Lächeln des Himmelsköniges vereitelt ihre Rathschlüsse: denn dies furchtbare Lächeln wird im Angesicht des Dichters schon mächtiger Donner. Er spricht zu ihnen und Ein Blitzstral treibt sie aus einander. Der Dichter hört die Sprache des Donners und erklärt sie: sie war kurz und majestätisch, wie der Himmelskönig nur sprechen dorfte; der König auf Erden erklärt seine Verordnung deutlich. Er giebt ihnen Rath und Lehre, aber auch kurze Bedenkzeit und schließt mit einer Gnome auf die Treuen des Landes. — Schönes Gemählde! in jedem Wort treffend und fortschreitend! —

Aber auf wen trifts? für wen ist das Gemählde in seiner ersten Entstehung so lebendig und fortschreitend? Ich wüste nicht, wenn man ohne fremde Eindrücke urtheilen wollte, auf wen es ursprünglich verfaßt seyn könnte, als — auf David. Wer wohnte zur Zeit der Psalmendichtung auf dem Berge Zion? wen setzte Gott zu seinem Sohn und Statthalter auf diesem Berge ein, nach andern deutlichen Psalmen? wer hatte so viel Feinde in- und außerhalb Judäa als er? und wer siegte über alle diese Feinde so ausgezeichnet herrlich? Gewiß die Hälfte der Psalmen ist von dieser Materie voll und wir thäten jetzt, als ob wir nichts davon gelesen! Alle Ausdrücke, die hier vorkommen, kommen auch sonst von David vor, und die ganze Absicht des Liedes, der Zweck, wozu es damals verfasset worden, ist offenbar local= und Zeitmäßig. Nationen rüsten sich zum Kriege: sie werden geschreckt und geruffen: ihnen wird kurze Bedenkzeit gegeben — wer siehet nicht, daß der Nerv des Bogens gespannt sei, damit der Pfeil nach einem gegenwärtigen Ziel fliege? Setzt dies ohne veranlassende Zeitumstände über Jahrtausende hinaus und der Bogen ist schlaff, der Pfeil verfliegt in die Lüfte. Die schönste lyrische Construction des andringendsten Gesanges ist verlohren, wenn seine Züge über Welten und Zeiten aus einander geschwemmt werden, und man ihm seinen Local-Ursprung, seine erste eigenthümliche Zwecke und Bedeutung raubt.

„Aber der Psalm ist im N. T. angeführt worden?,, Wohl! als Königspsalm, von Dem, der auf dem Thron Davids saß und in Ewigkeit darauf sitzen sollte. Müssen wir also nicht wissen, wie David darauf gethront habe? und können wir dies anders als aus Umständen seiner Zeit, aus Zügen seiner Gesänge kennen lernen? Die letzte Anwendung schließt jene erste frühere Bedeutung so wenig aus, daß sie sie vielmehr voraussetzt und neu bestätigt.

5. Da David also mit Gott auf Einem heiligen Berge d. i. einem Berge königlicher Hoheit, an seiner

Stelle

Stelle und auf seinem Thron thronte, so wurden daher Ausdrücke der Psalmen, die ihn al einen Verbündeten und Gastfreund G.ttes f ern. Er hatte Jehovah auf den Zion geholt und dem Mächtigen Jakobs geschworen: i)

> Ich will nicht gehn in meines Hauses Zelt,
> nicht steigen auf mein Ruhebett,
> nicht geben meinen Augen Schlaf,
> nicht schlummern lassen meine Augenlieder,
> bis ich Jehovah eine Stäte finde,
> dem Mächtgen Jakobs einen Wohnungsort.
> Wir höreten von ihr in Ephratah:
> wir fanden sie in Jaars wilden Gefilden.
> Laßt uns hineingehn, (sprach ich) in sein Zelt,
> anbeten lasset uns vor seiner Füsse Schemel.
> Steh auf, Jehovah! komm zu deiner Ruh,
> du und die Lade deiner Tapferkeit.
> Deine Priester sollen neu sich in Gerichtsschmuck kleiden;
> deine Treuen froh um deinen Tempel jauchzen.

David erfüllte dies Gelübde und wir wissen, wie reich es ihm Gott vergalt. Er gab ihm Ruhe von seinen Feinden, versprach ihm ein bleibendes Haus und fortdaurenden Segen. Der König setzte sich nieder vor das Angesicht Gottes und dankte ihm reichlich: so wie er zur Seite Gottes Sieggekrönet saß in seinem Hause auf dem heiligen Berge. Das alles sind Ausdrücke

i) Pf. 132.

drücke der historischen Erzählung; k) und dörften wir nun wohl am ersten Local-Inhalt des folgenden Psalms zweifeln?

Der 110. ein Königspsalm.

Jehovah spricht zum Könige:
laß hieder dich zu meiner rechten Hand, l)
bis deine Feind' ich dir danieder gelegt
zu deiner Füße Tritt.

Vom Zion reckt Jehovah nun
den Scepter deiner Macht umher: m)
„sei König in der Mitte deiner Feinde!„ n)

Frei

k) 2 Sam. 7, 1. 18. 1 Chron. 17, 16.

l) Zur Rechten Gottes ist ein gewöhnlicher Ausdruck Davids für: ihm zur Seite. S. Pf. 91, 7. Pf. 16, 11. (Gott ist ihm, er ist dem Armen zur Rechten.) Pf. 16, 8. Pf. 109, 31. Pf. 121, 5. — Der Spruch Gottes an David giebt ihm also eine Ruhe- und Ehrenstelle auf dem heiligen Berge, dem Tempel Gottes zur Seite, bis Jehovah für ihn alle Feinde überwunden. Der folgende Vers erklärts gleich deutlicher: denn mit ihm geht sofort die Ausrichtung des göttlichen Spruches an.

m) Das Königsscepter. Jehovah reckt es jetzt selbst in seinem Namen aus, als sein Mitgehülfe der Regierung auf diesem Berge. Nichts soll ihn beunruhigen: alles soll ihn ehren.

n) Die meisten Feinde Davids waren noch nicht besiegt, da David auf den Zion zog und die Lade dahin holte. Ihre Ueberwindung gieng aber bald darauf an (s. 2 Sam. 6: 8.) wie hier sogleich V. 5. im Psalm.

Freiwill'ge Gaben sind mit dir
am Tage deiner Siegespracht
auf meinen heilgen Bergen;
Vom Schoos der Morgenröthe, wie den Thau
hab' ich dich mir erzeugt.,, o)

o) Vielleicht wundert sich mancher beim ersten Anblick der Ueberſetzung dieſes Verſes; er gehe aber mit mir den Text durch, und ich wünſche, daß er mir beiſtimmen möge. Daß es der gewöhnlichen Lesart beinah Wort für Wort am Sinn fehle, weiß ein jeder; es bekennen's auch ſo viel Verſuche zu Aufklärung dieſer Stelle, ohne daß doch, wie mich dünkt, der Parallelismus bisher auf einige Weiſe befriedigt wäre. Wir fangen vom letzten Wort an. Da das יַלְדֻתֶךָ ſchwerlich zu rechtfertigen ſtehet: ſo bringt uns der zweite Pſalm, der dieſem im Inhalt ſo ähnlich iſt, leicht auf die Spur, daß es יְלִדְתִּךָ ſeyn dörfte, und das Bild des Thaues aus dem Schoos der Morgenröthe ſtimmt ihm offenbar zu. Welch ein ſchönes Bild! Kann es ein ſanfteres in der Natur geben, als: ich habe dich mir erzeugt, wie den Thau aus der Morgenröthe: und kann ein prägnanteres zu dem Zweck ſeyn, was eine Königliche Regierung ſeyn ſoll? — Aber das böſe Wort: טַל לְ! Wird mans auswerfen müſſen? iſts eine Randgloſſe geweſen? Ich glaube nicht. Man theile und ſetze das ב vor טַל wie mehrere alte Ueberſetzungen geleſen haben: ſo wird der ſchönſte Sinn, und dem übrigbleibenden ל fehlt wahrſcheinlich nur ſein י. Das ב vor שחר iſt entweder die Form des Nomen oder vom vorigen Wort hingekommen; es kann uns alſo nicht hindern. Das zweite Hemiſtichium wäre alſo in einem leichten paſ-

Geschworen hat Jehovah; p)
nie reuet ihn der Schwur:

„Da

senden Sinne da. — Aber nun das Erste? und daß Parallelismus würde? daß der Parallelismus laut rieſe: dies iſt die Bedeutung! — Laßt uns verſuchen. Die gewöhnlichen Lesarten: „dein Volk der Freiwilligkeiten! in den Glänzen der Heiligkeit,„ geben durchaus keinen Sinn, und ich will mich inſonderheit bei dem הַרְרֵי־קֹדֶשׁ nicht aufhalten. Wem fällt nicht ſogleich aus dem ähnlichen zweiten Pſalm der הַרְרֵי־קֹדֶשׁ und aus ſo viel andern Pſalmen die הַרְרֵי־קֹדֶשׁ ein, die auch Symmachus hat; und ſogleich geht uns ein Stral auf, daß etwa Parallelismus mit dem Thau aus der Morgenröthe werden könne. Und er wirds. נדבת heißen, wie jedermann weiß, Gütigkeiten, freiwillige Gaben; ſie haben im Ebräiſchen, ihrem Ursprunge zu Folge, das Bild des triefenden Thaues, des ſanft erquickenden Regens mit ſich; ein Ausdruck, der zu den dürren Bergen Zions ſowohl paſſet, als zum Thau aus der Morgenröthe: zumal wir finden, daß gewöhnlich im Ebräiſchen Thau und Regen einans der paralleliſirt, und die Milde eines glücklichen Königs damit verglichen werde. (S. 2 Sam. 23, 3. 4. Pſ. 72, 6. 7.) Und nun ſind beide Verſe im ungezwungenſten Sinn und Parallelismus da: denn daß עִמָּךְ geleſen werden müſſe, verſtehet ſich ſelbſt. (Die Conſtruction mit עִם iſt ein Lieblingsausdruck der Pſalmen, und mehrere alte Ueberſetzungen haben ſo geleſen.) Hier ſind alſo die Verſe:

עַמְּךָ נְדָבֹת בְּיוֹם חֵילֶךָ בְּהַדְרֵי־קֹדֶשׁ (קדשי)
מֵרֶחֶם מִשְׁחָר לְךָ כְּטַל יַלְדֻתֶךָ

Soll

„Du sollt mein Priester seyn auf ewig hin!
ich ordne dich mir zum Melchisedek!„ q).

Soll ich poetisch paraphrasiren, so hieße es:
Der Milde sanfter Regen fließt
rings auf mein heilig Land,
Da, König, du zur Seite mir
den Herrscher-Scepter führst.

Wie aus der Morgenröthe Schoos
ich der Erquickung Thau
erzeuge: so erzeug' ich dich,
Bild meines Segens mir.

Indessen ist damit die Erklärung noch nicht vollendet: denn wie käme das Distichon hieher? In einen Psalm, der mit blutigen Kriegsbildern endigt? — Das letzte hindert nicht: denn im folgenden Vers sind eben noch friedliche Bilder vom Könige der Gerechtigkeit und dem Priester an Gottes Seite; erst im 5ten V. gehen die Bilder der Schlacht an. Sollte also dem Könige etwa blos gesagt werden wollen, daß er jetzt an der Seite Gottes mildthätig, gerecht, ruhig wohne? Ich glaube es nicht: denn aus Streitsucht führte David nicht Krieg, sondern aus Noth; von Härte und Ungerechtigkeit haben wir in seinem Leben keine Proben. Lasset uns die Geschichte aufschlagen, und sie giebt uns Auskunft. Als David den Jehovah auf den Berg Zion brachte, erschien er nicht leer: Opfer und Gaben waren mit ihm: Opfer an Gott; Gaben für das versammlete Volk (s. 2 Sam. 6, 17:19.) und nun erklärt sich der Vers für diesen Ort von selbst.

Freiwill'ge milde Gaben sind mit dir
am Tage deiner Siegespracht
auf meinen heilgen Bergen:

Jehovah dir zur Rechten r)
zermalmt, wenn er ergrimmen wird

die

(In einem Siegsaufzuge nehmlich holte David den
Jehovah ein, und wollte nicht eher die Früchte deſſel=
ben ſeine neue Reſidenz genießen, bis auch ſein Gott
mit ihm wäre; und wie ſchön iſt nun das Gleichniß!)

Vom Schoos der Morgenröthe, wie den Thau
hab' ich dich mir erzeugt!

So fruchtbar nehmlich, ſo reich an Gaben und Gü=
fürs Volk; da bei den Morgenkindern der Thau das
gewöhnliche Bild der Freigebigkeit war. Auch die fol=
genden Verſprechungen Gottes werden hiemit ſchön
eingeleitet. Er ſoll Prieſter hier ſeyn in der Nähe
Gottes; ein königlicher Prieſter auf ewige Zeiten.
Als David die Bundeslade auf den Berg Zion holte,
war er wirklich als Prieſter gekleidet, und tanzte im
Tanz der religiöſen Proceßion ſelbſt mit. Das alles
wird hier auf die Menſchenfreundlichſte und ſehr mo=
raliſche Weiſe gefeiret.

p) Der unverbrüchliche Bund, den Gott mit David mach=
te, ſteht 2 Sam. 7. wo das עד־עולם oft wieder=
holt wird. David ſelbſt ſiehts als ein ordentliches
treuverbündetes Geſchlechtspactum (תורת־האדם)
an (2 Sam. 7, 19.) und rechnet daraufnoch in ſeinen
letzten Worten. (2 Sam. 23, 5.)

q) Daß כהן einer ſei, der ſich zu Gott nahen dörfe, iſt
bekannt; ſofern leitete alſo jetzt ſchon die Nähe bei
Gott zu dieſem Ausdruck. Der Parallelismus aber
„König der Gerechtigkeit,„ zeigt den Sinn gnugſam.
Das ſollten urſprünglich die Prieſter ſeyn: Da Da=
vid die Lade auf den Zion holte, wollte er ſie dazu wie=
der einkleiden. (S. Pſ. 132, 9.) Wie weit es das

mit

die Könige:
wird unter Völkern sitzen zu Gericht —
dann liegt das Land voll Leichen,
zerquetschte Häupter liegen weit umher,

mit gekommen, wissen wir nicht; gnug aber, 2 Sam. 8, 18. waren die Söhne Davids כהנים, Priester d. i. Richter, David also der oberste Priester der Gerechtigkeit, der hier in einer schönen Anspielung Melchisedek heißt. An eben dem Ort, wohin David die Residenz legte, war dieser ehrwürdige Patriarch einst Priester der Gerechtigkeit, König des Friedens gewesen. Offenbar ist des Zweck des Psalms, dem Könige zu sagen, daß er jetzt in einer Ruhestadt, zu Salem prächtig und sicher wohne; Gott werde für ihn fürder, als sein Mitwohner jetzt, was noch nicht vollendet sei, vollenden. Er solle als König der Gerechtigkeit und des Friedens ausruhn; Gott werde weiter für ihn kriegen.

Aber, was ist das על־דברתי? Der Parallelismus zeigt deutlich, daß es eben der Schwur, das Familienpactum sey, durch welches Davids Familie auf späte Zeiten hin zur Königs- und also der vorbenannten Priesterwürde erhöht ward. Es ist genau das, was im 2ten Psalm חק heißt, Gottes unverbrüchliches Wort und Pactum. — Das Wort Melchisedek „mein König der Gerechtigkeit„ ist hier sehr zu gelegener Zeit gebrauchet.

r) Offenbar ists, daß wenn V. 1. Gott den König sich zur Rechten sitzen läßt, und jetzt V. 5. ihm zur Rechten sitzt, hier von keiner Rangordnung die Rede seyn könne. Der Ausdruck wird vermischt genommen, wie Pf. 16, 8. 11. Pf. 91, 7. und heißt zur Seiten. Mit diesem Vers gehen die Kriegsbilder an.

Vom Bach am Wege trinket nun
der Siegesmatte Held,
und hebt sein Haupt aufs neue stolz empor. s)

Schöne Ode! deren Plan für uns nicht versteckt seyn dörfte. Sie wollte David bei seinem religiösen Siegseinzuge auf Zion sagen, daß er jetzt auf Zion zur Seite Gottes ruhen, und ob er gleich noch von Feinden umringt sei, sicher herrschen könne: denn Gott sei ihm jetzt als sein Verbündeter und Mitregent zur Seite: der werbe, wenn er will, schon das Blutgericht halten unter den Völkern. Mit neuem Ansehen bekleidet, wohnet er jetzt Gott zur Seite: der strecke für ihn einen Befehlstab aus, dem Alles gehorche. Er sei jetzt König der Gerechtigkeit, ein Priester Gottes in Salem. — Was dem Horaz die Musen sind, sind dem Ebräischen Dichter heilige Gottesworte:

Vos Caesarem altum, militia simul
fessas cohortes abdidit oppidis
 finire quaerentem labores
  Pierio recreatis antro.

Vos lene consilium et datis et date
gaudetis almae — — t)

Auch

s) Das Bild ist aus der Geschichte Simsons, und zeigt sehr fein, daß auch der stärkste und kühnste Held im Siege matt werden könne; daß ihm aber alsdenn ein Bach am Wege fließe, sich neu zu stärken.

t) L. III. Od. IV.

Auch im N. T. wird dieser Psalm genau in dem Sinn angeführt, daß ein höherer König nach mancher Mühe zur Rechte seines Himmelsvaters jetzt ausruhen soll, bis dieser die Zeit ersiehet, unter den Völkern Gericht zu halten und ihm Alles zu Füßen zu legen.

6. Dem Geschlecht Davids war die Verheißung gegeben, daß es ewiglich bestehen, daß Gott ihm den Thron seines Vaters Davids bestätigen und sein Glück noch weiter verbreiten wolle. Wir finden diesen Gottesspruch und die Gelegenheit dazu historisch erzählt; u) und eben sogleich bemerkt, wie hoch David diese Verheißung aufnahm. x) Er siehet sie als einen Familienvertrag, als ein Pactum nach Menschenweise an, y) dankt Gott sehr ehrerbietig dafür, und feiert sie noch als eine von Gott gesicherte Capitulation über sein Reich in seinem letzten Liede. z) Diese schöne und sichre Aussicht ging auch in die Psalmen über. Gott wird oft an sein Versprechen erinnert, David über diesen ewigen Gottesbund glücklich gepriesen und endlich die künftige Regierung seines Geschlechts mit allen Farben einer glücklichen Zeit geschildert. a) Lasset uns Proben davon sehen:

Davids

u) 2 Sam. 7.   x) V. 18.
y) 2 Sam. 7, 19. z) 2 Sam. 23, 1.
a) Ps. 89. 132. u. f.

Davids letzter Gesang.

So sprach David, Isai-Sohn:
so sprach der Mann, den Gott so hoch erhöhte,
den Jakobs Gott zum König salbete,
der lieb ihm war durch Psalmen Israels.

Geist Gottes spricht in mir,
auf meiner Zunge ist sein Wort;
denn also sprach Israels Gott,
so redete zu mir Israels Fels:

„Ein Menschenherrscher, ein gerechter Fürst, b)
ein König in Gottes Furcht:
wie Morgenröthe wird er aufgehn,
wie die frühe Sonn';
sie glänzet alle Nebel weg,
und von dem reichen Thau geht aus der Erde
zartes Gewächs hervor."

Mein Haus steht also vest mit Gott: c)
ein Bündniß schloß er auf die Zukunft mir,
in allem vestgestellt und wohlverwahrt:
denn Er ist ja mein Glück und meines Herzens Liebe! —

So

b) S. über den verrückten Parallelismus dieser Worte die Briefe das Studium der Theologie betreffend Th. 1. S. 135.

c) Das לא lese man nicht als Partikel, sondern als Nomen oder als Verbum; recte ergo disposita, pacto confirmata stat domus mea. Mit Gott: ist Davids öfterer und Lieblingsausdruck.

So werden also auch die Belials nicht wurzeln: d)
wie ausgerißne Dornen sind sie alle,
die man nicht angreift mit der Hand;
der Mann, der sie anrühren will,
muß seine Faust mit Schwert und Speer bewaffnen,
im Feuer gehn sie auf mit ihrer Wohnung! — —

So wandte der alte König den Gottesspruch auf die Rebellen und Mißvergnügten seines Reichs an, die Salomo auch ziemlich wegschmelzte. Aber nicht blos rächend sollte das Regiment seines Stammes seyn, sondern mit jungen Stralen neuerwärmend, wie dies der 72. Psalm, eben auch im Bilde dieser letzten Worte vom Thau und der Morgensonne, idyllenmäßig singet. e)

Salo-

d) Belials sind die Treulosen, Nichtswürdigen, die Verräther, das Gegentheil derer, die nach so vielen Psalmen ihm fest und treu sind. Sie kommen dem sterbenden Könige schon als ausgerissene Dornen vor, an denen man sich weiter die Hände nicht versehren dörfe, da alle seine Güte an ihnen umsonst gewesen. Sie sind nur zum Verbrennen da, und dies Ende erwartet sie, daß man auch nicht den Ort sehe, wo sie gestanden. Auch dies Bild, so charakteristisch im Munde des alten Königes, ist aus der Gottesverheißung 2 Sam. 7, 10. Israel wird darinn als ein Weinberg vorgestellt, sein Geschlecht solle der Hüter desselben seyn, die Rebellen sind also unnütze, schädliche, treulose Dornen.

e) Da David ausdrücklich hier das Bild vom befruchten-

den

Salomonische Zeiten.

Der 72. Psalm.

Gott! gib dem Könige dein Gericht,
gib deinen Richterstul des König's Sohn: f)
Er wird dein Volk regieren recht,
wird deine Bedrängten schützen im Gericht.

Die Berge werden dem Volk ansagen Glück,
die Hügel ihm ankünden Gerechtigkeit: g)
daß Er des Volks Bedrängten stehet bei,
die Söhne des Armen rettet er,
den Unterdrücker zermalmend.

So lange die Sonne glänzt, so lange das Monds
licht scheint,
wird man Dich ehren von Geschlechte zu Geschlechte. h)

Wie
den Thau als ein Wort des Gottes=Orakels über die Regierung seines Geschlechts anführt, so ist damit unsre Erklärung von Pf. 110, 3. authentisch bestätigt.

f) Der Parallelismus zeigt, daß der Psalm eine Glück= wünschung auf den Ersten sei, dem 2 Sam. 7. so viele Segnungen zugedacht wurden.

g) Auch hier sind die Berge und Thäler genannt, wie Pf. 2. 110. In der zweiten Reihe fehlt das Verbum.

h) Diese Strophe scheint Chor einer andern Stimme zu seyn; im Ebräischen ist indeß die Verwechslung der Personen gewöhnlich. Das Gemälde ist eine schöne Umschreibung des עד־עולם, das 2 Sam. 7. so oft vorkommt.

Wie Regen wird er fliessen
auf die gemähte Flur:
Wie Wolken niedersteigen
und träufeln auf das Land.
Wenn Er regiert, wird der Gerechte blühen,
viel ist des Glücks, bis daß kein Mond mehr ist. i)

  Und seine Herrschaft geht von Meer zu Meere, k)
vom Strom zum Erdenufer geht sein Land.
Es bücken sich vor ihm die Wüstenei=Bewohner, l)
und seine Feinde lecken Staub.
Die Kön'ge Tarsis und der fernen Küsten
bringen Geschenk herbei, m)
die Könige aus Saba und aus Seba
huld'gen mit Gaben ihm. n)

Sie

i) Nochmals Wiederholungen des עד־עולם 2 Sam. 7. Es werden Bilder von Sonne und Mond genommen, weil im Bilde der Sonne die Verheißung gegeben war: (2 Sam. 23.)

k) Der Parallelismus erklärt, daß das Eine Meer der Euphrat, das andre das mittelländische ist.

l) Arabische und andre Völker, die David bezwungen hatte.

m) Handelnde Mächte. Spanien und die Europäischen Küsten. Unterworfen sind diese Salomo nie gewesen; sie bringen ihm Freundschaftsgeschenke, des Handels wegen an seinen Küsten.

n) Saba und Seba: wahrscheinlich Arabien und Aethiopien. Die Geschichte der Königin von Saba bei Salomo ist bekannt, und beide Ufer des rothen Meers streiten um dieser Königin Ehre.

Sie fallen alle vor ihm nieder
und alle Völker dienen ihm.

Weil er dem Armen aushilft, der da ruffet,
dem Unterdrückten hilft, dem Niemand half:
und schont des Schwachen und des Armen,
der Nothgedrückten Leben rettet er,
errettet es von List und von Bedrückung,
denn kostbar ist ihm auch des Aermsten Blut.

So leb' er! Saba's Gold wird man ihm bringen,
und für ihn beten immerdar
und täglich segnen ihn.

In Haufen wird die Erde Körn aufsprossen;
es rauschet ihre Frucht auf aller Berge Gipfeln,
wie's rauscht auf Libanon.
Und volkreich blühn die Städte,
wie die Grasreiche Flur.

Auf ewge Zeiten währt sein Ruhm,
so lang' die Sonne währet, nennt man ihn,
und alle Völker wünschen sich
mit seinem Namen Glück o)
und segnen ihn.

Mit diesem Liede schließen die ersten Psalmen Davids, und sie konnten mit keinem bessern schließen: in ihm kommen

o) D. i. wenn sie glückliche Zeiten nennen wollen, nennen sie die Salomonische Regierung. Bei vielen Nationen ist der Name ein Sprüchwort worden.

kommen die Segnungen Abrahams, Judahs, Davids zusammen, und die Ideale der Propheten über eine künftige Salomonische Regierung gingen von ihnen, wie von Urbildern aus. Auch wenn in Psalmen stille Glückseligkeit gefeiert wird, steht Salomons Name davor: und jenes goldene Brautlied p) singt den geraden Königsscepter, das friedliche Regiment, die Milde und Güte gegen die Unterdrückten, völlig mit Worten dieser Verheißung.

Auch der Berg Zion, der Sitz des ewigblühenden Reichs Davids, ging also mit auf die Nachwelt. So klein er war, sollte er ein Haupt der Völker werden: so dürre er war, sollen lebendge Ströme von ihm fliessen: vom Zion sollte das Gesetz ausgehn, die Lehre der Glückseligkeit aller Völker. Alles aus dem Grunde, weil der König dieses Berges der Erde Ruhe, Freude, Licht, Wohlfahrt gewähren sollte:

 Auf heilgen Bergen ist sie gegründet: q)
 Jehovah liebt die Thore Zions
 vor allen Wohnungen Israels.

 Glorreiche Worte sind von dir verkündet,
 du Gottes-Stadt: r) (Veränderung der Tonart.)
 „Aegyptenland und Babel wird man zählen
 zum Volke, das mich anerkennt.
 Philisterland, Aethiopien und Tyrus
 sollen daselbst wie Eingebohrne seyn.

p) Pf. 45.   q) Pf. 87.
r) Das Orakel wird hier angeführt, darum ändert sich
 die Tonart.

Zu Zion wird man sagen:
„Auch der, auch der hat in ihr Bürgerrecht."
  Der Höchste selbst hat also sie gegründet!
Jehovah selbst zählt ihr die Völker zu.
„Auch der, auch der hat in ihr Bürgerrecht!"
    Und Fürsten, wie Geringe,
  alles frohlockt in ihr! — s)

Welch ein Lob, womit diese Gottes- und Königsstadt in lyrischen Kränzen geschmückt wird! Alles soll sich hier als ein freier Eingebohrner versammeln: in ihr sind heilige Gesänge und Jubeltänze, in welchen Arme und Reiche Ein antwortendes Chor werden. Man erinnere sich so viel andrer Lieder, in denen Salem als die Stadt Gottes und eines ewigen Königreiches, als das Haupt der Völker der Erde geschildert wird; und ohne darüber die reiche Entwicklung der Propheten.

Ich füge ein Gedicht bei, das ich als eine wahre Anthologie aus Propheten und Psalmen gebe, bei dem ich aber wünschte, daß niemand dabei an eine einzelne persönliche Anwendung in unsrer Zeit dächte. Es wäre mir lieb, den Dichter desselben zu wissen: denn seine Sprache ist so rein, schön und edel als der lyrische Gang des Stücks gesetzt und erhaben fortschreitet. Ich kenne nur wenige Stücke dieser Gattung in unsrer Sprache. — —

Der

---

s) Die Lesart der letzten Reihe ist zweifelhaft; diese dünkt mich die leichteste und schönste.

Der Krieg,

ein heiliger Gesang.

Den, der da ist und war und seyn wird, will ich
singen.
Ihr Himmel jauchzet in mein Lied;
den herrlichen und starken Gott der Christen,
ihr Völker hört mir zu.

Der meinem Fürsten hilft, dem Herren will ich
danken,
ihr Helden danket ihm mit mir;
für Königs Schwert und Leben will ich beten,
ihr Feinde flucht und flieht.

Von Sion, wo dein Geist in Davids fromme
Harfe
des Lobes Silbertöne goß,
begeistre du mich selbst, von dir, Jehovah,
und merke auf mein Flehn.

Denn du allein bist groß und höher als der Himmel,
der sich zu deinen Füßen neigt.
Dein ist die Macht. Wer sollte dich nicht fürchten?
du höchste Majestät.

Du bist der Könige und aller Fürsten König,
und bleibest ewig der du bist,
der Götter Gott; denn deines Stules Vestung
ist die Unendlichkeit.

Als noch kein Diadem um Staub auf Thronen
                              flammte,
Stralt schon dein Scepter um dich her;
die alte Nacht scheint von den Stralen wieder,
und rollt in Sonnen fort.

Und wenn kein Diadem um keinen Staub mehr
                              flammet,
stralt noch dein Scepter um dich her;
die alte Nacht scheint von den Stralen wieder,
und rollt in Sonnen fort.

Du herrschest unumschränkt, so weit die Myriade
den Raum verklärt und ihn beseelt;
dein ist das Reich im Himmel und auf Erden
und in der Hölle dein.

Der Himmel jauchzet dir und machet neuen Himmeln
die Ehre deines Namens kund,
ein Seraph ruft ihn aus und nach ihm tönet
der Sphären Harmonie.

Die Hölle winselt dir aus ihren öden Tiefen,
und schleppt die Ketten deines Grimms
in Flammen fort, von Abgrund bis zu Abgrund,
durch die dein Fuß sie drückt.

Die Erde feiert dir, der Staub, auf dem ich wohne,
ein Staub und etwas mehr als Nichts;
und mehr als Alles, Gott, dein größtes Wunder,
ein Mensch und auch ein Christ.

                                        2.*)

2. *)

Heil mir, daß mein Gesang dich grosser König
nennen
und deine Herrschaft rühmen darf;
denn sie ist wunderbar, in allen Landen,
und voll Gerechtigkeit.

Wenn Menschen wider dich und deinen Heiland
wüten,
legst du die höchste Ehre ein;
und wüten sie noch mehr, so bist du auch noch
gerüstet, wie ein Held.

Versammlet euch und tobt, wie Oceane toben;
ihr Völker, die der Sturm empört;
und stürmet und empört euch dem entgegen,
der in der Höhe wohnt.

Der in der Höhe wohnt, lacht wenn die Völker toben,
und richtet eine Sündfluth an,
die über sie am Tage seines Eifers,
in Flammen strömen soll.

Sein Blitz spielt vor Ihm her und hüllt die bange
Erde
in Stralen, wie in Windeln ein;

*) Die Unterscheidungen habe ich nur zugesetzt, als Ru-
heplätze für einige Leser. Der Plan des Gesanges
geht ununterbrochen fort. Ich habe indeß, der Länge wegen, beinah die Hälfte der schönsten Strophen
auslassen müssen.

die Felsen glühn und ihre Spitzen träufeln
wie Schnee in Thäler hin.

Sein Donner redet laut die Schrecken naher Rache,
in Sünder, die sein Auge fliehn;
und wirft sie, wenn sie fliehn, im tiefen Staube
vor Ihm, aufs Angesicht.

Er rührt die Erde an und ihre Säulen beben,
wie Eichen, die der Nordwind peitscht;
sein Hekla brüllt und schüttet seine Schmerzen
am fernen Tagus aus.

Im Wetter ist Sein Gang und in den großen Tiefen
Sein Pfad; noch sieht man Seinen Gang
im Wetter nicht, noch in den großen Tiefen,
wo Er gewandelt hat.

Mit Finsterniß und Nacht verfolgt Er Seine Feinde
und schüttet Stralen über sie;
und schlägt sie, tief, mit Feuer in die Erde,
von der Er sie vertilgt.

* * *

3.

Der König freuet sich, mein Gott, in deiner Stärke,
und fürchtet sich für eine Welt
voll Feinde nicht: denn deine hohe Rechte
hilft ihm von Alters her.

Da deine Herrlichkeit in seinen goldnen Waffen
zum erstenmal die Feinde sahn;

da

da bebten sie und fühlten höhre Schrecken
und flohen wie vor dir.

Sie ziehen wild herauf und Ruh und Friede fliehen,
wie sie vor meinem Fürsten fliehn;
die Grausamkeit und traurende Verheerung
folgt ihren Schritten nach.

Da soll kein Frühling blühn, da soll mit starrem
Blicke
der Todes-Engel einsam stehn,
wo Jünglinge, entzückt in Menschenfreude,
die Fluren segneten.

Vergebens winselt der, aus dessen mattem Schweiße
die milde Aehre langsam sprießt;
ihr lauter Gang im chernen Getöse
macht seine Seufzer stumm.

Sie donnern und die Welt soll ihren Donner fürchten
und fühlen, wenn sie sich empört,
und untergehn, wenn sie nicht alle Kronen
zu ihren Füßen legt.

O laß sie donnern Gott! eh aus der Erde Trümmern
ihr Blitz in deinen Himmel fährt:
denn in der Finsterniß sehn sie den Himmel
und deinen König nicht.

* * *

4.

Er kommt und nahet sich, wie du in stillen Wettern
dich Fluch beladnen Städten nahst,

den Tausenden, die wider ihn der Störer
ins Feld des Krieges rief.

Er kommt und schaut und stürzt mit Feuervollem
    Muthe
dem starren Heere ins Gesicht,
und würgt sich ein und haut und stürzt und schmettert
die tiefen Reihen durch.

Da fallen tausend hin zur Rechten und da tausend
zur Linken, wo sein Schwert noch knirscht,
und um sich her mit Namenlosen Rümpfen
die Felder überdeckt.

So fällt die reife Saat in welke Haufen nieder,
wenn durch sie hin der Schnitter rauscht,
und hinter ihm der Herbst, mit kahlen Stoppeln
die Gegend öde macht.

Von Helden weit entblößt, die über halbe Waffen
und Menschen, die ihr Stahl geführt,
dem Tod' entflohn; liegt nun der Kampfplatz einsam
und niemand steht als Er.

So steht noch, wenn um ihn die Trümmervolle
    Flute
und dein Orion gnug gekämpft,
ein Fels; und schaut, wie nun in stillen Wellen
die glatte Tiefe rollt.

Auf Höhen, die vom Blut erschlagner Feinde
    rauchen,
um die des Todes Bild sich streckt,
    geht

geht Er einher und weint und hebt sein Auge
denn über den Triumph,

den wimmernden Triumph der Helden, die der Erde
Jahrhunderte erschrecklich sind,
zu dir empor, zu dir, der du im Himmel
ihm beßre Kronen zeigst.

Auf sie muß alles Blut der edlen Söhne kommen,
um die noch spät die Mutter weint;
um die noch spät, wenn er den König segnet,
der graue Vater weint.

5.

Sie fahren hoch daher auf unzählbaren Wagen
und halten Fleisch für ihren Arm,
und rühmen sich, daß über ihre Schwerter
die Menge fallen soll.

Wir aber ruffen an den Namen unsers Gottes,
der es den Starken fehlen läßt
vor ihrer Macht, die Alles niederpralet
und stehen aufgericht.

Nicht uns, o Herr, nicht uns; nein! dir allein
      sei Ehre
und deinem Namen für und für:
denn du allein thust solche große Thaten
mit deiner rechten Hand.

Du reißest vor uns her, die Feinde von einander
wie Wasser, die der Sturm zerreißt:
denn deckt ihr Blut den Sand, wie lange Ufer
gewaschner Schädel Staub.'

Verkündigt seinen Ruhm, ihr Helden seiner Stärke,
die ihr vor seinem Thron euch bückt,
und jauchzet ihm und sagt nun allen Landen,
daß er so herrlich ist.

Verkündigt seinen Ruhm, ihr Völker seines Namens,
bei denen seine Ehre wohnt,
und preiset ihm und sagt nun allen Landen,
daß er so freundlich ist.

Ja, Herr der Zebaoth! von deinem grossen Ruhme
ist meine ganze Seele voll:
In lautem Dank und Freudevollen Jubel
zerfließet sie vor dir; u. f.

XII.
Ausſicht.

Inhalt.

Allgemeiner Anblick des Zeitalters unter David und Sa‑
lomo. Was wir aus demſelben nur übrig haben?
Wirkung dieſer Stücke auf die Stimme der Propheten.
Wodurch der Geiſt der Propheten geweckt und belebt ward?
Proben an Hoſea und Jeſaias. Der neue David‑Stamm,
der neue Götter‑Sohn: Königsbilder. Urſprung derſelben
und Entwicklung ihrer Züge aus alten Weißagungen und
Pſalmen. Wie die Schickſale Davids von den Propheten
angewandt wurden? Wie Jeruſalem und Zion in ihre Bil‑
der übergingen? Probe. Grundſatz ihrer Entwicklung al‑
ter Verheißungen und Geſchichte. Unterſchied der obern
und untern Haushaltung. Vergleichung Moſes mit einigen
andern groſſen Characteren der bibliſchen Geſchichte. An‑
hang: die künftige goldne Zeit, eine Ausſicht der Propheten.

Unter Davids und Salomo's Regierung war Judäa,
als Reich betrachtet, in der größeſten Blüthe, die
es erlebt hat. Es erſtreckte ſich vom mittelländiſchen
Meer bis zum Euphrat, von der Wüſte bis den Liba‑
nus hinüber: ſeine Könige waren in Anſehen und das
Land genoß ſeine ſchöne Lage auch durch den Handel.
Die natürliche Folge war, daß der Name dieſer Köni‑
ge auch in der Geſchichte und Poeſie für alle folgende
Zeiten

Zeiten claßisch ward: ihre Zeit war die einzig berühmte, so lange Könige herrschten. Diesen wars jezt schon ein großer Ruhm auf dem Thron Davids zu sitzen, sich seine Söhne und Nachfolger nennen zu dörfen; sie warens, aber nicht in seinem Glück. Den einigen Salomo ausgenommen (und auch dessen Regierung reichte schwerlich an die Hoffnungen, die man sich von ihm machte, und am wenigsten an das Ideal des 72. Psalms) kam das ganze Reich Davids bald sehr hinunter. Es theilte sich nach Salomo's Tode und der kleinste Theil blieb an der Familie Davids. Beide Reiche wurden der Schauplatz der Verwirrung und des öftern Ueberfalls ihrer Nachbarn, bis sich alles in die Gefangenschaft verlor. Die Gattung von Poesie also, die eine Tochter des Sieges, der Ruhe, des Wohlstandes ist, hat nie mehr eine so glänzende Zeit gefunden, als sie unter David und Salomo erlebte.

Schade, daß uns aus ihr nur Tempel- Königs- und Reichsstücke übrig geblieben sind! denn es ist offenbar, daß die Psalmen und Salomonischen Schriften zu Einem dieser Zwecke gehören. Das Brautlied des 45. Psalms ist uns nicht anders aufbehalten worden, als weil es einen König und die Hoffnungen seines Reichs aus Orakelsprüchen Gottes feierte, und also als Religion galt. Das Hohelied und die Sprüche

wären

wären nicht aufbehalten worden, wenn sie nicht der Name Salomo geziert und die spätere sammelnde Zeit nicht schon im ersten einen lieblichen mystischen Sinn, die Beschreibung künftiger Salomonischer Zeiten gefunden hätte! Als Braut- und Liebeslieder eines andern Dichters hätte man sie nicht aufbewahrt. — Wir haben also aus den blühendsten Zeiten der Ebräischen Dichtkunst nur wenig; so viel sich im Schiffbruch der Gefangenschaft am Namen der Könige, der Religion und Reichsgeschichte etwa retten konnte. Die Stimme des Bräutigams und der Braut, a) jene Freudengesänge der Ernte und Weinlese, b) an die so oft gedacht wird, sind weggenommen. Die Stimme der Müllerin c) und andrer Geschäfte ist verstummet; und alle Töchter des Gesanges sind im Staube entschlafen. Wie ein Rubin im Golde glänzt: so zierten Gesänge das Mahl beim frölichen Wein: d) sie sind nicht mehr. Freude und Wonne der ländlichen Feste sind aus dem Felde hinweg; man hört nicht mehr das Hedad! das Jubelgeschrei der Keltertreter in ihrem Gesang. e) — Wie unbillig ists daher, die Poesie dieses Volks im Ganzen mit andern Völkern zu vergleichen, da man von ihr nur Einen oder zwo Aeste, Religions- und Königs-

poesie

---

a) Jer. 7, 34.   b) Jes. 9, 3. Jer 25, 10.
c) Predig. 12, 4,   d) Sirach 32, 7. 9.
e) Jer. 48, 33.

poeſie hat, oder was man dafür anſah. Das andre ward nicht geſammlet oder ging verlohren. —

Gnug! wie die Lieder Moſes, so wirkten auch die Pſalmen, als Erläuterungen jener gar ſehr auf die folgenden Zeiten: ſie waren, (wahrſcheinlich zuerſt nur bis zum 72. Pſalm) das Liederbuch der Nation oder wenigſtens des Tempels und der Propheten. Wir werden bei einzelnen Characteren der letzten finden, wie ſehr ſie ſich an die Sprache des Heiligthums gehalten und ſie in ihren Anreden reich paraphraſirt haben. — Jetzt ſei es allein unſer Zweck, im Allgemeinen den Einfluß zu zeigen, den die ſogenannten Meßias- oder Königspſalmen auf die Stimme der Propheten gehabt haben; und da ſage ich kurz: ſie, nebſt den ältern Weißagungen, haben die Stimme der Propheten nicht nur erweckt, ſondern die reichen Ausſichten dieſer ſind augenſcheinlich Entwicklungen jener.

1. Auf Davids Geſchlecht waren ſo große Verheißungen durch Götterſprüche gelegt, von einem ewigen Reich, von neuer Beveſtigung deſſelben, von glücklichen Salomoniſchen Zeiten. Als das Reich nun durch Salomo's, Rehabeams und ſo vieler andern Könige Schuld, ſo tief herabſank, und Gott endlich Propheten weckte: was konnten dieſe anders ſagen, als:

„ihr

„ihr seyd gefallen! ihr seyd gesunken!„ Was konnte Hoseas zum Reich Israel sagen, als: „Kehrt wieder zum rechten Jehovah; ihr seyd verirrt. Geht statt zu den Kälbern in die Wüste Judah, zum Tempel, wohin ihr gehört: er wird euch annehmen und freundlich euch begegnen.„ f)

> Ich will mich mit dir verloben auf ewge Zeit; g)
> ich will mich mit dir vertraun in Gericht und Recht,
> in Gnad' und Huld:
> mit Treue will ich mich mit dir verloben
> und du wirst wieder erkennen Jehovah, deinen Gott!

Der Prophet wünschte, daß Israel und Juda wieder Ein Reich würden, und stellt die neue Verbindung unter dem Bilde der Verlobung dar. Dieser Sinn geht durch seine ganze Prophezeiung und ist also politisch. Er lockt sie freundlich wieder in die Wüste Judah, zum Hause Gottes und des Geschlechts David, h) damit ihnen auch der Segen werden könne, der auf dies Geschlecht gelegt war: denn alle ältere Segnungen Abrahams, Judahs, Moses waren durch die Gottessprüche und Psalmen auf diesem Geschlecht bevestigt. Er sieht also künftige glückliche Zeiten voraus, da —

---
f) Hosea 2, 11. 14. Kap. 14, 2.
g) Hos. 2, 19.
h) Hos. 2, 14. Kap. 6, 1.

die verirrten Kinder Israels zurücke kehren und suchen Jehovah, ihren Gott; und David, ihren König, und ehren Jehovah und seine Landesvater-Huld, in später Zeit i) —

So sprach ein Prophet Israels; und die Weisen im Reich Judah mußten sich über diese alte Segenssprüche und Reichsconstitutionen noch ausführlicher erklären. Da Israel mehrmals verwüstet und jezt eben auf dem Punkt war, gefangen weggeführt zu werden, erweckte Gott in dem wenig glücklichern Judah eine Stimme vieler Propheten auf einmal, die wahrscheinlich der Geist Jesaias wo nicht aufrief, so wenigstens anfachte. Sie sahen das Schicksal ihres Bruder-Reichs, des größten Theiles der Nation: sie fühlten ihr eignes Elend und — kehrten zu jenen Weißagungen zurück, die Gott auf Davids Geschlecht gelegt hatte. Der Stamm Davids stand verachtet, klein und fast verborret da; gestärkt im Vertrauen auf das unverbrüchliche Wort Gottes, auf den Eid, den er David geschworen, sahen sie aus seiner Wurzel ein neues Reis aufsprießen, und legten darauf allen Segen der alten Zeit aus Gottes Munde; dies ist der Schlüssel zu Jesaias schönsten Bildern.

Der

―――――――
i) Hosea 3, 5.

Der neue Davids-Stamm,
ein Königsbild. k)

— Schaut auf! Jehovah Zebaoth
schlägt ab den Blüthenast mit furchtbarem Gekrach;
die hohen Stämme sind gefällt,
die Erhabnen sind gebeuget.
Der dicke Wald ist mit der Axt verhaun,
der Hain auf Libanon durch starken Arm gesunken. —

Aber ein neuer Zweig sprießt aus Isai Stamm!
ein Reislein wird aus seinen Wurzeln wachsen.
Und ruhen wird auf ihm Jehovahs Geist,
der Weisheit, des Verstandes Geist,
der Geist der Klugheit und der Tapferkeit,
der Geist der Kenntniß und der Furcht Jehovahs.
Sein Athmen selbst ist in der Furcht Jehovahs.

Nicht, wie sein Auge siehet, richtet er,
entscheidet nicht, wie es sein Ohr vernimmt;
gerecht spricht er den Armen Recht,
gerade rächet er den Unterdrückten
und schreckt das Land mit seinem Königswort,
tödtet den Bösewicht mit seiner Lippen Hauch,
gürtet sich mit Gerechtigkeit,
wapnet sich fest mit Treu. — —

— Alsdenn wird, was jetzt Wurzel Isai's ist,
stehn wie der Stämme (altes) Heerpanier,
nach dem die Völker fragen,
und Ruhm sich's schätzen, daß sie an ihm ruhn. —

k) Jes. 10, 33. Kap. 11, 1–10.

Es wäre sonderbar, wenn nicht jeder, dem die alten Weissagungen auf Judah und Davids Geschlecht bekannt sind, hier nicht Zug für Zug die Entwicklung ihrer Ausdrücke und Bilder erkennte. Der Stab Judah ist aus Jakobs Worten bekannt, und blühete im Königsscepter Davids; jetzt ist er bis zur Wurzel verdorrt, und der Prophet sieht einen neuen Zweig aufsprießen, der wieder Anführer und Heerpanier wird, wie es einst Judah seyn sollte. Die Völker fragen nach ihm, und halten seinen Schutz für Ehre, Sicherheit und Ruhe; wie dort dem Judah die Völker anhangen sollten. —— Alle Eigenschaften des künftigen Monarchen sind aus Salomos Geschichte und Segenssprüchen. Dieser wird gerühmt über seine Weisheit; der künftige Salomo soll ihn siebenfach übertreffen mit Weisheit und Göttergaben. Die Züge von der Gerechtigkeit seiner Regierung sind aus den Salomonischen Psalmen: so wie das schöne Gemählde der goldnen Zeit unter ihm, das unmittelbar drauf folgt und ich nicht übersetzt habe. Selbst der Idiotismus vom „Riechen in der Furcht Jehovahs„ scheint durch das Gottesorakel in Davids letzten Worten veranlaßt. 1) Der Prophet entwickelte die alten Gottesaussprüche, und setzte

sie

---

1) Nach ihm ward ein Herrscher in Gottesfurcht verheißen: Jesaias, der Wortanspielungen sehr liebt, häuft also ähnliche Worte (רוח הריחו יראה u. f.)

fie zufammen zu einem Glauben-erweckenden Bilde.
Ich ſetze ſogleich eine andre Stelle her, die man vielleicht nur deßwegen mißdeutete oder dunkel fand, weil
man die Entwicklung alter Pſalmen und Geſchichten
nicht bemerkte —

Der neue Götterſohn.
Ein Königsbild. m)

— Voll Hunger und Kummer durchirrt itzt jeder
das Land,
und zürnt voll Hunger und flucht
ſeinem König' und ſeinem Gott.
Er ſchaut hinauf und ſchaut zur Erd' hinab —
Ueberall Dunkel und Noth
dickes Dunkel, gehäufte Nacht. n)

— Nicht iſt es dunkel mehr; wo's ſo dickdunkel
war!
Gleich jener alten Zeit, da er in Zabulon
und Naphthali zuerſt abwarf das Joch;
beglänzet er auch in der ſpätern Zeit
den Weg am Meere, über den Jordan hin,
das dunkle Völkergewühl. o)

m) Jeſ. 8, 21. bis Kap. 9, 7.
n) Es iſt Jeſaias Art, die Gemälde des jetzigen traurigen und des künftigen fröhlichen Zuſtandes zu contra-
ſtiren; man muß alſo dieſe Contraſte zuſammen nehmen, wenn ſie auch durch Kapitel getrennt ſind.
o) Die erſte und letzte Zeit, das הקל und הכביר ſtehen
mit

Das Volk, die Wandler im Dunkel,
sie sehen ein groß Licht!
die Wohner im Lande der schwarzen Nacht,
über ihnen glänzet das Licht auf! —

Viel sind der Völker da; und groß auch ihre
Freude! p)
sie freun sich, Herr, vor dir, wie man in der Ernte
sich freut;
wie sie tanzten im Freudenchor, da sie einst Raub
austheilten:

Denn seiner Bürde Joch,
den Stab, der seine Schulter schlug,
den Scepter seines Drängers
zerbrichst du, wie in den Zeiten Midians —

Es konnte vom Propheten nicht deutlicher gesagt werden, worauf er mit dem Allen ziele? woher er die Bilder genommen habe? Aus den Zeiten Midians und also den Siegszeiten der Richter. Da war Nordwärts im Lande die grosse Befreiung geschehen, q) da war in den dunkeln

mit einander im Parallelismus. Diese beiden letzten Ausdrücke sind Contrast gegen die gehäufte, schwere Dunkelheit und dicke Nacht der vorigen Verse.

p) Das לא halte ich für die Interjection des Wunsches und der Freude, wie sie mehrmals für utinam, o si! vorkommt!

q) Richt. 4. 5. In Haroseth d. i. im Walde der Völker, wie jetzt im Galil, im Völkerhaufen, der sich oben umher drängte.

dunkeln Wäldern Naphthali und Sebulens über das ganze Land Licht der Freiheit aufgegangen. So soll auch jetzt in diesem nordlichen Völkergedräng', am Wege zum Galiläer-Meer, wo sich jetzt auch die feindlichen Syrer umherdrängten, Licht der Freiheit aufgehn, und Freuden des Jubeltanzes werden, wie einst im Liede der ländlichen Deborah:

> Und alle Waffen der rauschenden Kriegesschlacht
> und alles Kriegsgewand, getunkt in Blut,
> wird, hin zum Feur getragen,
> der Flammen Speise nun — —
>
> Denn ein König wird uns gebohren,
> ein Himmelssohn gegeben uns,
> auf dessen Schulter der Stab der Herrschaft liegt:
> sein Nam' ist: Wunderbar!
> Rathgeber! starker Held!
> mein Vater auf ewig hin,
> des Friedens Fürst!

Konnte der Prophet abermals deutlicher zu erkennen geben, worauf er ziele? Wahrlich auf keinen Hiskia oder Hiskias-Sohn, als ob er ein Geburtscarmen schriebe; er redet von einem Könige, der alle Namen und Segen des Geschlechts Davids auf sich trüge, und die verheißene glückliche goldne Zeit brächte. Er heißt deshalb: Sohn und Erzeugter, d. i. der Gottgebohr-
ne,

ne, welcher Ausdruck in mehrern Psalmen schon geweihet war; den Scepter, den Judah vor seinen Füßen trug, legt er auf die Schulter, — also der alte Stammesfürst Judah kommt in ihm wieder. Sein Name heißt: Wunderbar! so nannte sich oft David, wenn er als der verworfene Stein jetzt Eckstein wurde: r) so nannte sich der ankündigende Engel bei der Geburt des Befreier Simsons. s) Rath und starker Held heißt er: denn Jesaias pflegt beides zusammen zu fügen, um zu sagen, daß er klug von Rath, mächtig von That seyn solle; wie wirs bei der vorigen Weissagung schon betrachtet haben. Mein Vater auf ewig hin nennt er ihn; und wagt sogar nicht die grammatische Person zu ändern, die in den Psalmen und Segenssprüchen mehrmals steht: „er wird mich nennen, mein Vater! auf ewig will ich ihm sein Reich bestätigen!„ t) Friedefürst endlich, wie der Name Salomo sagt und seine Psalmen es erklären. — Der Prophet drückt alles in die Namen zusammen, was er vom Segen und der Herrlichkeit des Geschlechts Davids zusammenfassen konnte.

Und groß wird seine Herrschaft seyn,
des Friedens wird kein Ende seyn,

auf

r) Pf. 118, 22. 23.
s) Richter 13, 18.
t) Pf. 89, 27. 2 Sam. 7, 14.

auf Davids Thron, in seinem Königreich,
daß ers anrichte, neu bevestige
mit Recht und mit Gerechtigkeit
von jetzt an, bis auf ewge Zeiten hin —
Der Eifergeist Jehovah = Zebaoths
wird solches thun —

Der Eifergeist nehmlich für seine Ehre: denn alle diese Worte waren Verheißungen Gottes über Davids Geschlecht, die hier namentlich wiederholt werden.

Ich kann mich nicht auf die Beschreibung der güldnen Zeit einlassen, die die Propheten mit der Regierung dieses neuen Königs verknüpfen (die Folge wird dies bei jedem derselben characteristisch zeigen:) alle aber kommen darauf hinaus, daß er ein Hirte seyn soll wie David, ein Friedefürst wie Salomo, ein gerechter Richter, ein starker Held und Wiederbringer der Furcht Jehovahs. Jehovah's Gegenwart, seine Gerechtigkeit, Huld und Heilbringende Thätigkeit sollte in ihm sichtbar werden; der Zuruf an ihn sollte seyn: Jehovah, unsre Gerechtigkeit! Jehovah unsre Hülfe! Bei den Propheten werden wir den Ursprung dieser Benennungen aufsuchen, und es wird sich ergeben, daß bei denen vor und in der Gefangenschaft immer der Name des Königs, eines neuen Davids, vorangeklungen habe. Nachher, da das Regiment zwischen den Für=

sten und Hohepriester getheilt war, sahe Zacharias die beiden Oelkinder vor dem Thron Jehovahs stehen; u) jetzt ward also auch die Beschreibung des Zemah, d. i. des Sprößlings aus dem Stamme David, zwogestaltig; aber auch nach Umständen der Zeit. Den Tempel des Herrn sollte er bauen wie Salomo; und in dem Tempel den Schmuck tragen, wie der Hohepriester. Auf dem Thron Jehovahs sollte er herrschen, aber auch Priester seyn auf seinem Thron und Friede seyn zwischen den beiden. x) Maleachi endlich kehrt zur ältesten Verfassung zurück, und bringt Moses und Elias, die alten Boten Gottes, die den Bund gestiftet hatten, in ihrem reinigenden Flammengeist wieder. — So kleidete sich die Weissagung jedesmal ins Gewand der Zeiten; so lange Könige waren, blieb es meistens bei der Königs-Verheißung, die jener Psalm sang:

Ich singe Jehovahs Gnaden auf ewge Zeiten hin, von Geschlechte zu Geschlecht will ich mit meinem Munde verkündigen dein treues Wort:

Und sage: ewge Huld soll uns beveftigt werden: so lange der Himmel währt, soll währen Gottes Spruch: „denn ich schloß einen Bund mit meinem Erlesenen, ich schwur dem David, meinem Knecht:

auf

u) Zachar. 4, 14.
x) Zachar. 6, 12. 13.

auf ewige Zeiten will ich dein Geschlecht feststellen, will bauen deinen Thron von Geschlechte zu Geschlecht!„

Die Himmel also sind des Wunderbundes Zeugen, der Heiligen Versammlung preiset deine Treu u. s. —

Dies thaten die Propheten: sie nennen den künftigen König gerade zu den Knecht Gottes, David.

2. Ja noch mehr: sie entwickeln in ihm selbst die Schicksale Davids, und des Samens, der ihm verheißen war. Jener hatte viel leiden müssen, ehe er sein weites Reich gründen konnte: dieser sollte mit Menschenruthen gezüchtigt werden, y) ohne daß doch die Gnade Jehovah seines Vaters von ihm wiche; beides wird bei alle den Trübseligkeiten, davon die Propheten Zeugen waren, auch auf den künftigen König und die Entstehung seines Reichs angewandt. — Dies ist der Schlüssel zu den so wunderbaren und dem Schein nach einander widersprechenden Schilderungen der Propheten. Der 22. und alle Leidenspsalmen Davids wurden entwickelt, und dem bedrückten Israel damit Trost zugesprochen, daß, da es das Schicksal ihres glorreichen Stammvaters gewesen, auf diese Weise zu seiner Höhe zu gelangen, es auch ihr Schicksal und das Schicksal ihres

y) 2 Sam. 7, 14.

ihres künftigen Königes seyn müsse, sich durch diesen
Druck zur Würde zu erheben. Bei den Propheten wer-
den wir also häufige Anwendungen der Leidenspsalmen
Davids finden.

3. Auch Zion und Jerusalem gingen solcher Gestalt aus Psalmen in die Propheten mit über. Die Residenz der glorreichsten Könige sollte der noch viel präch-
tigere Sitz des künftigen glorreichern Königs seyn, der
eigentlich in Jehovahs Namen auf Zion herrschte:

    Geh auf, sei Licht! denn dein Licht kommt! z)
    Jehovahs Glanz geht auf, auf dir.
    Sieh Finsterniß bedeckt die Welt,
    die Nationen Dunkel!

    Und über dir geht Gott Jehovah auf,
    sein Glanz ist über dir zu schaun.
    Und alle Völker gehn zu deinem Licht
    und Könige zum Glanz, der dir aufgeht.

    Erhebe deine Augen rings und sieh!
    Sie sammlen alle sich, kommend zu dir.
    Von fernher kommen deine Söhne!
    der Erden Rand erzog dir deine Töchter. a)

                                                Denn

z) Jes. 60.

a) עַל־צַד zur Seite d. i. dir fern, wie der Parallelismus zeigt.

Denn wirst du schaun und glänzen:
es pocht und hebet sich dein Herz,
wenn sich zu dir das Meergetümmel wendet,
wenn sich zu dir der Völker Reichthum naht.

Kameele=Karawanen decken dich,
die Dromedare Midians und Epha
aus Saba kommen alle sie:
sie bringen Gold und Weihrauch,
preisend Jehovahs Ruhm.

Der Kedarener Heerden sammlen sich zu dir,
der Nabatäer Böcke dienen dir:
sie werden meines Altars süßes Opfer,
mein herrlich Haus will ich verherrlichen.

Wer sind die, die wie Wolken fliegen her?
wie Tauben, die in ihre Häuser ziehn?
Denn meinen Wink erwarten nur die Küsten
und Tharsis Schiffe sind am ersten da,

zu bringen deine Söhn' aus weiter Ferne,
ihr Gold und Silber kommt mit ihnen her
geweiht dem Ruhm Jehovah deines Gottes,
dem Prachtgott Israels, der dich verherrlichet.

Der Fremden Söhne bauen deine Mauern
und ihre Kön'ge dienen dir.
In meinem Zorne schlug ich dich,
in meiner Huld erbarm' ich dein mich wieder.

Und immer werden deine Thore offen stehn
und Nachts und Tages nicht verschlossen werden,
zu dir zu führen aller Völker Reichthum,
zu dir zu führen ihre Könige u. s. —

Man lese den 22. 72. 87. 102. u. a. Psalmen; konnten ihre Aussprüche, daß fremde Völker nach Jerusalem kommen, daselbst anbeten und für Eingebohrne geachtet werden sollen, reicher entwickelt werden? Gerade sind auch die Nationen und Gegenden, die der Prophet nennet, dieselben im Salomonischen Psalm. b)

So ists mit Zion, der Wohnung Gottes und des Landes Krone. Was die Fest- und Nationalpsalmen vom gegenwärtigen Zustande sangen, damit schmückten die Propheten ihre Aussichten in die künftige Zeit der Regierung Jehovahs. Da wird der kleine Berg sich heben, sein kleiner Brunn ein Strom lebendiger Wasser werden, der die dürre Wüste tränket — — Es ist Thorheit zu denken, daß die Propheten alles dies sinnlich gemeint haben, als ob der Berg Zion plötzlich ein Riesengebürge, und alles Erz und Eisen des Tempels Silber und Gold werden sollte. — So bald wir wissen: woher diese Farben sind? daß sie sie nicht selbst erfanden und zur Lust dichteten, sondern in einer alten bekannten

b) Vergl. Jes. 60, 6. 7. 13. mit Pf. 72, 10. 15. 16.

kannten Sprache der Nationalwünsche und Lieder ihre Gedanken schilderten, und ihre Hoffnungen entwarfen: so werden uns dergleichen zum Theil sich selbst widersprechende fleischliche Auslegungen nicht in den Sinn kommen; und ihr Gegensatz, die grübelnde Mystik wird uns noch entfernter bleiben. Wir werden sehen, wie sie als Männer von gesundem Verstande und als die Gottesweisen ihrer Nation das thaten, was alle ächten Weltweisen mit den Werken Gottes in der Natur thaten. Sie bemerken sie, zergliedern sie, suchen ihre Gesetze, den Gang und Zweck ihrer Einrichtung: so hielten jene am Bunde ihres ewigtreuen Gottes Jehovah, bemerkten seine Sprüche, entwickelten seine Worte, studirten alte Sitten und Personen, wandten die Begebenheiten der Vorwelt auf ihre Zeit an, und sahen in jener und dieser den Keim der entsprießenden Nachwelt. Der Geist Jehovahs leitete sie: denn ihre Gesichte waren nicht Taumel, sondern ruhige Weissagungen, Gesetze und Aussichten nach einer gegebnen höhern Ordnung.

Dies ist, dünkt mich, die wahre Kette der Propheten und zugleich ihr leichtester Aufschluß. Indem wir betrachten: woher sie ihre Bilder nahmen? wozu sie sie brauchten? auf welche Zeit und in welcher neuen Gestalt jeder die seinigen anwandte? so werden wir gleich=
sam

sam mitschöpfen aus den geweihten Quellen, aus denen sie schöpften: wir werden, wie sie flogen, als Bienen umher fliegen und saugen aus jeder Blume der Vorwelt. Die reichen Gärten der alten Gottesorakel in Geschichte, Segenssprüchen und Psalmen liegen jetzt hinter uns; die gesammlete und verarbeitete Blüthe der Propheten vor uns — schöne, belehrende Aussicht!

Und wenn wir denn Schritt für Schritt bemerken werden, wie höher jederzeit die Gedanken Gottes waren, als aller, auch seiner weisesten Lieblinge Menschengedanken: wie diese alle nur in ihrem Kreise sahen und auch im Licht der Gottbegeisterung, von der Zukunft nur nach diesem Gesichtskreise Begrif haben konnten; wie Er aber seinen großen Weg ging, und aus ihren Worten und Gesichten oft Dinge entwickelte, an die sie wahrscheinlich selbst nicht dachten: in welch hellem Licht wird uns der Unterschied zwischen dem, was obere und untere Haushaltung Gottes ist, erscheinen!

* * *

Ueberhaupt ists wahr, was jener Lobspruch auf Mosen hinter seiner Geschichte sagt: „es stund hin„fort kein Prophet in Israel auf wie Moses, den „der Herr erkennet hätte von Angesicht zu Ange„sicht:„ denn in dem ganzen Zeitraum, den wir durchgangen

gangen sind, reicht nichts an seine Größe. Samuel hatte einen Stral von seinem Licht, aber nicht seine Kraft: er konnte den verfallenen Staat nicht emporheben, noch weniger ihn zu den ungenützten Ideen Moses zurückführen. David war weich und zart, gerecht und tapfer; aber ein König. In die Stelle des Wohls vom Ganzen trat schon das umschränktere Wohl seiner Familie. Er umwand das mosaische Gesetz mit lyrischen Kränzen; konnte es aber nicht dauerhaft stützen, noch weniger tiefer gründen. Salomo's Weisheit ging in wollüstige Feinheit, in Glanz und Pracht des Hofes über; die Verfassung des Staats schwamm damit auseinander. In der Folge der Zeit hatte Elias einen Arm von Moses Kraft; sein Zeitalter aber war zu tief gesunken: er reinigte wie Feuer und Wind, er konnte aber nicht stiften, nicht beleben. Jesaias und andre Propheten waren der Mund Moses: sein Geist und reiner Blick erfüllte sie; wo ist aber die That, die sie schuffen? das Gebäude, das sie dahinstellten? Er stellte es dahin, ganz durchdacht und mit unermüdetem Arm vollendet. Sein erster Entwurf, dem Ewigen einen Altar von Feldsteinen aufzurichten, und ihm von der Erstgeburt des Landes als dem Familiengott dienen zu lassen, war das Reinste und Erhabenste, das bei einem Nationalgottesdienst statt fand; und das die Propheten mit geistigerm Glanz für die künftige Zeit nur

ausma-

ausmalen. Als er dem sinnlichen, rebellischen Volk, das durchaus ein Kalb wollte, nachgeben mußte: wie rein durchdacht war seine Stiftshütte, das Zelt des Gesetzgebers unter ziehenden Zelten! — Die Idee des Allerheiligsten, mit seinem unzugangbaren Dunkel, mit der bloßen Gesetztafel, die es unter den Flügeln des Symbols der Geheimnisse verwahrte, ist so simpel-erhaben, daß nichts geändert, nichts hinzugethan werden kann, ohne daß sie entweihet und erniebrigt würde. Sein Heiliges hatte nichts, als die Schaubrote, das Symbol der ältesten Familienopfer, die nur Gastmale waren; hier stand das einfachste Gastmal vor den Augen des Jehovah. Und vor ihm brannte der siebenarmige Leuchter, sein Blick in alle Welt: und vor ihm duftete der goldne Rauchaltar die süssen Opfer der Specereien, Symbol der Gebete aus den frühesten Zeiten — weiter enthielt sein eigentlicher Tempel nichts. Nur im Vorhofe floß das Blut der Entsündigung und der Sehnspflichten; und wie weise waren auch alle diese nothdürftige Gebräuche zum Wohl des Staats eingeleitet! Wie genau bestimmt waren seine Gesetze! und wie unermüdet besserte er daran! hielt über sie und verließ, ohngeachtet aller Hindernisse, die auch den stärksten Mann ermüden könnten, nie den Plan seines Lebens. Er faßte noch zuletzt seinen Geist zusammen, wiederholte seine Anordnung und starb als

Nomo-

Nomokrator, der sein Land kannte und seine Einrichtungen genau auf daſſelbe bezogen. — Wie weiſe war ſein Zug! ſelbſt das Meer machte ihm Bahn, damit er an ihm ſogleich eine Mauer hätte und das Volk nicht zurückkönnte. Endlich welch ein Muth, welch ein Geiſt gehört dazu, eine rebelliſche Menge von 600,000 in einer dürren Wüſte zu regieren, zu bilden, zu zähmen! — Es ſtund hinfort kein Prophet auf in Iſrael, wie Moſes: die ſtärkſten derſelben wirkten nur durch den Finger ſeines Arms: die aufgeklärteſten glänzten nur im Wiederſchein ſeines Antlitzes mit deſſelben zurückgeworfenen Stralen.

Nur vor dir beuge ich mich, du himmliſche Geſtalt, erhabner als Moſes, um ſo ſchöner, je holder du warſt: um ſo kräftiger, je mehr du deine Kraft verbargeſt. Mit zwölf armen, rohen und unwiſſenden Schülern richteteſt du mehr aus, als jener mit ſeinen 600,000 Iſraeliten, und gründeteſt ein Reich der Himmel, das einzige, das ſeiner Natur nach ewig ſeyn kann. Du gründeteſt es über die Welt; aber nur vom kleinſten Anfange an — du begnügteſt dich das Samenkorn in die Erde zu pflanzen, was noch immer wächſt und am Ende der Tage gewiß der erquickende Schatte ſeyn wird, auf den alle Seher der Zukunft wieſen. Mit himmliſcher Kraft kamſt du hernieder und fandſt alle

alle Aussprüche der Propheten in dir; fandst Muth gnug in dir, auch die entgegengesetztesten derselben durch Armuth, Noth und den schmählichsten Tod zu erfüllen, weil sie nur auf diesem Wege erfüllt und vereint werden konnten. Moses und Elias, die stärksten Gotteshelden der Vorwelt besprachen sich mit dir auf dem heiligen Berge; mit dir dem dritten, größesten und sanftesten unter ihnen. Du hast deinen Ausgang erfüllt, hast und wirst alle Propheten erfüllen in deinem unsichtbar-fortgehenden Werke. Es ist das Einzige seiner Art, was je in der Welt geschah: was kein Weiser, kein Mächtiger hatte bewirken können; und dessen Folgen sich bis in die Ewigkeit breiten. — Wir gehen jetzt dem Könige dieses Reichs entgegen; und die schöne Aue der Propheten führet uns zu ihm.

Die künftige goldne Zeit,
eine Aussicht der Propheten.

Ja du blühst vor mir, du schöne Aue
der Propheten! o wer giebt mir Flügel,
ganz dich zu durchschweben! jeder Blüthe
Balsamthau und süßen Keim zu kosten,
mich zu wiegen auf der Morgenrose
Blättern, und auf ihr sanft einzuschlummern.

Goldne Zeit! erquickend schon im Bilde! —
wenn die Wüste blühet wie der Karmel!
Lilien entsprießen aus der Dürre,
Stachellose Rosen aus den Dornen,
Milch und Honig rinnt! — Des Menschen Leben
und des Freundes Lipp' ist Milch und Honig.

Goldne Zeit! Ich seh den Baum aufsprießen,
der ein Lebensbaum wird allen Völkern!
Seine Früchte Labsal für den Matten,
seine Blätter Arzenei dem Kranken,
und sein Schatte Zuflucht; und sein Athem
Himmelsgeist, ein Hauch des Paradieses.

Goldne Zeit! Jehovah kommt hernieder,
wie ein guter Hirt sein Volk zu weiden.
Das Verirrte sucht er und das matte,
kranke Lamm erquickt er sich am Busen.
Freue Menschheit dich! Der Menschen Vater
wird ihr Bruder, wird ihr Freund und Heiland.

Einer ist Jehovah und sein Name
ist nur Einer! Keiner wird den andern
kennen lehren seinen Gott und Vater,
den sie alle kennen. Gottes Weisheit
deckt das Land umher und Gottes Friede,
wie der Meergrund, ist bedeckt mit Wellen.

Kein Verführen, Höhnen und Verderben
ist da mehr auf Gottes heilgem Berge.
Wolf und Lamm, sie weiden mit einander;
Löw' und Tiger gehn in zahmer Heerde:
Und das süße Kind streckt in der Otter
Nest die Hand, liebkosend mit der Schlange.

Kriegen lernen denn nicht mehr die Völker!
Ihre Schwerter werden Sicheln wieder,
ihre Spieße Pflugschaar: denn des Vaters

Oel=

Oelbaum grünet für den Sohn und Enkel,
und das zarte Weib beschützt den Helden;
sie der Kinder, sie des Hauses Krone.

Kommt Jehovah? Oefnet sich der Himmel
schon mit Nektarströmen? O er käme!
daß die Wolken Balsam niederthauten
und die Erde neu Gewächs aufsproßte!
Daß der Blinde säh', der Taube hörte
und des Stummen Zunge sänge Lieder! —

Ja er kommt! Frohlockt ihr blöden Armen!
Wie die Rehe hüpft, ihr zarten Lämmer!
Euer Gott kommt! Schaut den Friedenskönig!
Euer Gott kommt! und er wird euch helfen.
Salem steigt hervor, die Stadt des Friedens,
Gottes und der Ruhe ewge Wohnung.

Wo der Unschuld Specereien duften,
wo nur Dankgebet gen Himmel steiget:
Tod ist nicht mehr, noch Wehklag' und Trennung! —
denn die letzte Thräne von den Wangen
trocknet Gott! — Er ihre Sonn' und Kühlung! —
Er ihr Lamm auf ewig grünen Auen.

Sohn der Jungfrau! heilger schöner Palmbaum!
Unter deinem Schatten will ich ruhen:
denn er weht dem Matten süße Kühlung,
ist dem Schwachen neue Himmelsstärke.
Deiner Lippen Frucht ist ewges Leben
und dein Athem Hauch des Paradieses.

Ende des zweiten Theils.

Verzeichniß
der übersetzten und erläuterten Schriftstellen.

1 Mos. 1. S. 4. 11.	Josua 10, 11:14. S. 248.
2, 19. S. 13.	Richter 5. S. 258.
3, 1. S. 14.	9, 7. S. 276.
5. 6. S. 20.	14, 12:18. S. 279.
24. S. 18. 19.	15, 16. S. 289.
4, 5. S. 11.	16, 28. S. 289.
10. S. 10.	1 Sam. 2, 1. S. 298.
8, 21. S. 11.	2 Sam. 1, 17. S. 305.
22, 2. S. 12.	3, 33. S. 350.
49. S. 192.	32, 1. S. 412.
2 Mos. 3, 1:6. S. 46.	1 König. 19, 8:13. S. 52.
15. S. 85.	Psalm 2. S. 395.
17, 14. S. 245.	6. S. 337.
33, 9. S. 48.	17. S. 384.
34, 1. S. 50.	23. S. 321.
4 Mos. 21, 14. S. 246.	24. S. 325.
16. S. 235.	39. S. 361.
22:24. S. 237:244.	40, 6:10. S. 143.
5 Mos. 6, 7. S. 111.	42. 43. S. 364.
11, 12:17. S. 172.	45. S. 328.
33. S. 211.	50. S. 144.
33, 18. 19. S. 224	51. S. 142.

Psalm

Verzeichniß der übersetzt. u. erläut. Schriftstellen.

Psalm 68. S. 91.	Psalm 127. S. 162.
72. S. 414.	128. S. 159.
73. S. 356.	129. S. 333.
76. S. 387.	132. S. 403.
80. S. 391.	133. S. 320.
82. S. 130.	137. S. 335.
84. S. 123.	147. S. 132.
90. S. 114. 180.	Sprüche Salom. 30. S. 280.
91. S. 340.	u. f.
95. S. 122.	31. S. 163.
97. S. 129.	Jesaia 6, 1:4. S. 53.
102. S. 116.	8, 21. S. 435.
108. S. 388.	10, 33. S. 433.
110. S. 404.	50, 3. S. 69.
114. S. 83.	55, 8:10. S. 57.
115. S. 386.	60. S. 442.
120. S. 368.	61, 10. 11. S. 137.
121. S. 370.	Jer. 31, 22. S. 160.
122. S. 126.	Dan. 7, 9. 10. S. 54.
124. S. 332.	Habak. 3. S. 102.

Verzeichniß des Inhalts.

Agurs Räthsel: S. 280‚287.
Assaph: sein Charakter als Psalmen-Dichter S. 355
  bis 363.
Asser: Weissagung über ihn S. 204. 220.

Baum der Weisheit und des Lebens, als Dichtung
  betrachtet S. 20.
Behemoth und Leviathan, als Dichtung betrachtet
  S. 20.
Benjamin: Weissagung über ihn S. 210. 216.
Bileam: seine Geschichte S. 234‚238. sein Segen
  S. 239‚244.

Canaan: Aussicht Jakobs auf dasselbe S. 187. 188.
  Rechte Israels auf das Land S. 189‚191. wird
  übel eingenommen und ausgetheilet S. 198. 200‚
  211. 230‚232.

Verzeichniß des Inhalts.

Cherub: Sein Ursprung; Veränderungen seines Gebrauchs beim Ebräischen und andern Völkern S. 18. 19.

Dan: Weissagung über ihn S. 203. 204. 220.
David vor Saul: S. 272. seine Elegie um Jonathan S. 306. Seine Geschichte als Psalmendichters S. 308-314. Sein Charakter als Psalmendichter S. 348-355. Er thront auf dem Thron Jehovah S. 394. Verheissungen auf seinem Geschlecht S. 433. Seine Schicksale werden Vorbild S. 441. Sein Zion und Jerusalem Ideal der künftigen Zeit S. 442.
Deborah: Gesang derselben S. 258-265.
Durchgang durchs Meer: Bilder desselben S. 82. 83. Siegslied auf denselben S. 85-87. Seine Möglichkeit und Wahrheit S. 100. 101.

Erscheinung Gottes an Moses S. 47-50. an die Aeltesten Israels S. 51. an Elias S. 51. 52. an Jesaias S. 53. an Ezechiel und Daniel S. 54. Züge der Erscheinung Gottes nach Zeitaltern und Charakteren S. 55. Erscheinung auf Sinai S. 89.

Fabel: ihr Ursprung, ihr Zweck S. 13-16. Jothams Fabel S. 275-276. Geist der Morgenländischen Fabel S. 277.
Fiction: ihr Ursprung, ihr Zweck S. 18-23.

Gad:

Verzeichniß des Inhalts.

Gad: Weissagung über ihn S. 204. 219.
Gesetzgebung Gottes und Moses: S. 185. 186.
Geschlechtssage poetische: ihr Charakter S. 16:18.
Gottesregierung. Was sie war? und worauf sie beruhete? S. 170:175.

Habakuks Elegie. S. 102:110.
Hanna: Gesang derselben S. 298. 299.
Heldenzeit des Buchs der Richter S. 250:257.
Hohepriester: seine Würde, sein Schmuck S. 133. 136.

Jehovah: Erhabenheit und Wirkung des Namens S. 112:118.
Jonathan: seine Freundschaft mit David S. 303:305. Klagegesang Davids um denselben S. 306.
Joseph: Weissagung über ihn S. 205:209. 216:218.
Jothams Fabel S. 275:277.
Isaschar: Weissagung über ihn S. 201. 202. 224.
Judah: Weissagung über ihn S. 195:200. 213. 214.

Korah: des Korahiten Charakter, als Psalmendichters S. 363:367.

Levi: Weissagung über ihn S. 194. 214. 215.
Leviten, Bewahrer des Gesetzes: woher sie es worden? S. 176:

Verzeichniß des Inhalts.

S. 176. 179. ihre Einschränkung und was sie zu letzt der Verfassung geschadet? S. 178. 181.
Lied beim Brunnen S. 235. s. Siegslied: Psalmen: Nationalpsalmen: Gesang:

Moses: Sein Ruf S. 46. 64. seine Geschichte als Epopee betrachtet S. 78. 79. sein Lied am Meer S. 85. 88. Grundidee seiner Einrichtungen S. 112. 113. sein Psalm S. 114. 115. 180. seine Sittenlehre S. 118. 119. seine Gesetzgebung S. 120. 152. seine Stiftshütte S. 152. 155. seine Theokratie S. 158. 184. seine Hoffnung auf einen Propheten S. 179. 181. Wiefern seine Gesetzgebung göttlich oder menschlich gewesen? S. 181. 186. Vergleichung seines mit andern Charakteren S. 446.
Musik: Verbindung derselben mit dem Nationalgesange S. 266. 272. ihre Kraft auf Saul S. 302. Ueber die Musik S. 379. 382.
Musik der Ebräer S. 374. 378.

Naphthali, Weissagung über ihn S. 205. 220.
Nationalgesang: Verbindung der Musik und des Tanzes zu demselben S. 266. 274. Nationalgesänge S. 122. 128. 332. 336.
Nationalgott Israels im Tempel S. 128. 134. in den Psalmen S. 384.

Natio-

Verzeichniß des Inhalts.

Nationalfeste der Ebräer S. 121.

Nationalpsalmen S. 122. 128.

Nationalversammlung, wo sie gehalten werden sollte? S. 224.

Opfer: der politischen Pflicht S. 140. der Schuld und des Danks S. 141. 146.

Personendichtung: ihr Ursprung und ihre Wirkung S. 9. 13.

Poesie: Ihr Ursprung, Bild und Empfindung S. 2. 5. wiefern er göttlich oder menschlich sei? S. 3. Ob man die Bilder Einer Nation mit der andern vergleichen müsse? S. 6. 8. Was der Gesang in ihr verändert? S. 25. 30. Amt der Poesie: ein Psalm S. 32. 35.

Poesie, Ebräische: ihr Ursprung und Charakter S. 4. 5. 24. ihre Gattungen S. 24. 30. Gründe ihres subjectiven Ursprungs S. 36. 44. Das Symbolische und Räthselhafte in ihr S. 29. 30. Nachahmung derselben S. 344. 346.

Priester: die Diener der Landesconstitution S. 134. Bilder von ihrem Schmuck und Stande S. 137. Uebergang ihrer Begriffe auf Engel und Fürsten S. 138. 139.

Propheten: ihr Name und Charakter S. 64=69. warum sie insonderheit dem Ebräischen Volk eigen gewesen

Verzeichniß des Inhalts.

sen S. 73.77. ihre Visionen S. 46.56. ihr
Thatvolles Wort S. 56.61. ihre Zeichen S. 61
bis 64. Ob sie immer Musiker und Dichter gewesen
S. 65.68. Die Propheten: Anrede an sie
S. 71.72. sie sprachen nach der Landesconstitution
im Namen Jehovah S. 168. 169. Schulen
derselben S. 301. 302.
Psalmen: Ihr Ursprung S. 308.314. Ihr Anblick
S. 314.319. Eintheilung derselben S. 319.343.
einiger Ungenannten S. 367. Stuffenpsalmen
S. 368. Königspsalmen S. 383. u. f.

Räthsel: Liebe der Morgenländer zu benselben S. 288.
Agurs Räthsel S. 280.287.
Reich der Todten, als Dichtung betrachtet S. 22. 23.
Ruben: Weissagung über ihn S. 192. 193. 213.

Sauls Todtenbefragung S. 273.
Sebulon: Weissagung über ihn S. 200. 218. 224.
Segen Jakobs: was er im Sinn hatte und wie er ist
erfüllet worden S. 192.211.
Segen Moses S. 211.223.
Segen Bileams S. 239.244.
Selah: Bedeutung des Worts S. 376.
Siegslied über die Amoriter S. 240. über Josua Sieg
S. 248. 249. der Deborah S. 258.265. über
Amalek S. 245.

Simeon:

Verzeichniß des Inhalts.

Simeon: Weissagung über ihn S. 194.

Simsons Charakter S. 254,257. Seine Räthsel S. 279. 280. Wortspiele S. 289.

Sinai: seine glänzende Erscheinungen S. 99.

Sprache des Heiligthums über Krankheiten S. 147. heilige Geräthe. S. 148.

Sprache der Poesie, aus Vater- und Kindes-Verhältnissen S. 157,159. aus Verhältnissen des Weibes zum Mann S. 160,165. in National- und Kriegsliedern S. 386,393.

Stammesehre der Israeliten S. 120.

Stammesväter und Rechte S. 165,167.

Stiftshütte: ein symbolisches Gemälde S. 152.

Testament Jakobs S. 192,211.

Theokratie s. Gottesregierung.

Thabor, der Berg des Heiligthums, eine weise Idee Moses S. 224,232.

Tochter Jephthah: Aufopferung derselben S. 272.

Urim und Thummim, was es gewesen? S. 135.

Weib: ihre Ehre und Bestimmung bei den Ebräern S. 159,165.

Wolken- und Feuersäule, was sie gewesen? S. 97 bis 99.

Wort

Verzeichniß des Inhalts.

Wort Gottes an die Propheten S. 56. 60. was es der Poesie dieses Volks für eine Gestalt gebe? S. 60. 61.
Wortspiele der Morgenländer: ihr Ursprung und ihre Anwendung S. 290. 296.

Zalmon: Schnee auf demselben S. 94. 95.
Zebaoth: Ursprung und Veränderung des Namens S. 89. 90.
Zeichen Moses, Elias, Elisa, Jesaias und andrer Propheten S. 62. der Prophet selbst Zeichen S. 63.
Züge Gottes in der Wüste: poetische Bilder derselben S. 78. 82. Psalm, der sie feiret S. 91. 97.

———

www.ingramcontent.com/pod-product-compliance
Lightning Source LLC
Chambersburg PA
CBHW022105300426
44117CB00007B/593